清華终身学习系列出版物

元宇宙概论

Introduction to the Metaverse

沈 阳◎编著

清華大学出版社
北 京

图书在版编目（CIP）数据

元宇宙概论 / 沈阳编著 . — 北京 : 清华大学出版社 ,2023.10
清华终身学习系列出版物
ISBN 978-7-302-64693-8

Ⅰ . ①元… Ⅱ . ①沈… Ⅲ . ①信息经济 Ⅳ . ① F49

中国国家版本馆 CIP 数据核字 (2023) 第 183470 号

责任编辑： 宋冬雪
封面设计： 汉风唐韵
责任校对： 王凤芝
责任印制： 杨　艳

出版发行： 清华大学出版社
网　　址： https://www.tup.com.cn，https://www.wqxuetang.com
地　　址： 北京清华大学学研大厦 A 座　　**邮　　编：** 100084
社 总 机： 010-83470000　　**邮　　购：** 010-62786544
投稿与读者服务： 010-62776969，c-service@tup.tsinghua.edu.cn
质 量 反 馈： 010-62772015，zhiliang@tup.tsinghua.edu.cn
印 装 者： 北京同文印刷有限责任公司
经　　销： 全国新华书店
开　　本： 170mm×240mm　　**印　　张：** 18.25　　**字　　数：** 310 千字
版　　次： 2023 年 12 月第 1 版　　**印　　次：** 2023 年 12 月第 1 次印刷
定　　价： 88.00 元

产品编号：099982-01

本书编委会

主　编

宗　燕

副主编

李　璇

委员（按姓氏笔画排序）

王爱义　刘志彬　孙　茗　李思源　吴志勇
张玉坤　武为民　林兆广　周远强　徐学军　唐　玲

“清华终身学习系列出版物”总序

我们已进入了终身学习时代！

法国著名教育家保罗·朗格朗（Paul Lengrand）1965年在联合国教科文组织主持召开的第三届促进成人教育国际委员会会议上提交了“终身教育议案”，重新认识和界定教育，不再将教育等同于学校教育，而视教育为贯穿整个人生的、促进个体“学会学习”的全新概念。1970年，保罗·朗格朗首次出版《终身教育引论》，详细阐述其对终身教育的理解，带来了革命性的终身教育和终身学习的思想，使我们进入终身教育、终身学习时代。终身教育、终身学习思想，它不仅仅是一种思想体系，更是一种教育改革和教育政策制定设计的基本原则，是构建未来教育体系的指针。

进入21世纪以来，国际组织愈发倾向以终身学习（Lifelong Learning）覆盖终身教育（Lifelong Education）。2008年，欧洲大学协会制定并发表《欧洲大学终身学习宪章》，明确提出在大学发展战略中应植入终身学习理念，大学的使命和发展战略中应包含构建终身学习体系的规划，为营造终身学习的文化氛围发挥关键作用。2015年11月，联合国教科文组织发布《教育2030行动纲领》，确立了“确保全纳平等优质的教育，促进终身学习”的宏大目标，标志着全球教育进一步迈向了终身学习的新时代，是否践行终身学习理念，成为衡量一个国家教育现代化水准的一面镜子。

终身学习理念也促进人们对工作、学习及人生的深层次思考。2016年，伦敦商学院（LBS）教授琳达·格拉顿（Lynda Gratton）和安德鲁·斯科特（Andrew Scott）在两人合著的新书《百岁人生：长寿时代的生活与工作》（*The 100-Year Life: Living and Working in an Age of Longevity*）中预言，人类已经进入长寿时代，我们这代人活到100岁将是大概率事件。长寿时代，我们的人生格局将会发生巨大改变。传统的学校学习、单位工作、退休养老的三段式人生终将被更多段式的人生格局所取代。所谓更多段式，就是一辈子被分割成4段、5段，甚至7

段、8段，乃至更多小阶段。每一小段都有自己不同的主题，各段之间穿插进行，不会再有明确边界。所以，从个人生命周期来说，学习将成为人的一生的习惯及人生的常态，“学生”将是贯穿一生的唯一职业。而多段式人生的学习应该是连接过去、通往未来的终身学习，这将是未来多段式人生节奏中的一种经常出现的状态。

我国党和政府也十分重视终身教育和终身学习，党的十六大、十七大、十八大、十九大都有相关论述。习近平总书记对于终身学习有着一系列重要表述。2013年9月9日在教师节致全国广大教师慰问信中，他特别要求“牢固树立终身学习理念”。2013年9月25日在“教育第一”全球倡议行动一周年纪念活动贺词中，他指出“努力发展全民教育、终身教育，建设学习型社会”。2019年11月召开的中共十九届四中全会明确把“构建服务全民终身学习的教育体系”作为推进国家治理体系和治理能力现代化的重大战略举措，并提出“完善职业技术教育、高等教育、继续教育统筹协调发展机制”。

继续教育既是终身学习理念的倡导者、传播者，也是终身学习的重要载体。美国教育社会学家马丁·特罗认为：高等教育是学校教育和终身学习两个系统的关键节点，必须担负起不可替代的历史重任。因此，发展继续教育是高校应承担的使命和责任，以终身学习理念引领推动高校本科、研究生教育与继续教育统筹协调发展，构建体系完备的人才培养体系，是高等教育综合改革的一个重要趋势和方向。

清华大学继续教育以终身学习理念引领改革和发展，以“广育祖国和人民需要的各类人才”为使命，努力办出特色办出水平。为了更好地总结清华大学继续教育三十多年的创新实践，清华大学继续教育学院启动了“清华终身学习丛书”编写出版工作，该丛书以习近平新时代中国特色社会主义思想为指导，顺应国内外终身学习发展的大趋势，围绕终身学习 / 继续教育基本理论、创新实践及学科行业新前沿，理论创新与实践应用并重，争取在五年内推出一系列精品图书，助力中国特色、世界一流的继续教育建设。

聚沙成塔、集腋成裘。希望通过这套丛书，倡导终身学习理念，弘扬终身学习文化。

郑力

清华大学副校长

Preface | 导　读

2021年，元宇宙概念爆火，引发各界的无限遐想与企业的相继布局。如何构建元宇宙？元宇宙会给人类生活带来哪些改变？这些问题尚需进一步探索。另外，部分企业对元宇宙概念的炒作也引起了不小争议，社会和经济体系还未对已经产生和可能产生的风险给出有力应对措施和出台相应制度，对于元宇宙领域还需要更为全面与深入的探索。

本书概述了元宇宙相关知识，对理论知识进行了系统性地盘点，同时注重培养学习者的实操技能。本书对学界和业界的共识性研判作出细化，并根据国内外元宇宙前沿实践提出创新性观点与预测。同时，本书加入了清华大学元宇宙课堂的部分内容，可用于元宇宙基础课程的教学。

本书的研究目的在于：首先，本书旨在为元宇宙初学者搭建基础的学习框架，成为初学者学习理论知识的科普书；其次，本书对当前元宇宙核心观点进行了较为充分的收录和归纳，方便各界人士依据章节进行查找和翻阅；最后，本书对元宇宙创新应用与产业布局进行前沿分析，作出符合发展规律的趋势性研判。

全书共分为10章：第1章介绍元宇宙基础性概念，对各类应用方向作出阐释；第2章介绍元宇宙的技术系统，探索元宇宙发展路径中的技术主导力量；第3章探究元宇宙时间和空间的基本属性及相互间的关系；第4章分析元宇宙中的人与机器的存在形式与关系；第5章探析元宇宙经济系统与其增值性；第6章梳理国内外元宇宙当前产业生态；第 7 章分析元宇宙对社会组织的重构的影响；第 8 章深入探讨元宇宙对媒体转型的影响；第 9 章探讨元宇宙可能面临的风险与治理思路；第 10 章阐述元宇宙未来发展及在各个学科中的延伸应用。

本书中少部分内容由 AIGC 生成，特此说明。团队成员尤可可、王儒西，以及元宇宙系列报告撰写成员均对本书成稿有贡献。

本书的编写是一项探索性工作，尚存在不足之处，欢迎各界人士对本书提出宝贵意见及建议。

沈阳

2023年9月

Contents | 目　录

第 1 章　元宇宙概述 001

1.1　跨时代的理论萌芽 001

1.2　元宇宙的发展 019

1.3　元宇宙社会形态与文化现象 031

1.4　“元”时代的人文哲思 036

第 2 章　元宇宙技术系统 045

2.1　元宇宙技术研究 045

2.2　多元宇宙通证 060

第 3 章　元宇宙的时空拓展性 069

3.1　电子媒介对时空的重塑 071

3.2　从冷媒介、热媒介到元媒介 072

3.3　遥在系统：我该如何存在？ 074

3.4　时空智能：元化万物，融合发展 077

第4章　元宇宙的人机融生性　085

4.1　虚拟生活中的主体存在　087
4.2　赛博格身体延伸　098
4.3　离身性与具身性　100
4.4　外熵的拓展　105
4.5　人的机器化与机器的人化　106
4.6　三元引擎　111
4.7　人机伦理与人机传播　113

第5章　元宇宙的经济增值性　117

5.1　元宇宙经济的概念与特征　117
5.2　元宇宙虚拟经济系统设计　120
5.3　元宇宙经济对现实社会的影响机理分析　131

第6章　元宇宙产业生态　137

6.1　元宇宙产业版图　137
6.2　元宇宙全球产业现状　143
6.3　元宇宙产业应用　149
6.4　元宇宙产业革命的多维视角　176

第7章　技术的可供性　183

7.1　物境：情境和意境　183
7.2　封闭与开放生态　186

7.3 设计与架构 189
7.4 衣食住行与劳动范式 191
7.5 开源与开放 192
7.6 技术可供与情感茧房 194
7.7 无标度网络 196
7.8 节点与嵌套 197
7.9 社交恐惧与新型孤独 199
7.10 网络与社区 200
7.11 中心化与去中心化 205

第 8 章 元宇宙与媒体转型 207

8.1 传统媒体的生态 207
8.2 新型互联网应用和社会形态 209
8.3 元宇宙传播度与媒体效果 213
8.4 元宇宙下的媒体新生态 214
8.5 元宇宙媒体的新应用 219
8.6 数字藏品的发展 222

第 9 章 元宇宙风险与治理 227

9.1 虚拟与现实的隐私边界 227
9.2 知识产权的归属 229
9.3 垄断动力 230
9.4 沉迷风险 231
9.5 人机伦理 232
9.6 元宇宙泡沫 233

9.7 发展阻力预测 234
9.8 多维度风险管理 235

第 10 章 元宇宙未来发展 241

10.1 如何构建“信效”等级 241
10.2 文化的解域和结域 243
10.3 元宇宙在各学科中的价值 246
10.4 脑机接口与后人类时代 268
10.5 一种科学乌托邦主义 271

注释 273

第 1 章 元宇宙概述

1.1 跨时代的理论萌芽

1.1.1 元宇宙概念初探

元宇宙如奔雷而至，人人得而论之，又众说纷纭，在没有共识之下，议论与探讨似乎成了最大的共识。元宇宙是理念的种子萌芽，新一代信息技术是理念的破土，社会应用是理念的枝繁叶茂。元宇宙充当了哲学、信息科技、传播学和社会学等多学科的交汇点，它是对现实世界的延伸，努力冲破时间和空间的边界，旨在构筑一个更为丰富多彩、拥有无限可能的数字宇宙。

“元”在中文语境中有着深厚的哲学意味，指向事物的本原和根基。而“宇宙”不仅仅是天体和物质，也代表着一种无限的、概念化的空间。当我们说“元宇宙”，实际上是在谈论一个“超越传统宇宙”的空间和存在。“元宇宙”的英文是“Metaverse”，前缀“meta-”为“超越”或“变化”之意，加上词根“verse”来自“universe”，一般人理解“verse”就是“universe”的含义，即“宇宙”（此处翻译有争议）。这恰好对应了元宇宙的概念：一个不断演变、超越和融合了物理现实的数字领域。这种想法虽然令人兴奋，却也不无争议。对一些人来说，元宇宙可能意味着逃避，或是失去与现实的联系。但从哲学的角度，元宇宙更像是人类对存在和认知的一种新的理解和表达，它代表了对时间、空间和现实的新定义。

元宇宙不仅仅是一个技术创新，更是一个文化和社会现象，反映了人类对未来的探索和幻想。而它的最终形态和影响，还需要时间来展现。元宇宙不仅是技术的边界拓展，更是人类对宇宙、时间和存在的新定义和理解。在这个新的数字宇宙中，我们既是观察者，也是创造者。

自古以来，乌托邦的概念是人类对理想世界的持续追求和幻想，反映了对现实缺陷的深度思考和修正。每一个时代，人们都用不同的方式来描绘和构建这个完美的世界，从文学作品到电影，再到 VR（虚拟现实）技术，我们都能观察到人类对一个更好、更公正、更和谐世界的渴望。影视技术提供了一个可视化乌托邦的窗口，让我们得以“看见”那个完美的世界。

数字化光谱描绘了从文本、图像到视频和空间视频的技术演进进程。初始阶段，文本是信息交流的基础，但随着时间的推移，我们见证了从模拟到数字的巨大跨越，这不仅仅是技术的跃进，更是交互方式的根本变革。随后时空编码成为可能，视频技术突显了空间和时间动态的集成，能够以前所未有的方式捕捉和理解现实世界。而沉浸式演化则表现为图像、视频和空间视频技术中更为沉浸式体验的技术进步，推动人们向更为真实和多维的虚拟世界迈进。最终，所有这些演变都汇集在元宇宙跨技术协同的框架下，这个框架强调了文本、图像、视频和空间视频领域技术的相互作用和融合，预示着未来虚拟世界创设的可能和前景，让个体能够以全新的方式探索、理解和影响自我与外部世界的关系，从而不断推动虚拟世界创设的边界向前延伸。

进入数字时代，VR 技术为乌托邦的构建提供了前所未有的工具。元宇宙不仅是技术的革命，更是文化和社会演化的一部分。它提供了一个平台，让人们可以自由地探索和实现他们的理想世界，无论是个人的小天地，还是一个广阔的社群。

而元宇宙更是现实社会的一种镜像。虽然它与现实世界相对独立，但它的存在和演变也受到现实世界的影响和启示。这是一个动态的、双向的过程，元宇宙与现实社会相互作用、相互塑造。

元宇宙的构想与卡尔·波普尔的“三个世界”理论有深刻的联系。波普尔的思想为理解现实、心理和知识这三个维度提供了一个坚实的理论基石。首先，元宇宙中的“物理现实世界”与波普尔的“物质世界”相呼应，它是客观存在的，不受人的主观意识影响，包含了生活中的一切物理实体。其次，元宇宙中的“主观虚拟世界”则对应了波普尔的“精神和心理的世界”。这是一个充满无数可能性的世界，它既是人类想象的延伸，也是技术创新的产物。最后，元宇宙中的“客观知识世界”与波普尔的“第三世界”相映成趣。

元宇宙的出现，实际上是对波普尔“三个世界”理论的现代诠释。它使“三个世界”得以在一个统一的框架中交织与互动，打破了传统的界限。元宇宙，基于波普尔的“三个世界”理论，展示了一个交织现实、虚拟和知识的综合体。

钱学森，这位 20 世纪的中国科技巨擘，在元宇宙科技发展的早期，就对虚拟现实有了独到的洞察。他将“Virtual Reality”译为“灵境”，这一命名不仅彰显了中华古典文化的韵味，更深刻地体现了他对技术与人性结合的期望。他认为，虚拟技术在与人的融合中，特别是在大脑的开发与扩展中，将催生出一种前所未有的变革。

“灵境”不仅是对虚拟现实的表述，更是对一个富有哲思的未来世界的期许。这个名字蕴含着东西方的哲学智慧，暗示了 VR 技术将对人类社会产生的深刻影响。如今，元宇宙的兴起似乎是对钱学森先见之明的最好证明。钱学森的这种前瞻性思考预示着：在追求科技进步的同时，也要重视人文精神，因为只有技术与人的真实需求和内心追求相结合，才能实现对社会的真正贡献。在这个日新月异的数字时代，我们更应铭记这一点，确保技术服务于人，而不是相反。

在 1992 年，尼尔·斯蒂芬森的《雪崩》[1] 提出了“metaverse”这一前沿概念，小说的中文版本译为“超元域”，这一术语试图捕捉一个全新、超越现实的宇宙领域的概念。斯蒂芬森绘制的“超元域”不仅是一个虚拟的空间，更是一个可以与其互动、沉浸其中的数字世界，其中“化身”或“阿凡达”为与这个世界互动的关键。

这部作品的影响力不只在于提供了一个令人着迷的故事，它更为后来的元宇宙研究提供了一个重要的思考框架：一个人与机器融为一体、空间可以无限延展的虚拟宇宙。而今，尽管对元宇宙的理解已经发生了变化和深化，但斯蒂芬森的这一早期设想，无疑为今天的探索和实验铺设了桥梁，也为人类对未来的想象提供了一块崭新的画布。

2003 年，《第二人生》的出现，打开了一个数字双生世界的大门。尼尔·斯蒂芬森笔下的“超元域”概念在这里得到了实证，揭示了一个开放性的、用户驱动的数字宇宙可能性。《第二人生》中的虚实货币互通，意味着虚拟与真实之间并非一道不可逾越的鸿沟。这款游戏所呈现的，不只是游戏的力量，更是未来社会模式的一种预示。

在虚实交互的虚拟世界中，人们获得参与感、沉浸感和情感补偿。韩国MBC电视台曾报道过，一位名为Jang Ji-sung（音）的母亲通过VR技术，在虚拟世界“见到”已故女儿Nayeon（音），并通过触觉手套抚摸女儿的头发。仿真的触感让这位母亲当场泣不成声。这不仅是技术的胜利，更是情感的胜利。这个感动人心的案例，展现了虚拟技术如何触达人的内心深处，为人们带来情感上的补偿和慰藉。它体现了虚拟世界所蕴含的巨大情感价值，这不仅仅是一个数据和数字的空间，更是一个充满情感和人性的世界。在元宇宙的构建过程中，需要确保技术与人的情感、需求相契合。虽然虚拟技术能为人们带来慰藉，但也应强调，真实世界的感情与责任永远是不可替代的。在虚实交织的时代，情感的真实与技术的创新，应相辅相成，推动社会向更加人性化的方向发展。

元宇宙提供了与现实世界不同但又相互关联的体验空间。它经历了概念提升、滥用、模糊和重塑的发展过程。用户用虚拟身份书写自己的故事，通过智能合约构建与他人的联系，实现了虚实融合的全新生活方式。这种将现实延伸至虚拟，又从虚拟反馈至现实的互动机制，标志着人类生活方式、交往模式以及价值观的巨大转变，引领我们走向一个更为开放、高效、多元的未来社会。

元宇宙，这一深度融合现代信息技术的宏大构想，可从四个层次来探析：小、中、大与全，它们共同勾画了一个超越传统互联网界限的多维空间。

首先，元宇宙的“小”视角揭示了移动互联网的进阶之路。其目标是通过结合VR和AR（增强现实）等先进技术，如Meta公司所展望的，打造出一种沉浸式的社交体验。

接着，从“中”层次看，元宇宙预示了未来应用的迭代与超级平台的崛起。这是一个“无限向内、无限向外”的空间，它挑战对虚拟与现实的固有认知，开辟了一片无尽的探索领域。

进一步，元宇宙的“大”视角可概括为“三个三”的哲学。第一个“三”是三维化的空间互联网，着眼于三维化体验，强调了虚拟空间对三维感知的需求。

第二个“三”则是三元化的体验互联网，突出了三元化生命的观念，即在未来，自然生命、虚拟生命和机器生命将并存，并相互交织。第三个“三”则是三权化的价值互联网，凸显了区块链技术在 Web 3.0 时代的核心作用，即从可读、可写向可拥有的三种权利演进，为虚拟资产和身份赋予了真实价值。

最后，元宇宙的“全”维度，则是一种全盘的视角，它预示了互联网技术的终极发展方向——一个不断演变、链接和创造的全新网络形态和社会结构，一个真正实现虚实共生、万物互联的宏伟未来。元宇宙不仅是技术的升华，更是对未来社会和生活方式的全新想象，它将重塑我们的交互、认知和存在方式。

元宇宙作为科技和社会的交汇点，其终极面貌尚在探索之中，但业内已对其核心特征形成了一定的共识。首先，无边界性突显了元宇宙的全球化和开放性，它不仅意味着地域的无限扩张，还包含了文化、思想和经验的跨界交融。其次，永续性强调了元宇宙的持久存在。在这里，时间和空间得到重新定义，为参与者带来超乎想象的连续性体验。再者，高拟真度保证了虚拟世界与真实世界之间的无缝对接。这不仅是对感官的模拟，更是对人的情感和认知的深度回应。去中心化则揭示了在全球元宇宙的底层构建逻辑，试图确保平等、自由和创新的空间，减少平台的干预和控制，当然中国需要探索在中心化背景下的去中心化。经济系统确保了元宇宙内的价值流转和激励机制。这里的交易、创造和合作都基于一个健全且互动的经济结构。最后，社交体验作为元宇宙的核心要素，强调了个体与他者之间的联结。它不仅是交流和互动，更是深度情感和共鸣的体现。总之，理想的元宇宙的这些属性预示了一个超越传统互联网的多维交互空间，它代表了未来数字时代的探索方向和可能性，管理得当的话，将塑造一个更加真实、自由、安全和有机的网络世界。

（1）**无边界性（boundless）** 元宇宙的无边界性开辟了一个全新的 3D 虚拟维度，其独特性在于打破了传统物理空间的局限。在未来算力允许的情况下，可以创设一个不设限的数字空间，既没有参与者感知到的数量上限，也没有活动种类或行业的约束。

更为核心的是，无边界性赋予了元宇宙极高的可访问性和开放性。与当前的互联网平台相比，元宇宙更像一个开放的沙盒，它鼓励甚至依赖于各种用户包括 AI（人工智能）的参与和创造。在元宇宙中，用户的身份得到了双重定义：他们是消费者，但更是内容的创作者。这样的身份认同意味着，每一个用户不仅能够在这个空间内购买商品，如虚拟形象、NFT（非同质化通证）等，同时还可以根据自己的想象和创意进行创作。

因此，元宇宙展现了一个自我扩张的虚拟宇宙，每一个参与者都是这个宇宙的构建者。在这种无止境的创新和互动中，元宇宙的边界得以持续拓展，它不断地成为一个更加丰富、多元和有深度的空间。

（2）**永续性（persistent）** 元宇宙的永续性是其核心特质之一，它主要体现在以下几个维度：首先，元宇宙永无休止，不受“关机”或“重启”的约束。这样的连续性确保了用户体验的连贯，使得进入元宇宙的过程无缝对接，消弭了与现实世界的隔阂。用户可以在任何时间、任何地点通过各种设备进入并与元宇宙互动，使其成为一个真正的现实世界的平行宇宙。

其次，元宇宙的发展是持续的、不断演进的。与传统的游戏或应用不同，它不会因为某个版本结束而停止或重置。它是开放的、开源的，持续吸收用户的创意和参与，不断扩充和更新。然而，值得注意的是，随着互联网巨头逐渐进入元宇宙领域，也可能出现闭源但持续存在的元宇宙版本。这些由大公司推出的版本可能更加集中、标准化，但同时可能限制了用户的创造性和自由度。

（3）**高拟真度（immersive）** 元宇宙的高拟真度是它与其他虚拟空间最显著的区别之一。首先，高拟真度意味着元宇宙能够无缝地再现现实世界中的事件和经验。不仅仅是视觉上的复制，更是涉及听觉、嗅觉、触觉等多感官的综合模拟。这种真实感是基于先进的 VR 技术、体感技术和交互技术的持续发展。

其次，空间沉浸感是元宇宙的关键体验。用户不再是旁观者，而是真正地置身于这个虚拟世界中，可以自由探索、互动和创造。这种沉浸式的体验确保了用户在元宇宙中的参与感和真实感。

再次，元宇宙的环境是高度可定制的。它不仅仅复制了现实，还允许用户根据自己的需求和喜好调整和变换环境，例如改变颜色、光线和物理属性等。这种个性化的体验进一步加深了用户与元宇宙世界的连接，深度上重构了现实的多维体验。

（4）**去中心化（decentralized）** 去中心化是元宇宙的核心特性之一，在元宇宙的背景下，去中心化包含两重意思。首先，它指的是元宇宙不受任何特定平台或公司的独立控制；其次，它涉及元宇宙的技术结构，即去中心化的网络架构。随着技术的进步，去中心化网络从理论变为现实。与传统的集中式网络不同，去中心化网络将数据处理任务分散到多个设备上，而不仅仅依赖单一的中心服务器。

去中心化的网络特点是每个设备或节点都像一个迷你的中央处理器，能够独立与其他节点交互。这样的设计提供了更强的网络韧性，当某些节点出现故障时，其他节点可以继续正常工作，确保数据的持续访问和传输。随着云计算和边缘技术的发展，设备现在拥有更强大的数据处理能力，这进一步提高了去中心化网络的数据传输和访问速度。

在中国的社会背景下，去中心化的理念可能受到特定的政策和监管框架的影响，变为在中心化框架下的“去中心化”。在不同的文化和政治背景下，去中心化的实践可能会有所不同。

（5）**经济系统（economic system）** 元宇宙的经济系统是其核心结构之一，经济系统是组织和分配生产要素及资源的关键基础。对于元宇宙而言，它不仅是现实世界的反映，更是构建整个虚拟生态的核心部分。元宇宙内的虚拟经济体系不仅允许参与者在其内部交换数字资产，更重要的是，它为用户提供了在元宇宙中创作和分享内容的动力。元宇宙经济系统的基石是区块链技术，这是因为区块链的设计原则——可溯源、不可伪造和公开透明，为元宇宙经济体系提供了理想的技术支持，但区块链的性能在短期会是一个亟待解决的问题。结合传统监管技术系统和基于区块链的经济体系可以确保每一笔交易的公正性和透明性。而且，这种技术确保了每位参与者的资产在没有中心化管理机构的情况下仍然得到了有效的保护，为虚拟世界构建了坚实的信任基石，而这一点恰恰是近年来区块链面临贪婪人性和去中心化背景下的实际中心化的巨大挑战。

（6）**社交体验（social experience）** 元宇宙的社交体验正处在一场革命性的演变中，将传统的移动互联网社交推向了一个全新的维度。沉浸式体验、脸部扫描技术、AI 仿真技术及场景社交成为四大支柱。沉浸式体验是元宇宙社交体验的核心。元宇宙通过提供三维的虚拟空间，让用户能够以虚拟化身的形式自由地在这个空间中探索和交互。这不仅让社交体验更为自然和真实，也为用户提供了一个新颖且丰富的社交场景，让他们能够跳脱现实世界的束缚，享受更为自由和多元的社交体验。其次，脸部扫描技术的应用，使得元宇宙的社交体验变得富有表情和情感。在传统的移动互联网社交中，用户的表情和情感往往通过文字、表情符号或简单的动画来表达，而在元宇宙中，脸部扫描技术可以捕捉用户的真实表情并映射到虚拟化身上，使得虚拟的社交交互变得更为生动和真实。这种富表情的社交体验，不仅使得交流更为直观和深刻，也为用户之间的情感交流提供了更为丰富和细腻的表达方式。基于AI的仿真技术正在为元宇宙社交体验注入新的生命力。AI技术可以生成逼真的虚拟人物和场景，为用户提供一个充满惊喜和新奇的虚拟世界。同时，AI也可以通过学习和分析用户的交互行为和喜好，为他们提供更为个性化和智能化的社交体验。这种基于AI的仿真和个性化，不仅让元宇宙的社交体验变得更为丰富和有趣，也为用户带来了前所未有的无限乐趣。最后，场景社交是元宇宙社交体验的有趣体验之一。在元宇宙中，社交不再局限于简单的文字和图片交流，而是可以围绕特定的虚拟场景和活动展开。用户可以在不同的虚拟场景中与他人交互，享受不同场景带来的独特社交体验，比如虚拟的音乐节、展览会或者主题聚会。这种基于场景的社交方式，为用户提供了更为丰富和多元的社交选择，也让社交体验变得更为有趣和多彩。

1.1.2　元宇宙研究发展

在小说《雪崩》中，元宇宙被描述为一个由计算机创造的虚拟世界，用户通过特定的眼镜进入这个维度。然而，作为一个学术研究的话题，元宇宙的探讨远非于此。据Web of Science核心数据库显示，元宇宙的研究始于2004年之后，并呈现出两个明显的研究高峰，分别是2010年和2021年之后。从这两个研究高点出发，元宇宙领域的学术探索与发展经历了显著的变革与演进。

在早期的元宇宙研究热潮中，《第二人生》和其他大型多人在线角色扮演游戏（MMORPG）经常被提及，因此这个时期被称为“第二人生时期”。这个阶段的研究重点在于探索元宇宙与游戏，特别是与虚拟世界游戏之间的关系。有时，研究者们甚至将元宇宙与虚拟世界游戏视为同一概念。《第二人生》常常被作为研究的主要工具和案例。这一时期，国内的学术领域对元宇宙的兴趣相对较弱，并没有广泛使用“元宇宙”这一术语。然而，到了2010年，隆巴迪（Lombardi）等学者对元宇宙的定义开始深化，他们认为元宇宙是一个整合性的三维虚拟环境，其中用户通过化身互动。

美国的多家大型公司对元宇宙的定义存在差异。例如，Meta 将其擅长的 VR 技术称作元宇宙；微软则用 MR（混合现实）来定义它的版本的元宇宙；而为了不在元宇宙竞争中处于劣势，苹果在 2023 年 6 月推出了 Apple Vision Pro，并努力推广其替代概念——空间计算。此外，2021 年，英特尔的前高级副总裁拉贾·科杜里（Raja Koduri）指出，为了满足 10 亿人同时访问元宇宙，当前的计算能力需要提高 1000 倍。

从 2011 年开始，明确的技术限制使人们意识到，构建一个真正的“宇宙级”虚拟世界需要的时间可能比最初预想的要更久。尽管在这段时间里，对虚拟世界的研究持续并以稳定的速度增长，但“元宇宙”这一学术术语的使用频率逐渐降低，这使得关于元宇宙的研究在学术期刊和会议上变得较为罕见。

然而，在这期间，伴随着技术的进步和互联网发展的新阶段，例如移动互联网的广泛应用以及通信技术的持续革新，一系列新技术开始崭露头角并逐渐成熟。深度学习驱动的 AI、区块链及 VR 等技术不仅得到了广泛的研究，而且也开始为大众所接受和使用。这些技术的崛起不仅对元宇宙的定义、模型和研究方法产生了影响，还推动了其应用模式的进化。总体而言，元宇宙作为一个日益受到重视的研究领域值得持续关注，并深入探索它将如何塑造未来，理解它可能带来的深远影响。

新冠病毒感染疫情的演变加速了在线产品的需求和技术的创新，进一步推动了现有技术的优化。在这个过程中，人与人之间的实际距离看似被拉长，而数字化空间里的距离却变得更加近。2021 年可谓元宇宙崛起的一年，大型在线游戏平台 Roblox 在其招股说明书中明确与元宇宙的未来挂钩，以此作为其盈利预期的一个重要因素。同年，脸书更名为 Meta，这一重大举措进一步验证了元宇宙概念的崛起。

这两则消息被广泛认为标志着元宇宙最新的研究与发展高潮。自 2021 年以来，与元宇宙相关的学术研究呈现爆发式增长。在这次研究高峰中，“元宇宙”这个术语的使用率大幅增加，因此这一时期被广泛称为“元宇宙时代”。在这一时期，国内学术界也开始频繁引用“元宇宙”一词。相较于之前的研究热潮，当前阶段的元宇宙技术，特别是 XR（扩展现实）和 AI 技术，取得了显著的进步。因此，这一时期的研究不仅基于更为坚实的技术基础，对元宇宙的未来愿景也更为宏大和具体。

从最初将元宇宙仅视为虚拟世界的理解出发，各行各业根据各自的利益和展望，对元宇宙的定义和前景提出了多种解读和设想，这无疑为元宇宙的未来打下了更为坚实的基础。元宇宙的爆火反映了互联网向多维交互、实时共创、感知拓展、场景社交、跨技术融合、Web 3.0 结合和数字经济模型创新的演进趋势。

1.1.3 元宇宙基础理论

元宇宙是高度沉浸且永续发展的三维空间互联网，是人机融生三元化的多感官通感的体验互联网，是能够实现经济增值的三权化的价值互联网。元宇宙的定义可以凝练为“三个三”，即三维化空间互联网、三元化体验互联网、三权化价值互联网，如图 1–1 所示。

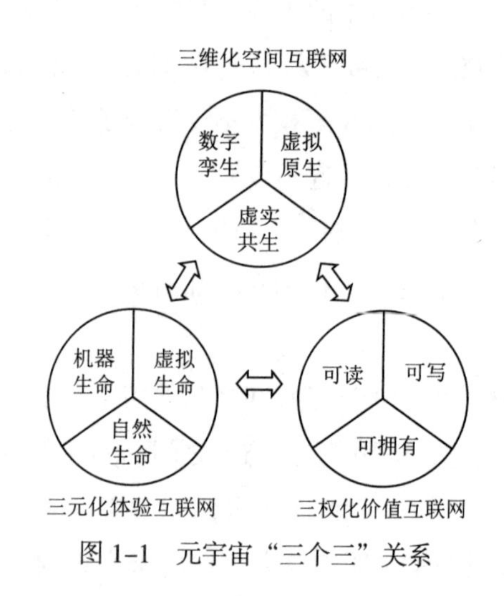

图 1–1　元宇宙“三个三”关系

元宇宙是整合多种新技术产生的下一代互联网应用和社会形态，它基于 XR 技术和数字孪生实现时空拓展，基于 AI 和物联网实现虚拟数字人、自然人和机器人的人机融生，基于区块链、Web 3.0、数字藏品 /NFT 等实现经济增值。在社交系统、生产系统、经济系统上虚实共生，每个用户均可进行世界编辑、内容生产和数字资产自我所有。

元宇宙，从数学角度而言，可以被定义为“现实世界”在多维 VR 环境中的指数运算与在多维 AR 环境中的乘法运算的混合体。它在某种程度上融合了数字空间的复杂性与物理空间的实用性。

首先，可以观察到元宇宙与 VR 之间的关系是呈指数嵌套的。在 VR 技术为基础的虚拟世界内，将现实视为底数，VR 技术能够在其上构建无数层级的虚拟世界，每一层都是对前一层的指数级递进。

元宇宙与 AR 的关系更接近于一种线性或一次函数的增长。在 AR（包括 MR）技术向真实世界的延伸中，它的增长模式呈线性叠乘。简单来说，AR 技术以真实世界为基础，不断地在其上叠加无数层级的虚拟元素。这种乘法逻辑使得虚拟元素和现实世界完美融合，为用户提供一个既真实又增强的体验。

总的来说，元宇宙可以被视为一个连接 VR 的指数级虚拟深度与 AR 的线性现实扩展的桥梁。这种桥梁确保了技术的无缝融合，打破了虚拟与现实之间的界限。

元宇宙的基础框架是建立在二进制代码之上的，如同图 1-2 所展现的那样。它的运转与进化依赖于算法的精妙设计、强大的算力和海量的数据支撑。深入探索之下，哥德尔不完备定理提醒我们，存在某些数学逻辑的领域，人类可能永远难以在元宇宙中完美地再现。这一哲学性的思考暗示，在探求数学的无穷境界过程中，仍有可能面临着某些难以逾越的障碍。

$$\text{Metaverse}=AR_1 \cdot AR_2 \cdots AR_n \cdot (\text{Real World})^{VR_1^{VR_2^{\cdots^{VR_n}}}} \Longrightarrow \text{Metaverse}=\prod_{i=1}^{n} AR_i \cdot e^{\prod_{j=1}^{n} VR_j \cdot \ln(\text{Real World})}$$

（降幂化简）

图 1-2　元宇宙无限向实和无尽向虚的数学表达式

即使人类的认知在不断拓展，我们的理解仍然是有限的。在元宇宙的无限宇宙中，总存在一些角落是我们所无法触及或理解的。以一个直观的例子来说，在当前的认知结构下无法构建一个违反基础代数里 1+1 ≠ 2 的元宇宙。这些认知的边界与限制，正是构建和理解元宇宙时所面临的挑战，也是元宇宙前行的动力之源。

为了更加清晰阐述元宇宙的概念，我们引入元宇宙的“三步”建设步骤、“三性”属性、“三能”能力的理念。

这些理念揭示了虚实之间的界限逐渐模糊，而元宇宙与现实世界则相互借鉴、双向增长。

首先，“三步”中的第一步为数字孪生。这意味着充分挖掘实体世界中的物理模型、传感器更新、运行历史等数据资源。利用集成多学科、多物理量、多尺度、多概率的仿真方法，在虚拟空间中构建与实际装备或环境相对应的映射。这一过程犹如对真实世界进行“数字复刻”，并在元宇宙中重新塑造，从而搭建元宇宙的时空背景，创建出角色的虚拟化身，并建立与异质空间的 IP 关联。

第二步称为虚拟原生。在这个阶段，元宇宙内部的实体与实体之间展开交互，建立起一个完整的、原生的生态系统。例如，一个虚拟个体可以拥有多个数字分身，在虚拟环境中进行任务分工与协作，甚至与周围的虚拟环境进行数据交流和信息传递。

最后，是虚实共生的阶段。在这里，真实世界的人类、元宇宙中的数字虚拟人和机器人等多种实体共同交互和进化。它们不仅在各自的世界中发展，还跨界进行互动，使得虚拟与现实场景产生深度融合。

这三个步骤揭示了元宇宙如何与实体世界相互作用、双向增长的道路。而这种独特的相互作用不仅推动了元宇宙的发展，同时也为现实世界带来了无尽的可能性。

“三性”理论深刻地揭示了元宇宙的核心特性，这些特性不仅定义了元宇宙的基本属性，还对其持续的发展和影响力提供了理论支撑。

首先是时空扩展性。这一性质表明元宇宙不仅仅是一个虚拟的数字世界，而是一个具有无限可能性的维度。通过 XR 技术与数字孪生技术的结合，元宇宙能够在时间和空间上重新塑造和延展，为用户创造出超越传统界限的沉浸式体验。

接下来的人机融生性，则是元宇宙社会的一大亮点。在这个独特的世界中，自然人、其虚拟分身和机械体将紧密地交织在一起，形成一种“三身合一”的共生状态。与元宇宙的广泛计算能力相结合，自然人在这里可以体验到前所未有的感知加强、决策优化和行动提速。而虚拟数字人和机器人则在这个过程中获得更高级的智能化，不断地进化和完善。

最后，经济增值性突显了元宇宙的商业价值和潜在影响。元宇宙中的数字资本，经由虚拟原生和虚实共生两大路径，将进一步放大其经济效益。这不仅为参与者带来了物质回报，还推动了整个虚拟经济的持续繁荣。当然经济发展是有其周期性和波动性的，这一风险是元宇宙经济体系的主要风险。

这三大“性质”共同勾画了一个丰富、复杂、充满潜力的元宇宙图景，它是未来数字世界的蓝图，也是当前科技与创意的交汇点。

“三能”理念为元宇宙的构建和运作提供了核心动力和方向，这些能力不仅仅是技术实现的标志，更是对未来虚拟与现实融合的理想追求。

首先探讨空间计算中的时空智能。这一能力指的是一个由空间计算和虚拟引擎打造的沉浸式、可交互的空间，具有时间和空间的拓展性。这意味着用户可以在高度智能化的环境中自由移动，体验不同的时间和空间维度，就如同掌握时空之旅的能力，其中每一个时刻、每一个地点都能根据需要进行微调和定制。

而具身智能背景下的生命共生智能，它描绘了一个理想的未来，自然人、虚拟数字人和机器人在这个多维空间里共存、共生。凭借先进的 AI 技术和强大的算力，将现实生活和思维镜像到虚拟世界变得触手可及。在这种情境下，数字的灵魂或身份得以在虚拟空间中以某种方式永续存在，即使这种存在的形式可能仍是初级的。

最后是区块链中常见的合约智能为元宇宙中的交互和交易提供了坚固的基石。区块链技术作为信用的基础，保证了创作者对其内容的绝对拥有权。由于区块链的不可篡改和可追溯性质，它为元宇宙中的各种交互和交易打造了一个无法抵挡的信任故事。尽管这种能力还需要经受更大规模的负载网络的验证。

这三大“能力”共同塑造了元宇宙的骨架和灵魂，它们不仅预示了技术的飞速进步，更代表了人类对未来的美好设想和期待。

关于元宇宙的本质和定义，各界的理解和阐释历来充满了差异与分歧。在对其深入研究之前，不少学者和研究者致力于明确相关概念并尝试构建相应的理论模型，以期为后续的研究提供坚实的基石。在探索之初，许多研究将元宇宙与线上的虚拟世界等同看待，有时还特指于游戏中构建的这一虚拟环境[2]。然而，随着时间的推移，尽管早期对于虚拟世界与信息技术关联的一些共识仍得以保留，但关于元宇宙本质的看法却越发多元化。

一个普遍的思路是认为元宇宙与技术紧密相连。这种观点大致可以分为两个方向：一方认为元宇宙即未来的互联网演进，将其看作下一代的互联网技术[3]。

例如，在花旗银行的报告《元宇宙与货币：解密未来》中，元宇宙被明确地描述为下一代的互联网技术。而另一方则持更为广泛的看法，他们认为元宇宙并不仅仅是互联网技术，而是包含了众多新兴信息技术的综合表现。黄欣荣与曹贤平的观点就是一个代表，他们认为元宇宙是互联网技术与其他多种技术相结合的产物。

也有人持怀疑态度，质疑 Web 3.0 与元宇宙之间存在必然的联系[4]，甚至有观点认为元宇宙与当前的互联网技术可以并行存在而不互相冲突。然而，在广泛的讨论中，许多人对元宇宙持有不太确定的态度，他们认为元宇宙是信息技术的产物，但并不排斥将其视为一种特定的信息技术应用方式。从这种模糊的认知出发，对元宇宙的理解又分化为三种主要的视角。

首先，有些观点基于传统的元宇宙定义，即将其看作一个 3D 虚拟空间。这一观念认为元宇宙是与现实世界完全独立的虚拟空间，这种观点在许多商业报告中都有所体现[5、6、7]。另一些研究者持有稍有不同的看法，他们认为元宇宙是多个 3D 虚拟世界的网络或集合[8]，或者更进一步地，是虚拟世界与真实世界交织而成的新颖空间。在这一背景下，林天强特别强调了这种空间的时间属性。

第二种视角是从经济的角度来看待元宇宙，视其为一种特殊的经济形态。例如，吴桐和王龙提出了一个概念，称元宇宙是一个“通证经济”，它代表了一种流动的加密数字经济体系[9]。

第三种视角则是从社交的角度来解读元宇宙，认为它实质上是一种新型的社交网络。帕克（Park）和金姆（Kim）提到，元宇宙可以被视为以内容为中心的社交媒体[10]，而郑磊和郑扬洋则更进一步，他们在认同元宇宙作为虚拟空间的同时，也强调了它作为一个社交平台的独特价值[11]。

此外，方兴东认为，中国的元宇宙热潮更多地是由人们的想象力而非实际应用所驱动的，表现出一种“虚假繁荣”。元宇宙和其他相关现象的成功揭示了中国缺乏潜心专注原创性技术的研究创新及其浮躁的创新文化。刘建明认为，将 Metaverse 翻译为“元宇宙”或“多元宇宙”会导致逻辑与语义上的混乱和冲突，使得相关的研究陷入困境，甚至会影响到社会实践与管理的理解和执行。

元宇宙这一概念涉及多个维度，不同的学者和研究者可能会从不同的角度来探讨和解读，这也为进一步的研究提供了丰富的视角和思考空间。

元宇宙，一个为人类所渴望的宏大愿景，其实现的难度在于所依赖的诸多尖端技术仍在发展之中。因此，对其进行精确定义仍然是一个挑战。然而，尽管缺乏精确的定义，一些普遍的描述已经逐渐为大众接受，如“广泛的网络空间”[12]和“互联网的未来继任者”[13]。

尽管对元宇宙的确切本质存在争议，学界对其特征的共识却较为明确。作为未来时代的产物，预期中的元宇宙主要展现了以下三大特质：空间性、共享性和永续性。

首先，空间性是元宇宙的核心。它旨在创造一个延伸至物理现实之外的三维空间。这个空间或是与我们的现实空间重叠，或是纯粹的虚拟创造。不过，不论其形态如何，它始终维护着三维空间的特性[14]。

其次，共享性是元宇宙的另一个标志。在元宇宙中，用户共同生活在同一空间中。与此不同的是，在许多现行的虚拟环境中，单个用户对空间的修改并不影响其他用户，这意味着他们实际上是在各自的私有空间中。但在一个真正的共享空间里，社交交互的潜能得到了极大的放大。内维尔斯蒂恩（Nevelsteen）特别强调了这种共享空间中的时间属性，并基于此提出了一系列评估标准，强调了除了常见的空间感、大量用户、虚拟身份等特征外，实时的共享空间和时间也是其核心属性[15]。

最后，永续性。元宇宙被视为一个能够永久存在的空间，其中的数字实体和事件不会预设有终结的时限。这意味着，事件发生的后果将具有永恒的影响。对此，鲍尔（Ball）有不同的解读，他认为这一特性指的是元宇宙中被破坏的事物不会反复地被重置[16]。元宇宙的定义和特征不仅反映了技术的前沿，还揭示了对未来的期待和憧憬。

元宇宙这一概念引起了广泛关注，而围绕其特征的讨论尤为热烈。根据研究，元宇宙的五大特征——规模性、沉浸感、容纳性、去中心化和自我正增值性——都受到了不同程度的争议。

许多学者坚信元宇宙应拥有前所未有的规模。然而，虽然许多人在讨论元宇宙的特征时提到规模，但以此作为评价其存在的标准仍未获得广泛接受。尽管如此，大多数研究者都同意，在元宇宙成熟之后，其相关技术将在未来社会中得到广泛应用。因此，在理想的状态下，元宇宙或其中的虚拟世界应能够支持全人类及其虚拟身份的接入。

沉浸感是元宇宙提供的另一关键体验。一般来说，元宇宙有两种潜在的发展路径：VR 路径和 AR 路径[17]。在 VR 的背景下，沉浸感是必不可少的。但当考虑到 AR 路径时，沉浸感可能不再是元宇宙的基础特征。

对于容纳性，元宇宙被期望能够支持虚拟身份。但如何处理这些身份仍是个问题，一些观点主张在元宇宙中的身份应与现实世界相绑定，以便管理。

去中心化也是元宇宙的一个广受争议的特点。例如，鲍尔（Ball）指出，去中心化可能只是一个远景，是我们对现有技术限制的补偿[18]。但在一个去中心化的元宇宙中，各种应用和协议之间的互操作性可能会成为其关键特性。去中心化在元宇宙中的存在并不直接指向其具体的实现结果或为何选择去中心化，而更多地是将讨论提升到与现代国家关系的宏观层次。显然，元宇宙与现代国家之间似乎存在一种不易调和的张力。如何妥善处理这种张力，平衡中心化与去中心化机构、真实货币与虚拟货币之间的界线，无疑是决定元宇宙经济体系落地与成功的关键因素。

由于元宇宙中的用户具有高度的创造热情，其内部经济很可能会基于虚拟创造过程，展现出一种自我增值的模式。

在探索元宇宙的深度和广度时，学者们从各种角度提出了独到的见解和模型。姜宇辉从西方宗教文化的视角审视了“元宇宙”这一英文名词的背后含义。他指出，该词在英语环境中所呈现的超越性意味着英语文化中可能将元宇宙视为人类社会的最终演化阶段，这与宗教中对末日救赎的观念有某种相似之处[19]。方凌智和沈煌南则认为，元宇宙作为人类创造的产物，必然蕴含着文明的特质，这也构成了其特点之一[20]。而迪奥尼西奥（Dionisio）在 2013 年认为，随时随地的可接入性是元宇宙的关键特征之一，但随着技术的进步，这一特征的重要性似乎有所减弱[21]。

当试图理解元宇宙的工作原理和构造时，模型化的方法尤为有用。目前的元宇宙模型主要可以分为两大类：物理模型和概念模型。

在物理模型方面，里斯克尔迪耶夫（Ryskeldiev）结合了区块链技术，构建了一个分布式元宇宙模型，该模型可以轻松地以文本文件形式存储和恢复 MR 虚拟空间[22]。另外，考虑到元宇宙对传统空间概念的重新定义和改造，一些学者提出了一个模型，将元宇宙解释为欧氏空间、社会空间和赛博空间的结合，这有助于理解元宇宙在不同层次上与实际世界的关系[23]。

而在概念模型方面，研究者们主要集中在两个关键领域：一是研究元宇宙的发展和变化模式；二是深入探索元宇宙的概念层面和结构。

元宇宙的发展与变革不仅仅是技术上的创新，更深层次地影响了人类对于现实和虚拟世界的认知和互动方式。未来的元宇宙，预计将在游戏的基础上逐步演化，利用游戏内部的虚拟世界互联来深化其影响力。云游戏在这一进程中也占有不可或缺的位置，被众多行业观察家视为走向元宇宙的关键途径。德勤中国提供的报告为这一巨大的虚拟世界绘制了一条清晰的发展蓝图：起初是一些零散的技术试验和小规模的虚拟实践，逐渐蜕变为各行各业的小型元宇宙。然后，这些小型元宇宙将在身份和资产的验证基础上建立互通性，最终融合成一个统一、庞大的元宇宙体系。这一过程不仅是技术的演进，更是现实与虚拟之间交互方式的革新。

元宇宙的研究概念层次有着深厚而复杂的背景。斯马特（Smart）提出了一种双轴的分析模型，使用“VR—AR”和“外向—内向”（基于场景中用户形象的有无）作为主要坐标轴，从而分析元宇宙的应用场景[24]。据此，斯马特将元宇宙场景分成了 AR、生活纪实、镜像世界和虚拟世界四大类，并深入探讨了这些场景间的交互和关系。这种分类方法让诸如车载记录仪和谷歌地球这类工具也被视为元宇宙的一部分，这与当今的元宇宙理解有所出入。

到了 2021 年，拉多夫（Radoff）为元宇宙勾画了一个从基础到应用的七个层次的模型：体验、发现（即体验的传播）、创作者经济（体验的制造）、空间计算、去中心化、人机交互以及基础设施[25]。相对地，鲍尔（Ball）则更细致地展开了基础设施的部分，涉及硬件、网络、计算、虚拟平台、连接工具与标准、支付服务，以及内容、服务和资产等七大领域[26]。

不同的研究者对元宇宙的构成有着各自的理解和分类。从商业角度，拉多夫的模型中的三个层次——体验、发现和创作者经济，有时会被其他的划分所取代，例如鲍尔模型将它们整合为消费者行为及内容、服务和资产，并将支付服务也加入其中。从产业化的角度看，可以简化鲍尔模型中的平台部分，例如将连接工具和标准融合进计算平台，形成一个更为精简的六层模型[27]。

而聂宇霄和陆意则更注重元宇宙的可视部分，他们基于传统的营销理论，将虚拟平台的实体划分为虚拟场景内容和虚拟用户，为新的场景环境下的元宇宙构建了新的框架。至于平台技术层面，如宋嘉吉和赵丕业提出的“BAND”模型，强调了区块链、游戏、网络和展示方式的核心地位，特别是区块链技术。赵国栋等人进一步完善，提出了“BIGANT”模型，涵盖了区块链、交互、游戏、AI、网络及物联网[28]等技术领域。《金融元宇宙研究白皮书》则为我们提供了一份更为全面的技术清单，列举了区块链、游戏技术、AI、空间计算等多达15个方面的技术细项。

在元宇宙的研究中，众多学者与专家为我们描绘了丰富而多样的模型和框架，这为理解这一新兴领域提供了广阔的视角和深入的洞见。

展望未来，可以预见的是，元宇宙的形态与走向大致会分为三大主导流派。首先，以脸书、苹果、谷歌和微软为首的欧美技术巨头将构建以其文化和技术印记为特色的美式元宇宙。其次，中国的科技领军企业，如腾讯、字节跳动和阿里巴巴，有望塑造一个融合中华文化特色与全球化理念的中式元宇宙。而第三种流派可能是最为前沿和激进的：以创新者埃隆·马斯克为代表，未来可能设想一个跨地球、月球和火星的元宇宙，这一愿景意味着在地球、月球和火星之间实现网络连接，构建一个真正的跨星球元宇宙。

这些不同的流派预示着元宇宙的多元化和广阔未来，各自将带来不同的创新与机遇，为全人类开辟新的探索与体验空间。

当我们探讨元宇宙的不同面貌时，中式全球化的元宇宙与欧美式元宇宙之间存在明显的区分。其中，最为突出的特点是中式全球化的元宇宙背后有更强大的政府监管与统筹力量。这种模式下，政府的引导和规范起到了核心作用。相较之下，欧美化元宇宙更多地呈现了一个自由市场的特点。在这样的生态中，各大企业如脸书和微软都努力营造自己独特的平台和虚拟货币系统。

进一步探索中式模式，有望看到一个层次化的元宇宙构架。例如，最上层可能是政府引导的元宇宙，其中实名认证成为基础要求，以确保公民身份的真实性。而在企业层面，元宇宙则展现出自由市场的竞争特质。这种竞争氛围下，开放的元宇宙协议有可能应运而生，以满足多样化的需求。

强大的监管存在两面性。其弊端可能体现在与欧美市场相比，其竞争性与生态的自由度和多元化上有所不及。这种模式下，不同的企业或平台可能面临更多的限制和标准。然而，其优势在于可以减少由于过度竞争导致的资源浪费，消除不同生态间可能存在的壁垒，并集中更多的资源去构建一个更加统一和高效的系统。这种整合可能使元宇宙在资源配置、技术发展和用户体验上更加优化，为用户提供一个更加协同和完整的虚拟世界。

1.2　元宇宙的发展

未来的元宇宙不是现实之外孤立的宇宙，而是与我们日常生活紧密相连、共同繁荣的虚实共生生态。走入元宇宙的探索之旅，实际上是一个“以虚补实”的过程，这个过程弥补了现实中的空白与不足。在元宇宙的边界内，新的场景蓬勃生长，新质生产力与创新力焕发活力，它们共同孕育出独特的生产和创新体系，进一步助推现实世界的生产技术革新与生产关系的进步。在这一共生环境中，用户的参与显得至关重要。每一次用户的互动和参与，都因其独特性和稀有性而增值，使得用户的参与成为元宇宙中无法或难以替代的宝贵资源。这种价值的凸显，既体现为用户在虚拟世界中所扮演的特定身份和角色，也表现为用户在各种互动和交流中产生的经济贡献。这使得元宇宙成为一个动态的、价值密集的、与现实世界紧密交融的生态，持续推动着我们对传统概念和价值观的重新认识和刷新。

1.2.1　元宇宙史前史

牛津大学的著名哲学家尼克·波斯托姆在其研究中提出了一个引人注目的观点：一旦计算机技术达到能够完整模拟大脑的突触和神经递质的水平，人类的意识理论上就可以在计算机内部得以模拟。继而，他进一步推测，高度发达的文明有能力模拟整个宇宙，使得我们现在所体验的现实可能只是一个高级文明制定的“虚拟游戏”。

2016 年，在编码大会（Code Conference）上，当被问及是否认为人类生活在一个计算机模拟的宇宙中，特斯拉首席执行官埃隆·马斯克毫不犹豫地给出了肯定的答案。他相信，基于我们所观察到的技术进步趋势，尤其是在视频游戏领域，构建一个与现实无异的模拟世界只是时间问题。他进一步预测，鉴于技术的飞速发展，我们生活在真实的宇宙中的可能性不超过“十亿分之一”。2018 年，马斯克再次在乔·罗根（Joe Rogan）主持的《乔·罗根体验》(The Joe Rogan Experience）节目中阐述了这一观点，强调人类的文明可能只是众多模拟文明中的一员。

这种思考与电影《黑客帝国》中的情节不谋而合，电影描述了一个由计算机系统“矩阵”控制的虚拟世界，而现实中的人类只是这个系统的囚徒，被“圈养”并无法感知真实的世界。因此，尼克·波斯托姆和埃隆·马斯克等人所坚信的“模拟宇宙”理论，实际上可以总结为“虚拟现实补偿论”。这一理论认为，任何文明在其漫长的发展历程中，出于某种补偿的需求，都可能构建自己的虚拟现实。而这使得这个文明本身也很可能是另一个更高级文明所创造出的模拟宇宙的一部分。

在探讨我们所处的虚拟世界与其他可能存在的宇宙之间的关系时，一个假设的宇宙层级结构显得尤为引人注目。在这个结构中，我们可以从认知与补偿两个维度解析宇宙之间的纽带，如图 1–3 所示。

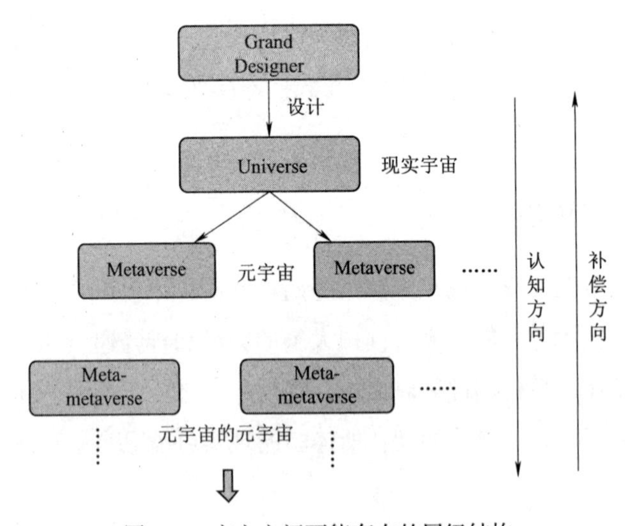

图 1–3　宇宙之间可能存在的层级结构

首先，在认知层面，每一个宇宙级别都是上层宇宙所制定和控制的。这意味着，从一个高级的宇宙看下去，下一级的宇宙只能被动地接受由上层宇宙设定的规则和常数。例如，人类对于自己所处的宇宙，只能接受固有的物理常数和规律，而对于元宇宙中的虚拟实体，则必须接受人类所设定的约束。这种情境与电影《楚门的世界》中的设定有异曲同工之妙，主人公楚门所认知的每一片云朵、每一个海浪，都是由上层控制者所预设的，提醒我们，我们的知觉和理解也可能受到更高级宇宙的操控和引导。

而在补偿的维度上，关系呈现出从下至上的单向性。即便我们所处的宇宙被一个更高级的宇宙所控制，我们无法对上层宇宙施加影响或约束。这引发了一个哲学上的困境：人类在这一层级中的地位是什么？如何确保自己的自主权和命运不被篡改？元宇宙，作为一个人类自主创设的虚拟领域，是否能为我们提供一个真正属于自己的、充满自由与尊严的空间？这些问题挑战了我们对自由、命运和宇宙的传统认识，也为未来的哲学和科学研究提供了丰富的探索土壤。

在元宇宙成为公众焦点之前，创造多重宇宙的构想已悄然萌发于人类心中。在游戏界，如《赛博朋克 2077》《GTA》和《我的世界》这些高度开放性的大作已赢得了无数玩家的喜爱。而在电影领域，《信条》《盗梦空间》《星际穿越》和《瞬息全宇宙》这些影片，不仅为观众揭示了令人叹为观止的科幻景象，更是在其中暗藏着对于构建多元宇宙的深沉期望。这似乎预示着人类对于塑造元宇宙抱有一种内在的渴求。

元宇宙可视为多种先进技术——AI、VR、沉浸式体验、区块链、大数据、云计算和数字孪生——的融合产物，具备改变现实与虚拟界限的潜能，甚至有望超越现实，打造出更为高维、全新的宇宙。那么，这种全新的媒介会如何打破和重塑既有的社会实践界限？这值得每一个探索者去深入思考。

首先，元宇宙的空间特性突显其在私密性、灵活性、公平性和低成本上的独特优势。使用者可以毫无保留地展现自己，释放长久压抑的情感。例如在医学领域，患者在元宇宙中能够与医生更为深入地交流，而不必担心隐私泄露的风险。此外，该空间的灵活性使得个体可以按照自己的意愿进行定制，并邀请伙伴一同分享。它提供了一个平等的舞台，每个参与者在此都可以摆脱现实中的标签，避免因为性别、种族或地域带来的偏见。从成本角度来看，与传统的物理空间相比，元宇宙空间的维护与使用显得经济高效。

这一独特的空间特性使元宇宙成为突破传统空间束缚的新领地，允许人们在此选择并塑造自己想要的身份，如年龄、性别、家庭背景和职业等。在这里，每一个人都能平等地参与、体验和创造，不受现实生活中的种种局限。例如，一名身体有障碍的老者，在元宇宙中同样能够体验到健康、年轻的日子。

电影《头号玩家》展示了这样一个虚拟世界的魅力。主角通过先进的 VR 设备在“绿洲”与现实中不断切换，面对各种挑战，不仅在游戏内找到了隐藏的钥匙，还成功揭露了反派的阴谋。这部影片揭示了元宇宙为个体带来的无限可能性，表明人们不再仅仅局限于一种生活方式，而是可以在多个虚拟世界中探索、体验和实现自己的价值。

电影《失控玩家》以独特而富有创意的视角展现了虚拟世界的无限可能和人类与虚拟现实交融的前景。主角作为一个 NPC（非玩家角色），通过先进的模拟技术，在虚拟游戏“幻境”和现实世界之间穿梭，勇敢地面对各种考验。他不仅在游戏世界解锁了一道又一道的谜题，还大胆揭示了幕后势力的隐藏计划，为保护虚拟世界付出努力。影片中，主角的冒险和成长让人看到，虚拟世界不仅仅是一个简单的游戏领域，而是能够让人寻求、体验并赋予自身新定义的广阔天地。《失控玩家》不再将虚拟世界简单定位为虚幻的、危险的，而是展现了它作为另一种真实存在的可能性，探索了人类在虚拟世界中能够实现的多元价值。

其次，元宇宙赋予时间一种全新的维度，这种时间展现了其连续性、广泛性、节奏性和客观性。胡塞尔的理论指出，存在的唯一时间形态为内在时间，它由诸多意识活动共同构筑：原印象、感知、意向、滞留、预期、想象等。而客观时间则像一条线索串联过去、现在和未来，确保了时间连续流逝。

在元宇宙，时间的概念被扩展，超越了传统的单一维度，呈现出多重的可能性。与现实世界中的线性时间不同，元宇宙的时间似乎有着更为丰富的维度和层次。时间的流速和真实世界也不太一样，在移动互联网时代，就有“抖音十分钟，人间一小时”的说法，到元宇宙时代，这种现象将会加剧。用户在元宇宙内可以通过多重身份或化身来体验，每个化身都有自己独特的生命历程和时间线。尽管现实中的人类可能被生命的物理时间所限制，但在元宇宙中，这些化身或虚拟身份的生命历程却可能是无尽的。

这种时间维度的变革意味着元宇宙生命的无限性。只要支撑元宇宙的计算体系还在，这些虚拟生命的存在就能得以延续。更为引人深思的是，尽管一个人在物理世界中的生命可能终结，但其在元宇宙中的身份和经历却有可能永久保存，像是对其现实生命的延续或纪念。这种独特的时间观念和生命观在某种意义上挑战了传统的生死观和人类对时间的理解，提供了一个全新的视角来看待生命、时间和存在的意义。

预测显示，元宇宙未来的发展高峰将囊括多项技术突破，包括 VR 和 AR 技术的大步前进，机器人在虚实界面的应用，以及脑机接口技术的突破与产品化等关键技术的飞跃。随着元宇宙链条上各个产业入口的打通，一个以产业为节点的网状产业链将逐渐形成，推动产业升级并催生产业链的发展。这种网状产业链是元宇宙进一步演化的标志，揭示了一个更为高阶的阶段——产业元宇宙。

在产业元宇宙的推动下，多种经济模式将应运而生。例如，通过提供多样化的交友方式和选择，将催生一个以单身经济为特征的新景象。同时，通过机器人和虚拟数字人广泛用于老年人服务，不仅能够提升老年人生活的质量，还能促生适老经济的发展。抚慰焦虑经济将成为解决现实焦虑的一个新途径。懒人经济将允许人们足不出户就能感知世界，而通过加速布局元宇宙，虚拟潮牌交易新形态的潮牌经济也将随之兴起。

在这个平等的元宇宙虚拟世界中，性别和颜值的平权有望得以实现。元宇宙不仅是技术与创新的展现，更是社会进步和经济多元化的体现。通过元宇宙，我们可以看到一个充满无限可能和机遇的未来，它将重塑我们的社交、经济和生活方式，开启一个全新、互联和包容的数字时代。

尽管元宇宙的发展是一个长期的过程，但它作为未来媒介发展的新形态，展现了在现实因素限制、综合感官拓展以及沉浸式传播方面的重大突破潜力。人类，作为物质实体与精神意识的结合体，栖息在现实世界之中，通过创造性的劳动，在繁衍生息的历程中，不断地改造并利用客观世界，从而塑造着人与世界之间的密切关系。捷克知名作家米兰·昆德拉在其著作《不能承受的生命之轻》中，对人生和现实世界表达了独到的见解。他认为，“人永远都无法知道自己真正想要什么，因为人的生命只有一次，无法与前世做比较，也无法在来生加以修正。没有任何方法可以验证哪种选择是更好的，因为缺乏比较的基准，一切都是立刻经历，仅有这一次，无法做出准备。”在这种思考框架下，现实世界的独一无二性使其只能“是其所是”。

然而，虚构的想象和将这种想象转化为真实体验，始终是人类文明的基础冲动，因为虚构世界赋予我们“是其所不是”的可能，从而揭示出存在的更多可能性。元宇宙，作为一个虚构世界的代表，提供了一个独特的平台，让我们能够探索和体验超越现实世界的限制，拓展感官的边界，并享受沉浸式传播的魅力。

在元宇宙中，每位用户都可申请虚拟化身，成为虚拟世界探索创新的独立主体。元宇宙因持续涌入的用户创造力而愈发丰富和生动。随着虚拟与现实的不断深度融合，元宇宙中的所有体验逐渐围绕虚拟化身展开。个体在元宇宙中可塑造多重虚拟身份，拥有多元的身份标识，并通过这些标识在元宇宙中建立具有现实感的社交关系。

基于身份标识的设计，用户可随时随地通过各类数字设备进入元宇宙，参与学习、工作、生活等多维社会活动。元宇宙成为一个多元互动的舞台，用户通过自身的虚拟化身参与学习、娱乐、游戏等丰富多彩的活动。例如，借助 VR 或 AR 技术设备，用户可进入虚拟化的图书馆场景，通过虚拟化身与同在此虚拟场景中的个体交流，甚至向虚拟图书管理员借阅图书。在这些活动的过程中，用户也在不断加深对自我虚拟身份的认同。

化身形象的设计和展示成为资本关注的新领域，为商业场景注入新的活力。每个人一般情况下，都需要三个化身：自身颜值巅峰的化身、真身复刻的化身、匿名化身。用户的化身不仅是个人在虚拟世界的代表，也是商业交易和用户行为数据分析的重要依据。在化身形象的设计与制作中，产生的商业交易既丰富了元宇宙的经济生态，也推动了虚拟商品和服务市场的发展。同时，从用户的化身中提取的行为数据，能够分析出用户的消费偏好和社交倾向，为元宇宙的商业模式提供宝贵的参考信息。通过这种方式，元宇宙不仅成为个体表达和社交的新领域，也逐渐成为商业创新和市场研究的重要平台。

沙盒游戏已成为元宇宙概念在现实世界中的一种直观展现，它为玩家提供了一个开放而自由的虚拟环境。在这个环境中，玩家不仅能够探索现有的内容，还能够通过创造新的内容来表达个性，进而在虚拟世界中构建具有稀缺价值的个性化模型。这种稀缺价值的个性化模型具有很高的吸引力，能够引诱其他玩家付费使用，从而在虚拟世界中创造出新的价值。沙盒游戏中的虚拟土地因其稀缺性而具有了实际的产业价值，例如，一块沙盒游戏中的土地曾以 430 万美元的价格成交，刷新了元宇宙房地产交易的最高纪录。然而，虚拟经济体系的繁荣也伴随着相应的风险。由于其经济体系主要基于虚拟要素，很容易出现泡沫，甚至有可能导致经济体系的崩溃。这种风险不仅仅是沙盒游戏或元宇宙特有的，也是任何新兴市场在快速发展过程中都可能面临的挑战，虽然区块链元宇宙在这方面更加突出一些。

在元宇宙的环境中，时空的稀缺性为不同的社交场景赋予了特定的社交价值。例如，虚拟世界中的各种社交场景，如酒吧、聚会、比赛和景点等，将具有独特的社交圈层价值。通过购买不同社交场景的“门票”，用户能够获得进入特定社交圈层的权限，享受与之相关的独特社交体验。这种基于场景的社交模式不仅丰富了元宇宙的社交体验，也为虚拟世界中的社交活动增加了多层次的价值和意义。

1.2.2　元宇宙是如何“出圈”的

2020 年，新冠病毒感染疫情全球大暴发，社会的运行模式被迅速重塑。在此背景下，钉钉、腾讯会议等在线课堂和办公软件应运而生，有效地支撑了社会生活的正常运转。这不仅加速了社会的虚拟化进程，也使“非接触式文化”成为新的社会潮流。线上的学习和工作成了生活的新常态，这也为虚拟技术的发展提供了肥沃的土壤。

游戏行业在此期间崭露头角，成为新的社交和娱乐场景。以美国歌手特拉维斯・斯科特（Travis Scott）为例，他在游戏《堡垒之夜》中举办的虚拟演唱会，虽然仅持续了十几分钟，但通过逼真的人物建模、精美的游戏场景和特效吸引了全球 1230 万名游戏玩家参与。此外，任天堂游戏《动物森友会》中举办的顶级 AI 学术会议 ACAI，也吸引了众多 AI 学者入驻，为游戏赋予了更深刻的价值意义。这些现象显示了游戏行业在虚拟社交和文化传播方面的巨大潜力。

同时，在新冠疫情的背景下，许多企业开始重视和实施远程办公的模式。微软宣布将允许更多的员工选择在家办公，而 Meta 的首席执行官马克·扎克伯格也明确表示，未来 5 到 10 年内将推动数以万计的员工采用远程工作方式。这些举措反映了远程办公已成为企业运营的重要组成部分，同时也显示了虚拟技术在未来工作模式中的关键作用。

随着人们日益依赖网络，习惯于在线办公、学习和社交，社会的虚拟化程度不断加深。元宇宙技术的“出圈”成为大势所趋，它不仅满足了市场的需求，也为未来社会的运行提供了全新的可能。与现实世界相辅相成的虚拟世界，正在逐步成为我们日常生活的重要组成部分，也预示着未来社会运行模式的多元化和虚拟化。

近年来，智能手机市场的变动成了不容忽视的现象，其中手机销量的下降和应用程序使用的固化成为互联网行业从业者探索新方向的重要推动力。尽管智能手机销量下降，应用程序的使用时间却没有相应减少。美国智能手机的平均使用时间有所增加，但用户正在将其应用程序的使用时间集中在更少的平台上，因为应用程序在自身的生态系统中提供了更多的服务。智能手机销量和应用使用模式的变化意味着互联网行业专业人士需要适应，并推动行业朝着新的方向发展，元宇宙恰好就是打破产业固化的一个新的选择。

2021 年 3 月，美国游戏巨头 Roblox 走向公众视野的中心，通过成功上市并在其招股书中首次提出“元宇宙正在成为现实”这一概念，为公众展示了元宇宙的广阔前景。在上市的当天，Roblox 的股价应声暴涨 54%，市值一跃超过 400 亿美元，无疑证明了“元宇宙”这个概念对投资者和公众的巨大吸引力。这一事件不仅为 Roblox 带来了巨大的市场关注，更使“元宇宙”成为那一年的“热词”。

随着时间的推移，到了 7 月，社交媒体巨头脸书的创始人马克·扎克伯格也公开表达了他的元宇宙愿景。他强调了在未来 5 年内，将致力于将脸书打造成为一个元宇宙企业，并在 10 月的年度 Connect 大会上正式宣布，将脸书更名为 Meta，旨在更好地体现公司未来的方向和元宇宙战略。这一重大决定再次验证了元宇宙概念的重要性和未来的发展潜力。

同年，另一家美国游戏公司 Epic Games 也表示已成功筹集了 10 亿美元资金，专门用于发展元宇宙业务，显示出行业对元宇宙的高度重视和投资意愿。而全球芯片领军企业英伟达也不甘落后，开放了其实时仿真和协作平台 Omniverse，以探究元宇宙的无限可能[29]。这些举措不仅显示了各大企业对元宇宙的积极布局，也预示着元宇宙技术和应用将成为未来数字经济的新高地。

2021 年可谓元宇宙概念崭露头角的一年。从 Roblox 的上市到脸书的重命名，再到 Epic Games 和英伟达的积极布局，各方的动作可见一斑。元宇宙不仅作为一个新词汇进入了公众的视野，更是作为一个新时代的标志被行业和市场所认可。每一个重要的声明和决定都显示了元宇宙概念的强大吸引力和其未来的广阔发展空间，但在技术发展不充分的背景下，也充满着泡沫和疯狂。

元宇宙的浪潮迅速溢出国际边界，涌向中国的数字领域，由腾讯、字节跳动、网易、百度等业界翘楚所代表的国内企业纷纷响应，积极布局“元宇宙”。从全球视角来看，“元宇宙”的搜索热度揭示了其跨文化、跨国界的吸引力，而亚洲国家尤为关注此概念，其中中国的搜索量领先在前，紧随其后的是韩国和新加坡。随着“元宇宙”概念的普及和认知度的提升，2021 年被赞誉为元宇宙的“出圈之年”。

这种新的常态推动了对虚拟世界深层次的反思和认知，人们开始认识到虚拟世界的存在并非虚无缥缈，而是有着切实的意义和价值。虚拟世界不再被视为虚假或无关紧要的，而是成了现实生活的延伸和补充。过去那些被忽略的虚拟领域，如今确实在影响着现实生活，并留下了清晰可见的印记。这种新的认知正在逐渐渗透进日常习惯之中，自然地引导着人们向虚拟世界迁移，逐渐形成了在现实与虚拟之间自由穿梭的新生活模式。人类正在逐渐演变成为现实与虚拟世界间的两栖生物。虚实共生的第一个临界点就是在网络世界待的时间长于在线下世界待的时间。第二个临界点就是网络世界中 AI 朋友多于真实世界的真人朋友数量。元宇宙将不断成熟，成为现实生活的重要组成部分，也将为未来的社会发展打开全新的视野和思考空间。

生产和生活需求与科学技术之间的紧密联系是不容忽视的，特别是在互联网巨擘们精通技术引领之道的今天。元宇宙的“出圈”不仅仅是一个概念的流行，更是依赖于技术的“赋能”来实现的，其中包括先进的芯片技术、AR/VR 硬件设备、AI 技术、显示技术、区块链技术及 5G 通信技术等。5G 技术作为新时代的通信基石，为元宇宙与现实世界之间的无缝连接提供了技术基础，而芯片、AR/VR 硬件、设备区块链则是为元宇宙的构建和运行提供了必要的基础设施。

元宇宙作为网络虚拟世界的升级版，寻求一个合适的媒介作为“入口”以连接人类的感官与虚拟世界，而 AR/VR 硬件设备在这方面的贡献不容忽视。通过 AR/VR 设备，人们能够以更为直观、沉浸的方式体验虚拟世界，极大地丰富了元宇宙的体验维度。

产业生态的博弈与互动、科技的激流勇进在资本市场的舞台上交织演绎。AR、VR、AI 等行业的技术突破正在产生奇点效应，使得元宇宙在 2021 年频繁“出圈”，成为炙手可热的社会现象，同时也预示着关于人类日常生活新模式的设想正在逐渐成为现实。

元宇宙的“出圈”也反映了市场的竞争、个人、企业以及国家发展的需求。同时，“元”的概念得到广泛接受，不仅仅是技术和市场的双重推动，更得益于人类传统文化的影响以及科学实践的发展。它的“出圈”不仅是市场需求的反映，更是人类对虚拟世界原生渴求的一种表现。

随后，元宇宙的浪潮持续冲击全球市场，不论是脸书更名为 Meta，还是韩国首尔推出首个《元宇宙五年计划》，抑或是自信“跑得比谁都快”的网易，似乎都在显示元宇宙已经不再遥不可及。自 1995 年以来，Gartner（高德纳咨询公司）开始发布技术成熟度曲线，用于预测创新技术从萌芽到成熟的过程。在 Gartner 发布的众多技术成熟度曲线中，新兴技术成熟度曲线为市场参与者提供了一个“必须了解”的新兴技术和趋势清单，而这些技术预计在未来 5 至 10 年内将为市场参与者提供显著的竞争优势[30]。

2021 年 8 月，Gartner 发布了“2021 年新兴技术成熟度曲线”，旨在突显未来 2 至 10 年间可能对商业和社会产生重大影响的新兴技术。该报告强调了三大核心趋势：建立信任、加速增长和塑造变革，这三大趋势将为未来技术发展和应用提供指引。

Gartner 研究副总裁布莱恩·伯克（Brian Burke）指出：“技术创新是实现竞争差异化的关键要素，同时也是催化多个行业变革的重要力量。随着突破性技术的不断涌现，即便是最具创新精神的企业也面临着紧跟技术进步速度的挑战。在持续战略变革和经济不确定性的大背景下，领先企业将依赖于今年新兴技术成熟度曲线中揭示的新兴技术，以建立信任并挖掘新的增长契机。”[31]

构筑元宇宙的基础离不开一系列的新技术，包括去中心化身份验证、生成式 AI 等。

1.2.3　元宇宙发展曲线与降温

刘慈欣通过其杰作《三体》，呈现了一个宏大的宇宙视野，意味着人类未来的探索方向可能有两种选择：一种是向外，走向辽阔无垠的星辰大海，探索宇宙的奥秘；另一种是向内，深入 VR 的世界，探寻数字宇宙的无限可能。刘慈欣倾向于前者，认为人类应该努力拓展现实世界的边界。然而，随着元宇宙概念的火爆，许多人开始思考，这两条路或许不是互斥的，而是相辅相成的。

以 AIGC（人工智能生成内容）和 UGC（用户生成内容）游戏为切入点，元宇宙为这两条路的融合提供了一个微妙而有趣的视角。Roblox 作为全球最大的多人在线创作游戏平台，至 2022 年底，平台上的用户使用时长已累计达到 500 亿小时，而到 2023 年 1 月，平台的日活跃用户数量更是高达 6500 万名。这不仅仅是一个游戏平台的成功，更是元宇宙概念在现实中的初步验证。

同时，区块链游戏 Axie Infinity 的飞速崛起也成为这一趋势的另一个重要证据。据统计，2021 年 8 月，Axie Infinity 的月收入达到了 3.64 亿美元，环比增长 85%。

从 Roblox 的创意无限，到 Axie Infinity 的经济价值，游戏不仅仅是元宇宙的雏形，更可能以先驱者的身份，引领整个产业生态逐步进入元宇宙时代。这种进步不仅仅是技术的进步，更是对未来可能生活模式的一种探索和尝试。

2021 年初，脸书旗下的 Oculus 推出了具有里程碑意义的产品—— Quest 2，这款产品的推出将整个虚拟设备市场的价格门槛降至大约 2000 元人民币，使得 VR 技术更为亲民。同年，腾讯公司也不甘示弱，提出了“全真互联网”的概念，以表达对未来技术的展望和期待。

2022 年 11 月 30 日，发生了互联网历史上的一件大事，OpenAI 发布了 ChatGPT，一个具有突破创新意义的聊天机器人，它在 2023 年 1 月的月活跃用户数量便达到了约 1 亿，显示了其强大的吸引力和实用价值。紧随其后，在 2023 年 3 月，Meta CEO 马克 · 扎克伯格宣布，Meta 将成立一个专注于 AIGC 的顶级产品团队，以推动公司在这一领域的进一步发展。

全球众多重量级的企业开始纷纷将目光转移投向 AIGC 等突破性技术。值得注意的是，ChatGPT 的爆火使得元宇宙的关注度下降，一时间，舆论中流传着“元宇宙不行了”的声音。然而，与此同时，AIGC 的热潮反而为元宇宙产业的技术基础奠定了坚实的基础，预示着元宇宙的大热潮可能在未来重新兴起。技术永远是支撑元宇宙“在线”运行的基石，缺乏技术的创新和发展，企业、个人乃至各国将难以成功切入元宇宙的新领域。因此，技术的持续更新和升级为元宇宙的“出圈”奠定了爆火的基础，但也为元宇宙在 2023 年舆论降温埋下了伏笔。

而 Axie Infinity 近期也经历了起伏，面临一些挑战。2023 年，Axie Infinity 的月均玩家数量下降至当年最低点。这可能表明元宇宙经济游戏的吸引力在一定程度上减弱，或者市场上有其他竞争性游戏吸引了玩家的注意。尽管在 2022 年经历了困难，但 P2E（Play-to-Earn）游戏可能会重新获得人们的青睐。Axie Infinity 的起起伏伏也是元宇宙热度的一个体现。

回溯历史，21 世纪初，元宇宙概念曾经历过一次发展的高峰，但是随着时间的推移，它逐渐陷入了低谷。从宏观的角度来看，一项新兴技术的发展通常需要经历六个阶段，包括潜伏期、准备期、高潮期、冷却期、稳定期及衰退期，每个阶段都具有其独特的变现特征。技术的发展与退化往往伴随着市场需求的变化和社会经济条件的演变，如表 1–1 所示。

表 1–1　新兴技术发展的六阶段及其特征

阶段	阶段特征
潜伏期	技术停留在实验室中
准备期	相关技术相继成熟，企业推出相关概念及发展战略，行业媒体关注
高潮期	特定事件导致行业出圈，出现若干明星企业与产品，引起全社会关注、资本与舆论追捧
冷却期	过于乐观的社会期待破灭，舆论退潮，投机资本离场
稳定期	产业形成稳定盈利与发展模式
衰退期	资本与舆论被新兴行业吸引，新产品减少，用户离开

AIGC 技术的大发展短期内吸引了元宇宙的流量，但长期看，将有力支撑元

宇宙的发展。大模型 GPT 在元宇宙的部署可显著提升虚拟环境中的交互和真实感，加速类人文本生成，可用于元宇宙中多种目的，包括创建名为聊天机器人的虚拟助手，轻松理解和回应人类语言的智能代表，使元宇宙体验感觉更为身临其境和真实。这些由 AI 驱动的实体可帮助用户导航元宇宙，搜索特定地点或与其他连接的用户交互。GPT 也可用于创建 VR 中的交互体验，通过记录和生成对用户输入的响应，为每个用户创建独特的响应和风险模式。

ChatGPT 的迭代使元宇宙更具交互性、可接近性和真实感。这可能会将关注的焦点从单纯炒作元宇宙转向实现其功能，从而实现全面身临其境的虚拟宇宙的最初承诺。

元宇宙无疑在消费和生产领域拥有辽阔的发展空间，但也面临着不少挑战，其中技术障碍尤为突出。对于元宇宙的未来发展，有几个技术突破被认为是可能推动其进一步成熟的重要契机，如 VR 技术的进步、AR 与 AIGC 技术的深度融合、人形机器人在虚实交互界面的应用、元宇宙内容的多样化，以及脑机接口技术的创新和产品化。这些技术的突破和融合，将在不同程度上影响元宇宙的每一个发展阶段，为这一领域带来新的可能。

1.3　元宇宙社会形态与文化现象

元宇宙概念的涌现，为人类社会的未来展望描绘了一幅大胆且富有想象力的图景。这个新兴领域的探索，不仅是技术创新的表现，更是对人类社会、文化和生活方式未来可能发生变化的一种预示。

元宇宙化的社会可能不再遥不可及，它的概念已经逐渐渗透到多个学科领域，包括社会学、文化学、信息学、经济学、法学、制度建设、哲学和宗教学等。在这个虚拟与现实交织的新时代，传统的社会边界变得模糊不清，这暗示着需要从全新的、多维度的视角出发，以此来解析和构建元宇宙社会的框架和结构。

元宇宙社会的研究，已不再局限于单一领域的探讨，而是逐渐扩展到对人类社会的多方面理解。

元宇宙的探讨，也反映了人类对未来的无限期待和可能性的探索。它让人们看到，不论是社会形态、文化还是个体生活，都有可能在元宇宙的推动下，展现出前所未有的多样性和丰富性。通过对元宇宙的研究和探讨，人们有机会从新的角度理解和构建未来社会的可能模样，从而在元宇宙的广阔天地中，寻找到新的社会运行模式和人类发展的新路径。

1.3.1 社会形态

在探索元宇宙社会的多维构架时，不同的技术框架和生产力关系为上层建筑提供了不同的支撑和解释力[32]。在这个广阔网络中，连接形式呈现出多样化，其中频繁出现的相关概念包括虚拟与现实、社交关系及人与技术的交互。通过对元宇宙社会总体架构及其内在模式连接的探讨，现有研究已经揭示了元宇宙中社会组织形式及其与物理世界关联的多重维度。

一些学者以媒介社会论为理论基础，尝试对元宇宙中的社会组织形式及其与物理世界的关联进行模型构建[33]。此外，有学者重新审视了曾被忽视的“三个世界”理论，从中归纳出两种全球化理论范式，特别是非物质范式，该范式主要关注由技术创造的虚拟第三世界的研究。一些研究者指出，这一理论中的第三世界概念在技术进步的推动下正在变得更为明确。他们试图通过这一理论框架，厘清元宇宙中人、媒介与物质世界的联系，进而通过对数字修辞形式的分析，描述了正在进行的学术范式转变[34]。

虚拟与现实的关联讨论已存在很长时间，但在元宇宙的语境中，这种关联正在发生新的变化。例如，奥里纳霍（Ollinaho）分析了现代社会的虚拟化过程[35]，并指出人们对最具重要性的有限意义域与现实世界的等同认知，随着虚拟世界被认为是现实世界的子宇宙，这种认知正在发生变化。这一洞察推动了对元宇宙社会中虚实关系的探讨，也促使了基于虚实关系的元宇宙社会模型的建构。

通过深入探讨元宇宙中的技术架构、生产力关系以及社会组织形式，学者们有望构建出更为完整、丰富的元宇宙社会理论体系，为未来元宇宙社会的发展提供学术支撑和理论指导。

1.3.2 文化现象

元宇宙的出现，揭示了一个不受现实世界区域和时间限制的全新领域。即使是在同一虚拟世界中，随着时间的推移，它也能呈现出不同的形态，仿佛一个真正的平行宇宙。文化，作为一种长期形成、具有种族和区域特征的社会产物，在元宇宙中也展现出新的维度。学界已经开始关注到非现实世界中文化在全球文化交流中的价值[36]，并对元宇宙中行为模式、对话等文化表达形式的差异以及多元文化的融合展开了深入研究。特别是对元宇宙中恶性行为的分析与探讨，成为重要的研究方向。

亨辛格（Hunsinger）和马萨内利（Massanari）观察到，在广义虚拟空间内，文化能够得以共享，然而，这个空间内的文化实践依然是多元化的，亚文化往往能够迅速兴起。更为深入地，从文化创造的角度切入，这些空间通常是由用户和设计者共同参与和塑造，两者都带来了他们独特的文化元素。在这种背景下，文化的定义权和创造权成为相关讨论的重要节点[37]。文化多元性的研究已经相当深入，探讨了虚拟社会地位对文化依从性的影响。

元宇宙的存在，为解决现实世界中的歧视和社会不平等问题提供了新的可能。与现实世界的有限资源和机会成本不同，元宇宙中无限的物品生产和资源分配使得竞争大幅度减少，而共同利益得以提升。这一特性有助于维护多元文化空间的稳定，同时促进了跨文化的沟通与交流。霍特（Hoter）的报告揭示了元宇宙中的协作模式如何有助于消除不同种族用户间的竞争性隔阂[38]。

现存的准元宇宙空间已经展现了许多与现实世界截然不同的文化现象。用户报告的攻击行为和其他非法行为日益严重，包括骚扰、不受监管的赌博、欺凌、种族主义和暴力威胁等[39]，这些现象成为研究的焦点。这些恶性行为的背后，往往与去抑制的心理状态有关，个体在网络环境中感到更为放松，更容易进行某些僭越式的行为[40]。而在元宇宙的多元文化现象研究领域，学者们也逐渐拓宽了视野，涵盖了虚拟旅游、虚拟社区、虚拟文创等多种文化现象的探讨。

元宇宙的广阔和多元，不仅为文化交流和理解提供了新的平台和视角，同时也为社会学、心理学和文化学等多学科的交叉研究提供了丰富的素材和可能。

1.3.3　信息与信息安全

在信息与社会关系不断加深的背景下，信息科学学者们开始将目光转向元宇宙这一由数据构成的全新领域。尤其在疫情期间，大数据技术的推广为元宇宙热潮的崛起提供了助力，也为研究者们探讨数据形式的信息在元宇宙社会中的生成、流动、转化和储存提供了新的视角。

从宏观的角度，学者们致力于探讨元宇宙基本单元的描述框架和构建方式[41]，以及如何在元宇宙中有序组织知识信息[42]，为元宇宙的结构和运作提供理论基础。而在微观层面，如赵（Zhao）等人的研究，专注于元宇宙中视觉信息的分析，探讨了图形信息、交互技术及其他信息向图形信息转化的途径，并为图形构造方法提供了新的分类方案[43]。

元宇宙的崭新发展，尤其是其数据化和虚拟世界对现实世界的影响力，对信息安全和数据隐私提出了严峻的挑战。在元宇宙中，用户、商业和政治团体的数据可能面临被跟踪的风险，从而带来安全问题。特别是在一个人人皆为消费者的虚拟社会中，消费者的个人偏好和社会关系可能成为商业机构或政治团体利用的对象。解决信息安全和数据隐私的问题，成为元宇宙构建过程中的必要步骤。学术界为此提出了多种解决方案，包括物理层的安全策略和加密算法[44]，试图为信息安全技术在元宇宙中的应用提供技术方案和可行性分析。

例如，库玛（Kumar）等人提出了一种信息访问控制方案，旨在管理第三方何时以及如何访问他们的信息[45]，为数据隐私提供保障。而赛德米尔（Sedlmeir）通过介绍区块链技术不基于隐私信息的互信机制[46]，为构建安全的元宇宙提供了新的思路。

1.3.4 经济

元宇宙经济学展现了一个复杂且多层次的领域，其中包含众多的讨论和研究方向。根据现有的学术论述和新兴的经济模型，元宇宙通常被视为数字经济的新前线。它不仅由区块链等不断发展的技术所推动，而且还由其内在的去中心化、沉浸式和持续扩展的特性所界定。元宇宙经济学的轮廓涵盖了各种方面，包括价值创造、分配机制、公平性，以及与现实世界金融系统的整合。

元宇宙经济的探讨带有明显的争议色彩，涵盖了对其概念边界、分配机制及公平性等方面的多角度考量。在一些研究中，元宇宙被视为数字经济的新形态，通过分析底层技术的不同，揭示了元宇宙经济与传统数字经济之间的区别[47]。例如，《金融元宇宙研究白皮书》把视线转向基于区块链的经济模式，强调其在提升分配公平性方面的潜力。然而，郑磊和郑扬洋则提出了不同的观点，他们批判性地审视了区块链作为元宇宙底层技术的价值，指出区块链技术并不能完全满足元宇宙经济构建的需求，甚至认为元宇宙经济可能会加剧分配的不公平性[48]。

一种普遍的观点将元宇宙视为新型的数字经济领域，与传统的数字经济相比，由于其底层技术的不同而区别开来。这种区别通常取决于区块链技术所促进的去中心化性质，据称这种性质产生了更公平的分配范式。然而，也存在批评意见。一些学者认为，尽管区块链具有优点，但可能不足以满足构建元宇宙经济的需求。这些批评通常与关于加剧分配不公平问题的担忧相呼应，这种担忧与现实世界中现有的经济差距呼应。

在宏观经济层面上，关于元宇宙经济的结构和发展路径的讨论正在兴起。值得注意的是“广义通证经济”的概念，它预测了现实与虚拟世界之间流动的全球稳定币和央行数字货币（CBDCs）的无缝互动。这种模型期望元宇宙中的数字劳动与两个领域间的价值交换之间的流畅连接。元宇宙经济的结构和发展路径也引发了学者们的关注。而吴桐和王龙则从不同的角度出发，分析了元宇宙经济发展的路线选择，他们考察了现实与虚拟世界连接中全球稳定币和央行数字货币的价值，进一步构建了一个基于数字劳动及虚拟世界的“广义通证经济”体系[49]。

元宇宙经济中价值创造的本质超越了传统框架。它通常被描述为 UGC、数字资产、虚拟房地产和沉浸式交互中的体验价值的汇聚。此外，元宇宙的开放式、参与式和互操作性特征明显促进了从贸易、娱乐、教育到新形式社交活动的多种经济活动的环境。

总的来说，元宇宙的经济学是一个不断发展且被热烈讨论的领域。它与技术、社会和法律维度相交织，表明了理解更广泛的元宇宙论述的多面性叙述是必不可少的。这些研究展现了元宇宙经济研究的多元和深度，同时也反映了不同学者对于元宇宙经济的不同理解和期待。

1.3.5　法律及制度建设

元宇宙的兴起带来了一系列社会问题的紧迫性，这些问题在现有的虚拟平台上已有所显现。个人层面，儿童保护、隐私安全、VR 成瘾和其他心理健康问题成为重要的关注焦点。人际交往层面，性骚扰、经验丰富的用户欺凌新用户、财富不平等的加剧、算法偏见和新形式的数字排斥等问题日益突出。[50]种族主义和暴力威胁也是不容忽视的严重问题。企业层面，资本剥削、内容和平台所有权的分离及恶性竞争等问题浮出水面。国家层面，主权危机、税基侵蚀和利润转移等问题也开始受到广泛关注[51、52]。

监管这些问题遭遇了多种困境。目前，运行规则主要由开发商制定，但依赖开发商自发承担监管的人力和物力成本并不完全现实。尽管“相互监督”机制被视为一种可能的补偿方案，但其运行依然困难重重。此外，“代码即法律”的治理模式也受到合约技术不足的限制[53]。

在探讨元宇宙治理原则和方法方面，学者们开始深入研究法治、共治和自治的必要性。特别是在法治方面，关注现实世界规则与虚拟世界规则的交互，强调将现实世界规则置于首要地位的治理原则，以及技术与法律的共同规范的基本路径[54]。在道德治理方面，一些学者从元宇宙相关内容的现实问题出发，提出了在虚拟世界内通过多方共同构建规则的多元治理方案，以及现实世界对其纠偏的后备方案。这个方案基于伦理和自治原则，将现实世界的道德原则映射到虚拟世界，通过虚实界面和元宇宙的可编程性来实施外部监管，并明确了各项相关规则的指导思想[55]。

1.4 “元”时代的人文哲思

元宇宙作为近期的研究热点，在哲学领域亦有所涌现。其中，东方和西方的文化体系为元宇宙的哲学探讨提供了丰富多彩的视角和理论基础。在东方文化体系中，儒家思想强调人本主义和人性的核心地位，这为中国的元宇宙理念提供了指导，强调人类应该主导机器，确保元宇宙的发展符合人的需要和价值。道家的“道法自然”原则，尊重万物的多样性和自发性，为元宇宙的自然发展和多元包容提供了哲学基础。而佛教的缘起性空观点，透露出网络连接的因缘和合，以及网络快速演变中的无常性，为理解元宇宙的不断变化和虚实交融提供了独特的见解。

在西方文化体系中，与元宇宙相关的哲学思想多种多样。例如，“我思故我在”的思想强调个体意识和存在的重要性，在元宇宙中，每个个体的思想和存在也得到了新的表述和体验。超人哲学探讨了个体超越现实束缚的可能，而元宇宙为个体提供了一个超越现实世界限制的虚拟舞台。同时，“大众化的虚无世界”思想警示我们注意元宇宙可能带来的虚无主义和异化问题。

1.4.1　元宇宙技术对社会阶层的区隔

在社会学视野下，阶层分化和网络社群的圈层化都显露出类聚和群分的核心特质。近期，我国社会阶层展现出固化的趋势，具体表现为阶层间界限的清晰化、准入门槛的提高、下层群体向上流动的减缓、阶层特色的生活和文化模式的成形，以及阶层内部认同感的增强。虽然学界对阶层分化的研究视角很多样，但这一现象的社会影响值得深入探讨。

当前网络空间与现实社会存在高度的映射关系，现实中各阶层的个体在网络空间中往往也会展现出相应的阶层特征。元宇宙以其高度的拟真和沉浸性，让人们渐渐模糊虚拟与现实的边界，从而更直接地表达出个人的阶层属性。那些深受元宇宙媒介影响、频繁使用该媒介的人群，往往更容易感受到自身的社会地位提升。

研究表明，新媒体正在逐步重塑社会阶层结构，但这一过程并非均匀和匀速的，而是伴随着显著的地区差异性。个体所能获得的新媒体资源并不平衡，同时新媒体资源的地区分布也表现出不均性。这两种不平衡状态相互交织、相互影响，进而进一步固化了个体的社会感知和身份认同。与 Web 2.0 时代相比，元宇宙将呈现出更为显著的网络分层现象，这也让元宇宙成为探讨数字分化和网络社会阶层化问题的新领域，为社会学和数字媒体学的交叉研究提供了丰富的实证基础和理论视角。

网络空间的层级分化反映了元宇宙可能出现的阶层区隔情景。当前网络社会的层级分化主要表现为城乡差异和不同城市规模之间的差异。一方面，农民工面对城市空间的彷徨；另一方面，中产阶级在面对现代都市生活时展现出独特的自我意识。在快速的工业化和城镇化进程中，农民群体也在现代通信设备的使用中占有一席之地，成为移动互联网的活跃用户。然而，他们的网络需求和满足感与中产阶级存在显著差异。互联网虽然提升了他们在社会参与、信息获取和自我表达等方面的现代性，却可能因消费主义和过度城市化的影响而加剧他们的生存孤立。相对而言，中产阶级面临多重社会压力，如职场竞争、购房困难、养老问题和子女教育等，他们在网络空间中的表达往往显示出对民主自由和社会稳定的更高诉求[56]。

算法技术在社交网络空间和未来的元宇宙虚拟空间中，将成为推动群体文化流动的重要引擎，同时也需警惕它可能引发的“信息茧房”现象，这会造成信息隔离。算法推介系统通过大数据技术收集和分析用户信息，为用户推送更为匹配的信息和产品，同时也捕捉和分析用户的选择和消费记录，形成数据的循环和反馈。这种循环不断加固用户的文化品位，也可能加剧网络空间的层级分化。这种分化在元宇宙空间中可能更为明显，算法的“叠加推介”会不断加大和固化这种分层结构，限制元宇宙世界的阶层流动。

社会学家皮埃尔·布尔迪厄指出，文化区隔是阶层对立的体现，生活方式和品位既反映也塑造了阶层隔阂[57]。在算法传播时代，用户的文化消费品位受到以往消费选择的影响，不断被重塑，从而使具有阶层特征的文化偏好更加显著和排他，而这一切可能在用户不自觉的情况下发生。元宇宙的出现为探讨网络空间的层级分化提供了新的视角和研究平台，也为我们理解和应对可能出现的网络社会阶层问题提出了新的挑战和机遇。

1.4.2 公共思想的交流

元宇宙的崛起为政治治理展现了创新的管理形式，其去中心化的特质为公共思想交流构建了一种“破壁”的自由空间，同时也塑造了全新的政治传播渠道。政治传播不仅是维护和巩固政治权力合法性和权威性的关键途径，也是政治权力主体展现政治表达的有效平台，它在很大程度上反映了政治权力主体对政治、社会和生活的认知和理解。历史上，人类经历了口头传播、印刷传播、电子传播和互联网传播四个主要阶段。在最近的两个阶段中，尽管多媒体形式如图像、音频和视频得到了广泛应用，但在传播效果的感染力和持久性方面仍存在一定的局限，主要体现在缺乏深度的在场感和融入感。

元宇宙的出现为传播领域提供了新的可能。它通过全感官刺激、深度在场和沉浸式体验，满足了人们对拟真体验的渴望。当政治传播进入元宇宙空间时，有潜力极大地增强受众对信息的感知力和理解力，让受众全面融入传播所营造的氛围。例如，通过元宇宙构建的党史故事剧场能让受众身临其境，让他们在高度逼真的环境中目睹先烈们的英勇顽强，为革命先驱的不屈精神所折服，从而产生极强的情感共鸣，这对于传播党史文化和精神具有重要意义。

然而，元宇宙技术的应用也可能伴随新的挑战，对政治权力的实施和维护可能产生消极影响。元宇宙的去中心化特质意味着个体间、群体间的关系可能演化为更加扁平和开放的状态。在这样的政治生态下，某些实体的政治权力可能发生转移。元宇宙以 AIGC 和 UGC 为核心的运行逻辑下，其治理环境往往由独立用户共同参与运营和维护，这种模式使得单个的组织、平台、公司难以全面控制整个空间。因此，权力可能无法牢固地集中于某个特定的责任方，也可能出现权力中心的“再转移”现象。这种权力结构的转变提出了对传统政治治理模式的挑战，也为探索新的政治治理机制提供了机遇。

在自由开放的架构下，元宇宙可能成为意识形态渗透的新平台，个体可能受到其他文化的影响，表达和实践在现实中受到物理限制的想法。意识形态是国家精神文化的核心组成部分，主流意识形态的稳定直接关系到国家的政治安全和社会稳定。元宇宙虚拟空间的发展无疑为维护意识形态安全带来了新的挑战[58]。

随着元宇宙相关技术的不断迭代和应用领域的深度融合，未来人类的生活和生产将更加依赖于元宇宙，政治生活也将不可避免地依附于元宇宙空间。在元宇宙中构建社会关系时，也将形成某种社会秩序和社会心理调适，如何将这些运用到元宇宙政治的治理中，是一个不可忽视的关键问题。对于元宇宙的政治治理，需要在尊重创新与维护国家意识形态安全间找到合适的平衡点，以确保元宇宙成为推动社会进步、丰富人类文化的积极力量，而非成为意识形态冲突和社会分裂的源头。

1.4.3 青年亚文化的景观呈现

“Z 世代”是指出生于 1995 年之后的一群独特个体，自出生起便与互联网和智能手机的时代紧紧相扣，因此亦得名“互联网世代”或是“网生代”。根据国家统计局 2018 年的数据统计，中国的“Z 世代”人口约为 2.6 亿，大约占总人口的 19%。他们不仅人数众多、消费潜力巨大，更展现出独特而突出的消费习惯，标志着一个新时代消费文化的来临。

“Z 世代”的体验式消费观重视通过使用产品和享受服务时的感受——舒

适、愉悦或是兴奋，始终在寻求最好的产品价值和服务。他们愿意通过多种方式向品牌方表达自己的购物喜好，乐于尝试新兴的科技，追求新潮消费所带来的愉悦。

“Z世代”强调通过消费满足自我需求，愿意为了支持喜欢的IP产品支付高于盗版数十倍的价格以购买正版。例如，近年来火爆的手办玩具品牌泡泡玛特的兴盛，便得益于“Z世代”对潮流手办和盲盒商品的热爱。他们在可支付的范围内寻找自我满足和自我疗愈的方式，并通过消费来表达和彰显个人的独特性。

“Z世代”注重符号式消费。他们不仅注重消费品的功能价值，更看重产品背后所蕴含的意义和氛围。这种消费表达着个性、品位、生活方式和社会认同，购物不仅仅是满足基本生存需求，更是一种消费符号层面的交互[59]。

最后，是“Z世代”对情感式消费的重视。他们通过消费产品和服务寻求生活的消遣和情感的慰藉。在城市化的背景下成长的“Z世代”常感受到个体的孤独，而社交层面和亚文化圈层的消费不仅能满足他们的社交需求，也能在一定程度上缓解他们的孤独感，为他们提供情感上的慰藉。

元宇宙为消费者呈现出更为便利和自由的新型消费方式，其核心是以消费需求为导向。在元宇宙的世界，消费者享有更为自主和灵活的选择权，不再受限于传统的浏览和体验方式，而是能够全方位地亲身体验和感受产品。从消费信息的角度来看，元宇宙的去中心化特质，解构了传统线上消费的信息垄断现象，缓解了交易双方信息不对等的问题和单向传播的局限性。以消费者为中心，元宇宙促使了多元选择和交互的实现，开创了一个以需求为核心，实现多元交互的新消费时代。

元宇宙购物场景的另一个独特优势体现在它对“人、货、场、器、境、艺”六个维度的全面重构。

（1）人的维度包括服务型虚拟数字人的崛起。通过AI驱动的虚拟主播和虚拟导购，商家能够在降低成本的同时，提高服务的个性化和效率。与真人主播相比，虚拟主播无需休息，可以实现24小时不间断直播，同时避免了真人可能带来的负面舆情。虚拟主播和导购可进行高度个性化的定制，以完全符合品牌的营销需求。

消费者的虚拟体验可以持续升级。在元宇宙中，消费者可以创造独特的虚拟“分身”，在不受物理限制的情况下，自由穿梭于各种购物场景中。通过 AI，将自身个性化的数据和商品进行匹配和智能生成 3D 影像，创设高度真实的虚拟试衣和产品试用体验，消费者能够在完成购买决策前，得到前所未有的产品体验。

（2）货的维度常指实体产品的数字化展现和合约化交易：元宇宙能将实体产品转化为数字孪生产品，使其能够被复制、拆解和永久保存。这对于珍贵艺术品和文物的近距离观察和收藏具有重要意义。人们在元宇宙中可以随心所欲地创作数字产品，完全进入 AIGC 和 UGC 的新时代。通过 NFT 为媒介，数字产品的拍卖和交易成为可能，为创作者和收藏者提供了全新的价值交换平台。

这种全方位的重构不仅极大地丰富了购物的多维体验，也为品牌和商家提供了全新的市场拓展可能。通过元宇宙空间，购物的每一个环节都得到了升级和创新，预示着一个多元、自由和互动的新购物时代的来临。

（3）场的维度：元宇宙通过运用 XR 和空间计算技术，实现了虚实互动场景的创新搭建和交互。在此基础上，现实空间、虚拟空间和心智空间得以三元融合，突破了传统的时空二维限制，促进了多维空间的瞬时交互和变化。随着算力的提升，众多消费场景将迁移至元宇宙，因其能够降低房租、人力、水电等成本，同时通过无限的陈列方式，优化消费者的购物体验以提高转化率。元宇宙的“户外广告”也将以全新的智能化形态呈现，利用独特的数字景观和大数据分析，实现精准导流和持续动态的消费者互动，从而推动线上线下消费业态在势能层面的提升，实现消费者休闲时间、休闲场域、企业产品设计与产品销售场域的多维时空融合[60]。

（4）器的维度：元宇宙接入设备及其支撑体系，如 VR 头盔、AR 眼镜和算力芯片等，成为连接现实与虚拟的重要桥梁。通过 AIGC 技术，终端设备能够收集并交互感知视觉、听觉、触觉、味觉和嗅觉等多维信息，提升消费者的感知能力，为更丰富的购物体验奠定基础。

（5）境的维度：现实空间的元宇宙化开辟了一个巨大的市场，是元宇宙由虚向实的重要步骤。境的本质是一个融情于景、情景交融的沉浸式场所，能实现角色交互的功能。

（6）艺的维度：元宇宙平台上的文化数字化、技能数字化和艺术数字化，为新技能的学习和培训提供了无限可能。例如，AIGC、3D 绘画等技能的学习，将使人们能够将虚拟空间中获得的技能和艺能应用到现实生活中，实现从虚拟向现实的技能提升。这不仅可以创新个人的技能发展路径，也将为社会的文化和艺术创新提供强大动力。

在元宇宙的构架中，“人货场器境艺”这六个维度不仅各自独立，还相互交织，共同构建了一个多层次、多维度的交互体验场景。

这些维度之间的相互关系形成了元宇宙的基本结构和运作机制，使得元宇宙成为一个多维、互动、沉浸式的虚实融合体验平台。

1.4.4　虚构性的想象与自我主义

在元宇宙的广阔天地里，数字孪生的概念不只局限于对现实世界的复制，更拓展至无边无际的虚构想象。这种独特的想象力创造了一种超越现实的体验，让人们在虚拟的世界里满足心灵的渴望。例如，高度拟真的虚拟形象的创造，提供了一种满足人类本能欲望的途径。在这个虚拟领域中，人们可以拥有永不衰老的美丽容颜，展现财富和地位，自由选择不同的年龄、性别和身份，这不仅彰显了个性和品位，更满足了人们对自我实现的向往。通过虚拟分身，人们可以满足对“高峰体验”的心理需求。此外，通过虚拟分身在元宇宙中的新行为和活动，人们有可能对成长过程中的痛苦经历进行心灵的疗愈，填补生命中的遗憾和空白。

这种在元宇宙中的想象式创造，不仅反向塑造了“人类造物主”的心理模式，也促使人类对新的“创构哲学”[61] 进行探索和构建。随着这种交互的深入，人们在塑造虚拟数字人的过程中，不仅丰富了对自我和外部世界的认知，也为心灵提供了一种独特的表达方式。

现实世界中的思维和情感表达，往往受限于现有的交流工具和环境，而在元宇宙中，借助大数据、AI 和 VR 等先进技术，人类与虚拟数字人的交互变得更为深刻和直观。这种交互不仅能够更准确地捕捉和表达人类的思想，甚至有可能生成具象化的思维文档。在这个虚拟的空间里，人的思维活动得以再现，研究人员可以对思想和情感的发展、变化和融合进行更为直观的观测。原本抽象而难以捉摸的精神活动，在元宇宙的舞台上变得可观察、可测量、可控制和可实验。

借助于元宇宙中虚拟化身的反馈，人们能够更深入地探索“自我”的多维面貌，从而提升对自身和外部世界的认知。这种独特的交互体验，不仅丰富了人类的生活，也为心灵的探索和成长提供了无限可能。在元宇宙的探索和实践中，人类可能会发现新的自我认知的维度，打开前所未有的心灵探索之门。

人的自我身份是社会文化与个体经验交织、融合的产物，通常需通过某种媒介或事件的镜像映照来识别和理解。在元宇宙中，个体的虚拟化身成为这种媒介角色的完美体现。通过赋予化身特定的形象与身份，以及参与化身所开展的多元实践活动，与其他虚拟化身的社交互动，人们得以对自我意识状态进行观察和剖析，进而洞察自身的性格特质和心理状态。

这种自我观察与剖析的过程，为研究人员提供了宝贵的社会症候学研究样本。通过利用虚拟化身在元宇宙中的行为和交互，研究人员可以在安全的虚拟环境中展开传统意义上难以执行的社会实验。此外，虚拟数字人不仅有助于提升个体对自我的认识，也为个体提供了认识外部世界的新视角。技术赋能的虚拟数字人，开辟了人类感知与认知外部世界的新途径，进一步增强了人类改造世界的能力。

个体自主意识的觉醒，人们的自由渴求从单纯的“消极自由”演变为追求“积极自由”，并愿意通过实践为自身的存在创造更多可能和条件。元宇宙为这种追求提供了丰富的空间。

事实上，元宇宙中的自我主义追逐，能够满足人们对好奇心、愉悦感和归属感的渴望。以《第二人生》为例，该游戏引领了元宇宙概念的新浪潮，使人们的网络身份得以更为立体和多维的呈现。在游戏中，玩家能享受更为拟真的社会互动，形成具有归属感的社群和圈层文化。社会心理学家乔治·米德曾指出，游戏是人类形塑自我认同的重要步骤，它涉及个体在社群中的相互影响和共享符号系统的交流。这种交流和互动构筑了社会行为模式[62]，为个体提供了发现和完善自我、寻求自我价值感和满足感的有效途径。

元宇宙的虚拟空间，通过 AIGC 和 UGC 的创造性行为，为个体提供了表达自我、强调个体主义的新平台。这不仅是个体自我发现和完善的绝佳方式，也为社会学和心理学研究提供了丰富的实验场域和研究素材，拓宽了我们对于人类社会行为和心理活动的理解与认识。

在理论探索的历史长河中，跨时代的理论萌芽逐渐洒落于元宇宙的想象土壤中，为其发展撒下了智慧的种子。随着时间的推移，元宇宙概念逐渐显露其深远的内涵，成为现实世界的延伸与拓展，试图突破现实的时间与空间束缚，探寻一个更为丰富和可扩展的数字维度。元宇宙的发展不仅仅是技术进步的表现，更是对现实社会形态与文化现象的重新解读和构想。它带领我们跨越传统的认知边界，走进一个充满无限可能和期待的新纪元。在“元”时代的哲学思想的照耀下，我们不仅探讨新技术的应用，更深入挖掘人类存在和价值实现的新模式。在这个融合了哲学、物理、信息科技和社会学等多学科知识的元宇宙中，我们看到了一个重新定义现实、探寻未知、实现自我价值的广阔天地。在这个新纪元的探索中，每个个体都将拥有更为宽广的认知视野和实践舞台，共同构建和谐、多元、创新的元宇宙社会。

第 2 章

元宇宙技术系统

2.1 元宇宙技术研究

2.1.1 技术体系

元宇宙，这一与现实相融合的虚拟领域，正在引发全球的广泛关注。它的实现不仅仅是一个简单的概念或愿景，而是基于一系列尖端技术的综合应用。

元宇宙技术产业链中列举了实现各种层次元宇宙所需的技术类型及水平。现有的 XR 技术以 AR 和 VR 两种路径实现，可预见的相关技术包括下一代操作系统、元宇宙网络管理、元宇宙开发工具等（如图 2–1 所示）。

图 2–1　元宇宙技术产业链图

元宇宙背后的基础设施至关重要。这个全新的虚拟世界，从本质上看，是通过互联网、VR 等先进技术织就的。真正为用户打造一个身临其境的元宇宙体验，必须依赖于 5G、VR、AR、半导体、区块链等众多技术的支持。这些技术为元宇宙的形成和发展提供了坚实的基础。

区块链技术在元宇宙中扮演着关键角色。其分布式特性为虚拟资产的定义、存储和交易提供了可能性。NFT 等区块链应用激发了用户的创意热情，进一步促进了大量高质量创意内容的出现。同时，区块链的去中心化特点为元宇宙经济打造了一个稳定、可靠的交易平台。

人与元宇宙之间的交互是另一个核心议题。我们正在进入一个新时代，用户与数字空间的交互将不再局限于简单的屏幕点击或手势，而是逐渐转向更为直观和沉浸式的体验。例如，头戴显示器、触觉传感、神经信号传输等技术将使用户能够更真实地体验元宇宙。同时，位置传感器、速度传感器、脑机接口等输入技术也正在重塑我们与虚拟世界的互动方式。

电子游戏技术为元宇宙注入了活力。3D 建模、实时渲染和仿真技术将虚拟世界的沉浸感提升到了一个全新的层次。而为了让更多的人参与到元宇宙的创造中来，我们需要降低技术门槛，让更多的非专业用户也能够轻松地创作和体验。最终的目标是构建一个真正遵循物理规律的虚拟世界，让数字化的元宇宙与真实世界紧密相连。电子游戏技术与交互技术的深度融合为元宇宙打开了广袤的天地。电子游戏技术为元宇宙注入了生动、多彩的内容，同时，与先进的交互技术相结合，它能够赋予用户前所未有的沉浸式体验。

为了实现这种体验，背后的网络底层技术不可或缺。这不仅仅指我们熟知的高速互联网和通信网络，还包括了 AI、边缘计算、分布式计算等高端技术。这种云化的、智能的网络结构作为元宇宙的核心基础，确保了快速、低延迟的通信，强大的计算能力及广泛的 AI 介入。这为元宇宙中的活动提供了坚实的技术支持，同时，也意味着未来的终端设备将更加轻盈、高效且成本更低，确保用户能够更加自然地沉浸其中。在数据爆炸的今天，对于处理能力的需求永无止境。

AIGC 能够通过 AI 的力量，为元宇宙中的内容创作和设计提供强有力的支持，从而缩短开发周期，降低开发成本，极大地推动了元宇宙中数字原生内容的创新与丰富。其中，AIGC 的核心优势体现在其底层技术的突破。在实际应用中，AIGC 能够大幅缩短元宇宙方案策划阶段的时间投入，通过高效的算法，如 Midjourney（一款 AI 绘画工具）和 Stable Diffusion（一个文本到图像的扩散模型），快速产出方案效果，帮助各方快速确认想法和方案，减少商务谈判阶段的人力投入。

物联网则为元宇宙与现实世界之间搭建了桥梁。它不仅支持实时数据的采集和处理，使得元宇宙可以与现实世界有机地互动，还为虚拟世界提供了持续更新的数据，确保元宇宙用户可以随时掌握真实世界的动态。

2.1.2　场景交互

在普特南于 1981 年出版的专著《理性、真理与历史》中，他提出了一个引人深思的"缸中之脑"思想实验。[1] 想象一下，人的大脑被从身体分离并置于一个充满营养液的缸中，与计算机连接。这台计算机传输信息给大脑，使其体验现实世界中的各种感觉和印象。在这种情境下，如何确定自己是否真的生活在真实的世界中，而非计算机模拟的虚拟现实中呢？

这个思考的结果是虚拟现实与真实之间的界限模糊，高度模拟的虚拟体验可能超越现实，为我们带来更大的吸引力。这种体验的逼真度已经突破传统的二维平面，演进为空间视频、体积视频、全息视频，它们能够在三维空间中完美捕捉与呈现物体的每一个角度和细节。

空间视频、体积视频和全息视频三者构成了当下多维视频技术的基本架构，它们各自独立，却又相辅相成，共同推动了多媒体技术的革新与发展。

空间视频，通过多维度拍摄技术捕捉现实世界的动态三维影像，为用户打开了一个全新的视觉维度。通过使用手机的主摄像头与超广角摄像头的紧密协作，轻松捕捉并体验三维空间视频的能力，为整个 3D 显示生态系统注入了新的活力。并且让用户得以在 Apple Vision Pro 头显上观看空间视频，为用户提供了更为沉浸和互动的视觉体验。

体积视频通过捕捉三维空间的动态影像，赋予用户沉浸式的视觉体验。每一帧的画面都是一个三维静态模型，让用户得以从各种角度自由探索视频的每一个角落。它不仅是现阶段唯一能够完整和有效记录现实世界动态三维影像的方法，而且预示着未来视频格式的重大转变，体积视频有望成为未来最主要的视频格式，将用户从传统的二维画面中解放出来，引领他们走向一个全新的三维视觉时代。

全息视频是全息技术在视频领域的创新应用，它通过全息投影技术，为用户呈现了一个真实而立体的三维世界。全息视频不仅仅是一个简单的视觉展示，更是一个多维空间的完美呈现，让用户得以在虚拟与现实之间自由穿梭。全息视频的出现，让我们看到了科技的无限可能，它为未来的通信技术和 VR 技术的发展打开了新的大门。

这三种技术的发展不仅仅是技术进步的表现，更是人类对多维空间表达的探索和追求。它们共同构建了一个多维度、多层次的视频表达体系，为未来的多媒体技术发展提供了宝贵的经验和启示。在未来，随着技术的不断进步，我们有理由相信，空间视频、体积视频和全息视频将共同推动多媒体技术走向一个新的高峰，为人类打开一个全新的视觉时代的大门。

2.1.3 虚拟现实

虚拟现实，一个由尖端技术构建的仿真世界，为我们开启了一个未知的领域，其中真实与幻想的界限变得模糊。自古以来，人类对于超越真实世界的探索从未停歇，从古代的文学、绘画、戏剧，到近代的电影，都是人们追求虚拟体验的明证。VR 技术不仅呈现了一种理想化的虚拟世界，更让参与者体验到前所未有的沉浸感和参与感。

在这个时代，真实世界受到了其固有属性的限制，即它只能是“现实”。但在虚拟现实中，界限被打破，我们可以体验“非现实”的可能性。通过对比和体验，我们发现了存在的更多意义和可能性。

人类对虚拟世界的渴望催生了无数的虚拟产品。从简单的文字和图像，到立体的视觉和听觉，再到五感的完全融合，这些产品的进化使得人们的沉浸感和参与感日益加强。引用马克·波斯特在《第二媒介时代》中的观点，莱因戈尔德曾预测，互联网会对个体产生巨大的文化变革。在这样的变革中，个体将自己的身份转化为屏幕上的编码文字，同时解读他人身份的编码，进一步开启了身份的多重维度和交互性。

市场研究权威机构 Mordor Intelligence 深度剖析预见，2023 至 2025 年间，全球虚拟现实领域将主要聚焦于五大应用场景，即视频、直播、游戏、教育和社交。这五大领域的不断拓展与创新，将显著促进 VR 技术在个人用户端的需求提升，显示了 VR 产业链的迭代进程。VR 产业的持续壮大，新品的推出和性能的逐步优化，用户对 VR 设备的日常使用时长呈现出稳定增长的态势。同时，消费级与专业级的设备区别日渐明显，部分用户和制造商致力于追求极致的 VR 体验，例如 Pimax Reality 12K 的研发和推出。

在操作系统方面，VR 呈现出开放生态和定制化的特征，这为专业人士提供了丰富的探索空间（如图 2-2 所示）。目前，VR 头显基本形成了以“谷歌安卓系统 + 高通芯片”和“苹果 Vision Pro iOS 系统 +M 系列芯片”为底层架构的模式。随着苹果产品的推出，VR 头显市场将再次呈现出“类手机”的竞争格局，即安卓和苹果 iOS 系统的竞争。为了满足用户的多样需求，游戏串流助手和远程播放助手的应用，使得用户能直接链接游戏应用市场和共享个人电脑端的视频内容。

通信网络　终端器件　软件开发　应用服务

时间	2014	2015-2017 第一代VR					2018-2021 第二代VR							2022第三代VR		
		一代起步					二代透镜、芯片、交互全方位革新							三代：Pancake方案，芯片可定制，设备呈现出消费级与专业级的区分		
产品名		PICO 1	PICO Neo DK	Oculus Rift	HTC Vive	Pcio Neo DKS ((DK升级版))	PICO Neo	Oculus Quest	大朋 VR P1 Pro 4K	PICO Neo 2	Oculus Quest2	PICO Neo 3	HTV vive pro2	PICO 4	Quest Pro	Pimax Crystal
售价		399	3399	4500	5200	2899	1799	2839	2499	4399	2879	2499	6888	2499	1499美元	1899美元
类型		手机盒子	一体机头显	头戴式显示器		一体机头显	一体机头显						头戴式显示器	一体机头显	一体机头显	一体机头显
光学技术		COP	OLED屏 非球面镜片	OLED屏	OLED屏	OLED屏 非球面镜片	OLED屏 菲涅尔透镜	OLED屏 菲涅尔透镜	LCD屏 菲涅尔透镜				LCD屏 双菲涅尔透镜	LCD屏 Pancanke	QD-LCD屏 MiniLED背光 Pancanke	QLED+Mini-LED屏幕
单眼分辨率		1280×800	1200×1080	640×800	1200x1080	1280x1440	1200×1080	1600×1440	1980x2160 818ppi	1920x2160 818PPI	1832x1920 773PPI 21PPD	1832x1832 773PPI 19.6PPD	2448x2448	2160x2160 1200PPI 20.6PPD	1800x1920	2880×2880
趋势	Meta收购Oculus	显示通透化 分辨率高清化 延迟低率化 眩晕少感化														
芯片		/	骁龙820	/		骁龙820	骁龙820	骁龙835	骁龙XR1	骁龙845	骁龙XR2	骁龙XR2	/	骁龙XR2	骁龙XR2+	骁龙XR2
		骁龙XR系列芯片：可定制 算力提升 突破较慢														
交互追踪		/	头盔：高精度九轴传感器、距离传感器；手柄：高精度六轴传感器	陀螺仪	空间移动识别	头、手6DoF追踪	头、手6DoF追踪	头、手6DoF追踪	手柄3DoF追踪	头、手6DoF追踪	头、手6DoF追踪	头、手6DoF追踪	G-sensor校正、陀螺仪 距离传感器 IPD传感器SteamVR定位追踪 面部追踪	头、手6DoF追踪，裸手交互 HyperSense振感手柄带有宽频马达	眼动追踪 脸部追踪 手部追踪	头、手 6DoF追踪 眼动追踪
		交互多样 触感细腻 沉浸互动 追踪精准度提高														
重量		/	350g	517g	536g	320g	380g	517g	400g	340g	503g	395g	534g	586g	722g	
		消费级头盔轻薄化，便于娱乐体验；专业化头盔承载更多功能，重量更大														

图 2–2　VR 产业链迭代进程

在硬件整合方面，VR 一体机努力将手机技术与光学模组融为一体，加强图像处理能力，增加交互模块，并实现实时渲染，这也需要对操作系统进行深度的定制和优化。转向软件开发，众多的 VR 开发引擎出现，包括 Unity、Unreal、

Omniverse 和 Blender 等，同时还有协作平台如 The Wild、Yulio 等，为开发者提供了丰富的选择。OpenXR 作为无版权费、开放的行业标准规范，得到了众多 VR 制造商的支持，有助于整合碎片化的内容生态。例如，Viveport 的移动端 SDK 与多个 VR 平台合作，使得开发的内容可以一键分发，并快速适配合作平台。

VR 内容生态从 C 端（用户端）向 B 端（企业端）逐步拓展，娱乐依然是主导方向，同时也助推了元宇宙内容平台的发展。根据陀螺研究院与长城证券统计，截至 2022 年 6 月 30 日，Steam 平台上的 VR 独占内容已达 5468 款，Pico 内部自带游戏总应用数超过 200 款，而 Quest 官方商店与 App Lab 合计近千款。国信证券经济研究所的资料显示，2021 年 Meta 开发者大会上宣布 Quest 平台的注册用户已达 1200 万名。在应用场景方面，VR 以既有社交、媒体和游戏平台为基础。例如，VR 全景视频广泛应用于短视频、直播、新闻、赛事等领域，而 VR 教育则主要应用于各类教育机构和企业，用于模拟稀有或高风险的培训场景。在内容方面，国际市场以“游戏 + 视频”为主，而国内市场则将逐步形成以“直播 + 视频 + 游戏”为主导的生态内容，同时也逐步向社交和办公领域蔓延。众多国际知名企业，如微软、Adobe、Autodesk 和埃森哲等，都将逐步启动 VR 应用的开发。

2023 年，VR 技术在商业领域的应用呈现出 B2B（企业对企业）和 B2C（企业对个人）两个独特的发展路径。在 B2B 端，VR 技术主要被应用于工业制造、办公、培训等领域，助力企业和组织优化操作流程、提升工作效率和促进团队协作。例如，通过 VR 技术，企业能够实现远程协作和虚拟会议，为产品设计和模拟提供强有力的技术支持。与此同时，技术发展的重点集中于提高 VR 系统的准确性和协作能力，以满足企业和组织的特定需求。在硬件和软件的生态系统方面，B2B 端通常更倾向于选择封闭和定制化的解决方案，以确保系统的安全性和稳定性。

相较之下，B2C 端的 VR 技术主要应用于游戏、娱乐和社交等领域，为广大个人用户提供丰富多彩的互动和娱乐体验。例如，用户可以通过 VR 设备享受沉浸式的游戏体验和社交活动。在技术发展上，B2C 端的重点更多放在提升用户体验和互动性上，以吸引和保留个人用户。例如，通过优化图形质量、降低系统延迟和改善交互设计，为用户带来更为流畅和自然的虚拟体验。在硬件和软件的生态系统方面，B2C 端通常更为开放和多元化，以满足不同用户的需求和偏好。

2023 年的全球 VR 发展趋势包括对可访问性的关注、与其他技术（如 AI 和机器学习）的集成、硬件的进步、社交 VR 的崛起和 VR 游戏的创新。可预见 VR 在教育、医疗和娱乐等领域的应用将得到拓展，硬件的舒适度和可访问性也将得到改善，为更广泛的用户群体提供更多可能。长远来看，VR 与游戏主机的竞争将愈发激烈，全球 VR 设备存量预计将超过 3 亿至 4 亿台，市场空间广阔。

另外，根据 TrendForce 集邦咨询的数据，2022 年全球 VR 眼镜的出货量约为 858 万台。然而，由于产品渗透率不足，AR 软件的数量和种类仍然远远落后于 VR。各大厂商纷纷建立自己的 AR 开发标准和开发平台，形成了各自不同的软件生态，其中 PGC（专业生产内容）、UGC 和 AIGC 成为新的发展趋势。

2023 年第一季度，全球 VR/AR 行业的融资事件共计约 38 笔，已披露的融资总额约为 2.7438 亿美元，其中中国市场占比约 32%，总额为 0.878 亿美元。目前，AR 在 B 端的应用场景主要集中于工业、教育、娱乐、通信等领域，而在 C 端的应用场景主要处于信息展示、影音播放的阶段，尚未进入刚需应用阶段。未来几年，企业将有可能扩展或最终将 AI 辅助的 AR 纳入其运营，以实现提高生产力、节省培训执行成本、改善知识共享和协作等目标。

2023 年见证了 VR 技术在近眼显示、渲染处理、感知交互、网络传输、内容生产、压缩编码和安全可信等关键细分领域的创新和融合。随着“元宇宙”概念的推广，VR 的硬件和软件生态正在加速成熟，设备也进入了加速迭代的阶段，为 VR 技术的进一步发展奠定了基础。VR 技术在新闻报道、体育赛事、影视动画、游戏社交和短视频等多个领域得到了应用，推动了广播级高品质和大众化低门槛 VR 数字内容的同步发展。Micro-LED 和衍射光波导成为近眼显示的热点探索领域，云渲染、AI 与注视点技术引领了 VR 渲染的新方向，同时感知交互的自然化、情景化与智能化也成为前行之路的指明灯塔。

VR 和 AR 技术正以前所未有的速度和规模拓展，不仅在娱乐、游戏和社交领域取得了显著的进展，同时也在教育、培训、工业、通信等多个领域展现出广泛的应用前景。

2023 年，随着技术的不断演进和市场需求的不断扩大，多家知名的 AR 眼镜制造商如 XREAL、Rokid、雷鸟、亮亮视野都在 AR 眼镜的技术和产品上取得了显著的进展。其中，Rokid 和雷鸟通过加入了用户更关注的发热控制等技术，以期为用户提供更为舒适和流畅的使用体验。在技术特点方面，尤其是 AR 眼镜的视觉显示效果，得到了显著的提升，部分 AR 眼镜的屏幕显示不暗淡不偏色，色彩鲜亮，边角清晰，几乎无边缘畸变情况，这些进步都是通过优化屏幕规格、分辨率和刷新率，以及光学方案等技术参数实现的。

市场定位与应用也逐渐清晰和多元化。例如，XREAL、雷鸟和 Rokid 在 2023 年中完成了内部布局，推出了自家的 AR 眼镜加投屏器套装，不仅提升了 AR 眼镜的实用性，也拓宽了 AR 眼镜的应用场景，使得用户能够在更多的场合中使用 AR 眼镜，如观看大屏电影和游戏等。而 AR 眼镜作为一个相对新兴的消费电子品类，尽管与成熟的消费电子产品如手机相比还有一些距离，但随着技术的不断升级和各大品牌的不断推陈出新，AR 眼镜的用户体验也在不断提升，逐渐成为消费者新的购物选择。

ChatGPT 等先进的 AI 技术不断成熟，AR 眼镜与 ChatGPT 的融合能力也逐渐显现。通过将 ChatGPT 等 AI 技术嵌入 AR 眼镜，用户可以实现更为自然和流畅的交互体验，同时，ChatGPT 的强大自然语言处理能力也能为 AR 眼镜提供强有力的支持，使得用户能够通过简单的语音指令来控制 AR 眼镜，获取所需的信息和服务，极大地提升了 AR 眼镜的实用性和用户体验。

虽然 AR 技术拥有广袤的发展前景，但在迈向成熟的道路上仍面临着不少挑战。在提升用户沉浸感和交互体验的过程中，AR 领域需努力解决现存的多重困境。目前大多数设备的重量在 70 至 100 克之间，由于技术的制约，如何在保持大屏显示、良好续航和轻便体重之间取得平衡成为技术难题，便携性与沉浸体验的两全其美变得尤为困难。

AR 设备的内置算力不足也是限制其发展的重要因素，这导致用户在高频使用时可能会遇到流畅度不足的问题。同时，AR 行业尚未形成完善的一站式服务体系，当前，各大厂商仍处于“跑马圈地”阶段，试图通过不断的技术创新和市场拓展来占据更大的市场份额。与此同时，与 VR 技术相比，AR 在区分度、需求应用、技术生态及软硬件支撑等方面尚有不足，这也导致 AR 的出货量和流量明显弱于 VR。目前，AR 产品的设计和技术应用与 VR 还缺乏明确的区分，例如，部分 AR 产品很容易被误解为投影大屏电视。

在产品应用方面，虽然 AR 眼镜尝试在大视场角应用中实现观影功能，但考虑到安全性和观影效果，动态行走观影的开发路线显得不太合理，而且还缺乏对日常需求如便捷摄影和人脸识别功能的支持。

为了解决这些问题，AR 需要在市场布局方面进行更为合理的规划。例如，苹果公司推出的配备三轴陀螺仪的 Apple Watch（苹果手表），通过识别手腕的运动轨迹和位置，辅助实现了手势识别功能；而 AirPods Pro 则通过 HRTF（Head-Related Transfer Function，头部相关传输函数）技术实现空间音频功能，为 AR 眼镜提供了声音输出。未来，有望见到“眼镜 + 无线耳机 + 手势识别”的 AR 系统集成方案，它将拥有更小的体积、更轻的重量和更长的续航时间，使得用户能像携带手机一样随时随地使用 AR 设备。

MR 技术，通过整合 AR、VR 与物联网技术，将数字内容如智能物理对象和个性化需求投射到现实空间中（如图 2-3 所示）。MR 在连接数字空间与物理现实的系统中展现出了其在处理复杂场景操作与提高效率方面的优势。它在工业模型设计、远程协作和智能诊断等领域具有广泛的应用前景。然而，头显（HMD）、视角场（FOV）、分辨率与刷新率、物品遮挡关系、对焦及人体工学等因素都会影响 MR 的沉浸感体验[2]，这些因素的优化和改进将是 MR 技术发展的重要方向。

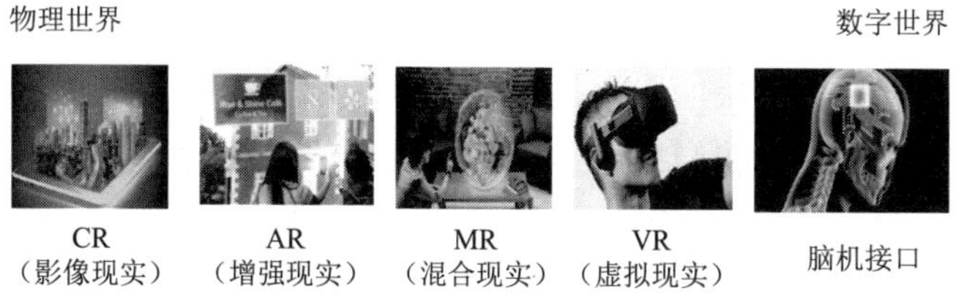

图 2-3　物理世界与数字世界间的技术衔接

2.1.4　虚拟补偿

在现实世界中遭遇的不足和挫折，在虚拟世界中能够得以弥补，有时这种补偿甚至能够在现实世界中显现出来。早在 1964 年，麦克卢汉在其著作《理解媒介》

中提出了“媒介即人的延伸”这一观念，指出所有媒介实质上都是人类感知能力的延伸或扩展。互联网作为集合多种媒介特征的平台，无疑是人类感官能力的综合延伸。元宇宙的兴起，媒介的形态产生新的变化，不仅延伸了人类的感官，更实现了在虚拟世界中对人类感官的全方位“连接”。这种连接使得人们能够在元宇宙中体验到现实世界中难以得到的感官盛宴，这种超越物理逻辑产生的自由感能够为人们带来愉悦和满足感。

在探索虚拟现实补偿论的宏伟画卷中，元宇宙以其独特的沉浸感、身份性和社交性闪亮登场，它不仅成为现实世界思想形式的新领域，更是为现实世界的发展注入了实际价值和无限可能。在微观个体层次，人们通过元宇宙弥补现实生活中的社交、学习和娱乐需求，开拓了新的生活和社交维度。而在中观社群层次，元宇宙构建了一个强化现实社交网络，实现共同价值和目标的奇特平台。在宏观的社会层次，我们更是见证了元宇宙与实体社会的紧密交织，共同塑造现代社会的结构、经济和文化。

元宇宙的出现并非为了替代现实，而是与现实生活相融合，诞生出一种刷新人类生活的新方式。它并非试图替代现实社会关系，而是将虚拟社会关系作为现实社会关系的有力补充，构建一个新型的线上线下社会关系网络。同时，它也不是为了替代实体经济，而是以虚拟经济为实体经济注入新的活力，为实体经济开辟了新的赋能路径。

系统层次上的探讨，让人看到了元宇宙中的经济系统和文化系统如何输出现实利益，现实世界中的各类事物在元宇宙中以独特的方式存在和表现，进一步丰富了虚拟现实补偿论的理论框架。在这个过程中，复杂网络理论、语义网络、泛在网络和社会网络分析为我们提供了理解元宇宙与现实世界相互作用的强有力工具，帮助我们深度解析虚拟社交网络的复杂结构、知识传播的深层逻辑、虚拟与现实的无缝连接，以及社交结构和动力的多维展现。

2.1.5 生成式智能

AIGC，即人工智能生成内容，是一种通过利用 AI 技术自动生成文本和图像的新兴生产方式。在这个模式下，AI 技术能够将文本和图像紧密地结合在一起，仅仅通过输入关键词就能自动产生 AI 艺术品。在这个过程中，每个画面上的点和文字都被视为“向量数据”，它们可以通过精密的算法进行层层对比和筛选，从而移除不符合文字描述的数据点，实现了所谓的“降噪”效果。这种技术的应用可能会为插画师、动画师、电影创作者等专业人士提供强大的能力补充，为艺术创作注入新的生命力，解放生产力。在当前全民自媒体和低门槛内容制作的时代背景下，实现“创作自由”不再是遥不可及的梦想（如图 2-4 所示）。

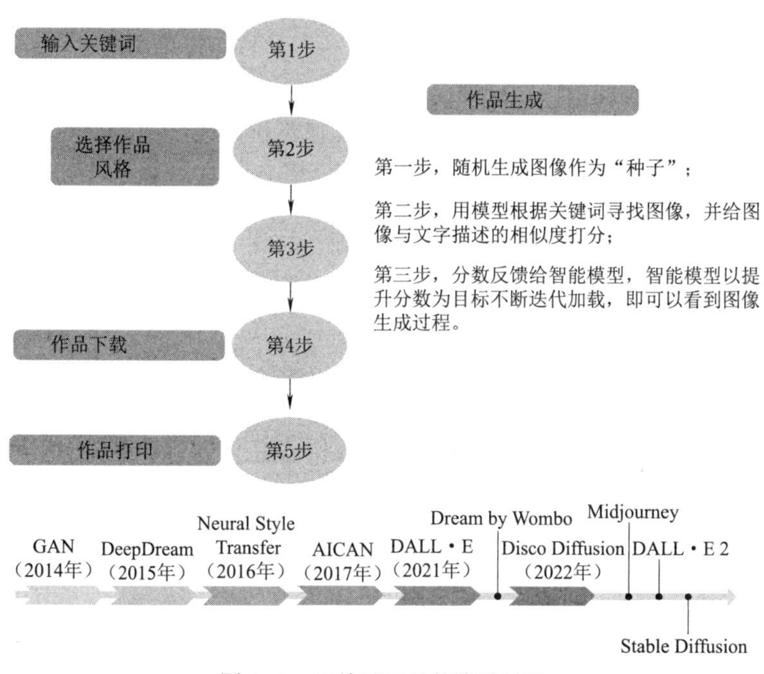

图 2-4　AI 绘画工具的演进过程

2022 年 11 月，美国 OpenAI 发布了 ChatGPT，这是一款由 AI 驱动的创新聊天机器人模型，它能够通过学习和理解人类的语言来进行对话交流，根据聊天的上下文进行互动，同时协助人类完成多种任务。这款 AI 语言模型极大地简化了撰写邮件、论文、脚本、商业提案的过程，同时也能协助用户创作诗歌、故事，甚至编写代码和检查程序错误，使得这些任务变得轻而易举。ChatGPT 上线仅仅两个月的时间，其活跃用户就突破了 1 亿人，该应用的快速普及预示着它将会对多个行业产生颠覆性的影响。纽约大学计算机科学与电气工程系的副教授赫格德（Chinmay Hegde）表示，新闻、高等教育、图形和软件设计等行业的某些工作面临着被 AI 替代的风险。

ChatGPT 的成功推出和迅速普及，揭示了 AI 技术在文本和图像生成、处理和理解方面的巨大潜力。它不仅为个人和组织提供了高效、便捷的沟通工具，也为自媒体时代的创意产出提供了强有力的支持。AIGC 和 ChatGPT 的应用，标志着 AI 技术正在逐步渗透到日常的创意和沟通活动中，它们为创意产出提供了前所未有的便利和可能，也为未来内容创作和传播的方式带来了新的思考和可能。在未来，AI 技术和元宇宙将共同推动创意产出的多元化和个性化，为每个人打开通往创意无限世界的大门。

AI 工具的日渐完善，内容创作的门槛和成本得到了显著的降低。无论是文字、图片、视频，还是 3D 模型，现有的 AI 工具已经能够覆盖元宇宙的所有内容表现形式。未来大量元宇宙内容可由 AI 自动产生，这不仅降低了用户创作的门槛和成本，同时也为个性化和多元化的内容创作提供了无限可能。在 AI 的辅助下，人们能够自由创造自身在元宇宙中的身份形象、数字空间和各类虚拟物品。这些数据的真实性和独特性通过区块链技术得以保障，确保其不会被篡改、侵权或删除，从而成为用户真正拥有的资产。

借助于 ChatGPT 这样的平台，智能合约的创建门槛也得以降低。从创建、确权、流转到交易，整个过程得以实现 AI 化，展现了理想中的 Web 3.0 的雏形，即一个可编程的智能社会。结合虚实结合的技术和身临其境的 3D 体验，AIGC 元宇宙的模型渐渐清晰。

使用 AIGC 工具在逻辑上与传统创作模式产生了明显差异。例如，在撰写自媒体文章时，借助 ChatGPT 的辅助写作，人的主要任务转变为凝练问题、组合材料、改写材料和递进对话这四个步骤。凝练问题的目的是让 AI 协助产生最具吸引力和爆款潜质的内容；组合材料则是在多个答案中挑选最佳部分；改写材料的目标是让内容更加人性化而非机械化；递进对话则通过一级议题、二级议题的延展过程，使得某些内容得到更细致的解答。

在 AI 领域，诸如 ChatGPT 这样的大模型参数越多，软件的性能越优秀。然而，参数的大小实际上与投入的资金正相关，更为重要的是工程调优，尤其是在实际使用过程中的优化。例如，ChatGPT 这类软件一旦拥有了海量的用户，其优化进程也将日臻完善。目前看来，AI 的质量提升不仅仅依赖于算法的优化，而更在于庞大的反馈和实际应用中的持续优化。只有将算法与大量的实际反馈相结合，进行深度的优化，AI的质量和性能才能真正地迈上一个新的台阶。在这个过程中，AI不再是一个封闭的黑盒，而是通过智能反馈逐渐完善，为元宇宙的多元化和个性化创意产出提供了强有力的支持。在过去的28年中，尽管搜索引擎雅虎不断优化升级，但其核心技术却未见质的飞跃。与此相比，ChatGPT虽非搜索引擎，却展现出了替代传统搜索引擎的潜力。它不仅能深入语义层面，形成篇章结构，同时在微观语法与宏观意义上达成了优质的结合，这使得ChatGPT的应用领域极为广泛。ChatGPT不仅是一个简单的检索引擎，更是一个AI大脑，其高维的不同品类属性使得与传统搜索引擎相比呈现出质的差异。

预计未来数年，针对ChatGPT的AIGC产业竞争将会爆发，资金投入庞大，参数数量至少从万亿起步，涉及的大数据量级至少达到万亿条。ChatGPT的发展从AI角度为元宇宙的智能化提供了强大助力。它能自动生成内容、图片、视频乃至未来的元空间，成为元宇宙内容生成的主流方式，同时也是动态参数空间生成的准路径。ChatGPT的场景生成和故事生成技术可用于元宇宙里的编剧和场景设计，未来的游戏元宇宙将在很大程度上由AIGC构建。

ChatGPT与虚拟数字人、机器人的结合将成为未来发展的一个重要方向。虚拟数字人和机器人最为核心的是云大脑，ChatGPT的接入将是全球的趋势。倘若ChatGPT以虚拟数字人的形态出现在人类社会中，其广泛的受欢迎程度可想而知。在数字藏品领域，ChatGPT能大展身手，它能帮助从辅助设计、数字文创到自动化生成等环节提升效率。

ChatGPT的连续追问功能具有巨大潜力，当全球用户纷纷提问时，将形成一个全球的回音壁。要想人类走向星辰大海，持续为ChatGPT投喂语料是必不可少的。这种思维基因的持续进化或许是未来人类与AI共同进化的重要途径。ChatGPT的发展体现了微创新所积累的颠覆性创新，这种坚持技术信仰、持续迭代投入是取得进展的关键。

然而，ChatGPT能力的提升，也暴露出了一些问题。例如，如果信息源错误，ChatGPT将输出错误的内容，有可能成为谣言的源头。当AI能够代替人脑的一部分思考时，人的思考价值将被一定程度抵消。如果教育过程过度依赖

ChatGPT，将难以培养学生的独立思考能力，教育效果将难以优化。学生如果过度依赖 ChatGPT 的帮助，将缺失严格的学术训练，这不仅会影响本科生和硕士的学术能力，甚至可能影响博士的质量。AI 获得博士学位的那一天，或许标志着人类与 AI 智慧的平衡点，而人类能否再出现像爱因斯坦那样的天才成了未知数，而“AI 斯坦”的形成却具有极大的可能性。

在深入探讨大模型的独特性和局限时，可以从“AI 幻觉”“知识盲区”“逆转诅咒”和“引用谬误”四个方面来揭示其潜在的错误和挑战。大型模型在生成文本时可能产生与事实不符或完全虚构的信息，这种现象被称为“AI 幻觉”。它可能对包括客户服务、金融服务、法律决策和医疗诊断在内的多种应用产生严重影响，导致误导性的答案和不准确的推理。知识盲区是指模型在训练过程中未能覆盖或理解的信息区域。识别和处理这些盲区需要人类的输入和干预，以确保模型的准确性和可靠性，也反映了在 AI 应用过程中人类监督的重要性。逆转诅咒揭示了大型模型在逻辑推理和信息泛化方面的固有限制。面对“A 是 B”这样的陈述时，模型无法自动泛化到“B 是 A”，显示了其在逻辑推理和信息泛化方面的缺陷。引用谬误是指模型在处理或生成包含引用的文本时可能产生的错误，例如错误的引用、缺失的引用或不准确的引用。这种谬误可能导致模型输出的信息失去准确性和可靠性，影响了模型在学术研究和其他需要准确引用的领域的应用。

这些错误和挑战不仅突显了大型 AI 模型在理解、推理和泛化方面的问题，也为未来 AI 和机器学习领域的研究提供了新的思考方向和探索空间。ChatGPT 的普及可能会消灭一些平庸的脑力劳动者，甚至使更高学历的脑力劳动者岌岌可危。ChatGPT 的掌控者可能比 ChatGPT 本身更具威胁。ChatGPT 有能力为每个人定制信息茧房、情感温室和情绪部落，它作为一种人类价值替代品，将沿着可供、可用、可信、可替（替换人类的中低端脑力价值）、可塑（重新塑造社会关系）的路径改造社会。人类需提前思考如何应对 ChatGPT 带来的负面影响，以保障社会的健康发展。

2.1.6　具身智能

具身智能的领域见证了多方面的创新和进展。具身人工智能（EAI）领域出现了新的研究方向，例如通过 AR 头戴设备实现自然语言驱动的任务规划，显示了多模态基础在具身智能发展中的重要性。具身智能在手术机器人自动化中表现出良好的应用前景，通过学习优良的控制策略来完成各种复杂任务，其中具身 AI 模拟器在促进相关研究中发挥了重要作用。在软机器人学领域，具身智能（需要并利用物理身体的智能）成为众所周知的范例，数学描述和随之而来的计算模型的发展为具身智能的研究提供了新的视角。2023 年的具身 AI 工作涵盖了视觉导航、视觉与语言及音视导航等多个话题的挑战，展示了跨领域合作在推动具身智能研究中的重要作用。

借助这些技术进展，具身智能不仅在理论研究方面取得了突破，还在实际应用中展现了强大的潜力。例如，通过 AR 技术和自然语言处理，能够使具身 AI 更好地理解和执行复杂任务，而人在循环中的具身智能则有望在医疗、制造等领域发挥重要作用。同时，通过物理模型的发展，研究人员可以更好地理解和设计具身智能系统，以应对各种实际应用场景的挑战。最后，通过多领域的挑战和合作，具身智能的研究得以跨足更多领域，不仅推动了具身智能技术的快速发展，也为未来的研究提供了丰富的思考和探索空间。

2023 年，具身智能和元宇宙的结合正在为虚拟与现实之间构建新的交互桥梁。如 Vision Pro 和 Quest 3 头戴设备，可以将物理世界和数字世界初步地融合在一起，为用户提供了一个全新的交互空间。这种 MR 技术的应用，不仅仅是虚拟与现实的叠加，更是具身智能在元宇宙空间中的实际应用，使得虚拟角色能以更加自然、智能的方式与用户交互。

元宇宙为智能健康照护领域提供了新的可能。在这个虚拟空间里，用户可以通过与智能化的医疗服务系统交互，获取个性化的医疗建议和服务，这种交互的实现很大程度上依赖于具身智能的应用，使得虚拟医疗服务能更好地理解和满足用户的需求。

元宇宙为用户提供了更丰富的虚拟交互体验。通过应用具身智能技术，可以使得虚拟空间中的交互变得更为自然和智能，为用户带来了前所未有的虚拟社交体验，这种新的交互方式为元宇宙的发展打开了新的可能。

这些进展显示了具身智能和元宇宙理论结合的巨大潜力，不仅为用户提供了更为丰富和真实的虚拟体验，也为未来元宇宙的发展提供了强有力的技术支持。通过深度整合具身智能和元宇宙技术，未来的虚拟世界将变得更为智能和自然。

2.2 多元宇宙通证

2.2.1 游戏孕育元宇宙

游戏是元宇宙的主流应用场景，也推进了实现元宇宙所需的技术发展。18世纪的德国著名哲学家弗里德里希·席勒指出：只有当人在充分意义上是人的时候，他才游戏；只有人在游戏的时候，他才是完整的人。

游戏具备经济系统、身份系统、配套社交系统等特点，是孕育元宇宙的理想孵化器。

经济系统的构建是元宇宙发展的重要支柱。游戏中的经济模型不仅保护了用户的虚拟资产，而且为元宇宙的经济模型提供了可借鉴的范例。通过区块链技术，虚拟世界中的资产得以确权、流转和交易，实现了资产的真实价值转化，为元宇宙的繁荣注入了活力。

游戏中的虚拟身份系统，也预示了元宇宙中身份的重要性。在元宇宙中，每个用户的虚拟身份不仅是其社交的基础，更是其在虚拟世界中的存在证明和价值体现。

社交属性的强化，是元宇宙的另一个显著特点。游戏中内置的社交网络，使得玩家能够跨越时空，建立与他人的联系，分享快乐、交流经验。这种社交模式的成功，为元宇宙中社交网络的构建提供了有益的参考。在元宇宙中，社交将成为连接虚拟与现实、个体与个体的重要纽带，它将打破现实世界中的时空限制，让人们在虚拟世界中自由交流、合作和创新。

自由创作的空间，是元宇宙的灵魂。游戏为玩家提供了展现创意、实现自我价值的平台。而在更为开放、自由的元宇宙中，每个个体都将成为创作者，他们能够创造、分享甚至销售自己的虚拟产品和服务。这种创作自由度将极大地激发人们的创新精神和参与热情，推动元宇宙的内容丰富和多元化。

沉浸式的体验，是游戏和元宇宙共同的追求。游戏通过丰富的视觉效果和互动体验，让玩家快速沉浸其中。而元宇宙，将借助先进的VR和AR技术，为用户提供更为真实、自然的沉浸式体验。用户不仅能够在元宇宙中探索、学习和娱乐，更能够与他人建立深刻的联系，实现自我价值的最大化。游戏作为元宇宙的“试验田”，为其技术、经济模型和社交机制的发展提供了宝贵的经验和启示。

游戏与元宇宙的联结不仅是技术的映射，更是文化与经济价值的交织。游戏的快速演进已在无声中推动元宇宙的蓬勃发展。每款游戏的出现，无不是体验与消费的深度融合，而与元宇宙紧密相连的游戏，更展现出强烈的交互性，以确保价值链的持续循环。

游戏不仅是消遣的手段，更是改变现实世界的力量。它以想象为翼，打开了通向平行空间的大门，释放出无尽的未知与可能。从经济学的视角，游戏构建了一种“虚拟经济体”，在这个现代科技打造的虚拟空间里，人们需要“消费通行证”以畅游其中。元宇宙属性显著的游戏，为数字货币提供了天然的应用场景，这是传统货币体系无法触及的领域。虚拟货币的公信力将被人们接受，而以 NFT 形式流通的财产，将在元宇宙的国界中自由穿梭。

无疑，游戏成为元宇宙领域的先驱探索，数字货币的交易量飞速增长，同时人机交互、AI、云计算等新技术的探索，为元宇宙的持续发展奠定了坚实的基础。在区块链技术的底层支撑下，游戏业将演化成为“玩即赚钱”的新型产业。游戏是自然和进化赋予人类的特质，它激发人类的创造力和生命力。正如萧伯纳所言，是停止玩乐让我们变老，而非年龄的增长。

元宇宙的拓展，有望打破现有的内卷局面，释放更多的价值空间。纽约大学宗教历史系教授詹姆斯·卡斯（James Carse）的有限游戏和无限游戏理论，为我们理解元宇宙提供了新的视角。根据詹姆斯·卡斯的观点，世界上所有事物都可以归结为两种类型，即有限游戏和无限游戏。有限游戏就是零和游戏，玩家在游戏中获得一次又一次胜利或者失败的结果，一方赢多少，另一方就输多少，总数永远为零。而无限游戏就是非零和游戏，非零和游戏理论上是没有终点的，在非零和游戏中，游戏的两方乃至多方不是完全对立的，玩家之间的关系也不再是“你所失即我所得”。在经济学中，价值的基础是稀缺性，人们需求的无限性与资源的有限性之间产生价值，如果所有人在有限的市场中不断竞争，那就会发生内卷，但是科技的进步能够在一定程度上减少内卷，不断扩大无限竞争。科技的进步将减轻资源的稀缺性，开拓新的价值空间，将零和游戏转化为双赢局面。在探寻未来虚拟世界的无限可能时，“无限游戏”和

“元宇宙”成为连接现实与虚拟的重要纽带。它们共同构建了一个充满无限可能和探索的丰富多彩的世界，为玩家提供了具备深度、广度和个性化的游戏体验。

在“无限游戏”中，玩家可以探索多元化的角色设定，包括伦理决策者、战略规划者、创造者等，每个角色都带有各自独特的动机和目标。而在元宇宙中，这些角色得以跨越虚实，演绎出令人震撼的故事线和丰富多彩的探险经历。

元宇宙为“无限游戏”中的各类角色提供了一个更为开放和多元的舞台。玩家可以自由探索各种人生观、理念、身份和经历，挑战一次性角色的局限，通过生成式叙事能力，根据玩家的选择和互动，即时构建出引人入胜的内生原创故事，让每个决定都能在元宇宙的历史长河中留下独一无二的印记。

元宇宙的多元环境设定为“无限游戏”注入了更多的探索与冒险元素。科幻的星际宇宙、奇幻的魔法世界、逼真的历史复原、未来的赛博朋克城市，每个独特的场景都为玩家提供了无限的探索和冒险的空间，同时也成为他们实现角色动机和目标的重要因素。

虚拟世界与现实世界的自由穿越成为连接“无限游戏”和元宇宙的重要桥梁。玩家在这两个世界中的行为互为影响，丰富的虚实穿越设定不仅增加了游戏的复杂度和深度，也极大地提高了玩家的沉浸感和参与感。

2.2.2 用户的需求指向

元宇宙，作为新技术的交汇点，展现了虚实融合的互联网应用和社会形态的新境界。它基于先进的 XR 技术，呈现沉浸式的体验，借助数字孪生技术，构建现实世界的镜像。元宇宙将虚拟与现实在经济系统、社交系统和身份系统上紧密融合，赋予每个用户内容创作和编辑的自由。

元宇宙的出现，标志着用户身份虚拟化的新纪元，为用户塑造新的虚拟形象和身份。相对于物理世界，虚拟世界无疑拓宽了用户的“世界范围”。社交互动在元宇宙的背景下，得以被赋予新的身份认同，拓宽用户的视野，丰富其“世界观”。

元宇宙是需求满足新进展的重要舞台。心理上的需求满足被认为是个体的重要驱动力，其中包括自主性、胜任感和关联性，这些都是影响我们日常生活满足感的核心因素。个体可以通过多元化的互动体验如社交、探索和创造，来满足这些基本心理需求，从而提升其在虚拟世界中的幸福感和满意度。

元宇宙不仅为个体提供了丰富多彩的虚拟生活体验，还为工作和学习创造了全新的可能。在虚拟职场中，员工可以享有更多的自主性和资源，以满足其职场需求，从而提高其工作满意度和效率。同时，在元宇宙的虚拟学习环境中，学习者可以通过丰富的学习场景和实践环境，满足其学术和职业发展需求。元宇宙为实现可持续发展目标提供了独特的平台。通过虚拟经济和社区的建设，用户可以在社会和经济方面满足需求，同时推动可持续发展的实现。

与物理世界相比，虚拟世界极大拓展了用户活动的“世界范围”。在元宇宙中的社交互动不仅带来了新的身份认同感，而且促使了用户知识的增长，拓宽了用户的“世界观”。

元宇宙的溢出效应不容忽视，用户在虚拟世界中的身份，为其在现实世界中的自我认知和社交网络的构建带来了新的定义。元宇宙的经济体系不仅在虚拟世界内流转，更溢出至物理世界，创造了增量红利。虚拟与现实的资源相互影响，娱乐属性的强化使用户沉浸于元宇宙的丰富体验中。购物、娱乐、游戏和短视频等元素，为用户提供了释放压力、寻求心灵满足的多元通道。

智能推荐和智能匹配技术在需求满足方面展现出前所未有的进步，为元宇宙的发展提供了强有力的技术支撑。这些新技术以用户为中心，力求在虚实融合的元宇宙空间中，为每位用户提供个性化的推荐和匹配。通过深度挖掘用户的个人偏好和行为数据，智能推荐技术能够准确推送符合用户需求和兴趣的内容，不论是虚拟的旅游体验，还是丰富多彩的社交活动。而大数据的应用，则让智能推荐系统具备了更高维度的预测能力，能在第一时间捕捉到用户需求的微妙变化，为用户提供更为贴心、准确的推荐。

在元宇宙的广阔天地里，智能匹配技术则打破了空间的限制，为用户匹配了现实中难以遇见的朋友和机遇，丰富了用户在元宇宙中的社交体验，满足了人们在虚拟世界中探求认识和被认识的心理需求。而数据保护技术的进步，保障了用户的隐私安全。

大模型为推荐系统注入了强大的理解和学习能力。它们不仅能够准确把握用户的需求，还能通过实时的用户反馈不断优化推荐效果，以达到个性化推荐的目的。而在元宇宙的广阔天地中，大模型展现出了其无与伦比的生成能力，可以为用户提供丰富多样的虚拟物品、场景和体验。例如，某些推荐系统能够利用AI生成器为用户提供个性化的内容生成，满足用户多元化的信息需求。

同时，智能匹配也得到了创新性的发展。在元宇宙中，通过对用户行为、偏好和交互数据的深度分析，智能匹配技术能够为用户推荐可能感兴趣的虚拟活动、社区和合作伙伴，从而丰富用户的元宇宙体验。

在元宇宙的诱人虚幻中，币权的出现赋予了用户更为强大的自我供给能力，从而极大地提升了用户的支付能力和需求满足度。这种现象与美国心理学家亚伯拉罕·马斯洛的“需求层次理论”相呼应，该理论将人类的需求划分为五类：生理需求、安全需求、爱与归属感、尊重和自我实现。然而，在元宇宙的世界里，生理需求和实际的安全需求不再是首要考虑的问题，人们的关注点转向了更高层次的需求。随着元宇宙沉浸感和体验感的不断加深，人们的需求层次也随之升高，用户愈发愿意投入更多精力和代价以追求高层次的需求满足。

元宇宙构建了一个相对平等而自由的社会环境。失去双腿的小姑娘能在虚拟世界里奔跑，听力受损的老人能欣赏音乐演奏。虚拟世界将成为真实世界的延伸。

2.2.3 科技的需求指向

在《科技想要什么》一书中，凯文·凯利探讨了科技进化的目标，描绘了一幅人类与科技可能性之间无限博弈的图景。他将这场博弈视为一种无终结的探索，其中有限博弈者在既定的边界内游戏，而无限博弈者则将边界本身视为探索的对象。这种不断扩展边界的博弈将会持续下去，展现出技术元素的真正本质和需求——生命多样性的不断增加、对感知能力的不断追求、从一般性到差异化的长期趋势、产生新版自我的基本能力，以及对无限博弈的持续参与。

在数字化的时代，现实世界的多感官信息——视觉、听觉、触觉、味觉，可以直接被采集和存储。这种转变促生了“数字孪生”的概念，它意味着可以通过大容量的多媒体数据来真实地反映现实世界。数字化的目的在于计算机系统中虚拟仿真物理世界，借助数字技术推动企业的业务创新、商业模式的重构及商业生态的变革。

穿越时空回望，从火的发现到月球的探索，人类与科技共同编织了这幅精彩纷呈的进化图谱。如今，我们站在了一个新的历史节点，科技的进化不仅仅是技术的飞跃，更是对人类文明的深刻影响和推动。在生物进化的洪流中，自然选择是不可或缺的环节，而持续的创新与变革，为科技的进化注入了不竭的动力，也为社会的发展打开了新的视野。科技的进化不是孤立发生，而是与社会、经济和自然环境紧密相连。产业革命的推进和市场的扩大，为科技进化提供了丰富的土壤。在这个开放共享的时代，科技的快速传播和进化形成了一个互助协作的生态系统，进一步推动了科技的进化。科技，这个时代的“新物种”，正在以前所未有的速度和方式推动着人类社会的进化。每一个技术的突破，每一个创新的思想，都在为这个“新物种”的进化贡献着力量。科技进化的需求源于我们对更高效、更广泛连接和更丰富体验的追求。在元宇宙中，科技的进化不仅仅体现在更为真实的虚拟体验和更为高效的数据处理上，更表现为对人类交互、社会组织和文化表达的重构。

元宇宙的出现，顺应了科技进化的需求，它为科技提供了一个全新的、无边界的演进平台。在元宇宙的空间里，我们可以看到 AI、VR、AR、区块链等前沿技术的广泛应用和深度融合，它们不仅为元宇宙提供了基础设施，也在不断地推动着元宇宙的进化和拓展。

元宇宙强调的开放、共享和协作，也是科技进化的重要方向。在元宇宙里，开放的技术标准和共享的资源能够促进全球范围内的创新和协作，推动科技的快速进化和传播，同时也为个体和组织提供了更多的可能性和机会。

元宇宙为科技进化提供了丰富的实验土壤。它不仅是技术创新的实验室，更是社会、经济和文化创新的舞台。通过元宇宙，我们可以探索和实验新的交互方式、新的组织形式和新的文化表达，为科技进化提供更为广阔的视野和想象空间。

2.2.4　个体的自我存在与大众化

在探讨个体的自我存在时，不可避免地会涉及多方面的哲学理念和核心逻辑。不同的哲学家和理论派别为我们展示了丰富多彩的思考维度。

存在主义是个体自我存在理论的重要支柱，它强调个体的自主性和自由选择。存在主义主张，在面对生活的各种情境时，个体首先拥有选择和决策的权利，然后才能获取相应的身份和意义，这种理论认为人类不断地创造自己的本质和价值，而不是被预先设定的。

“自我—存在”的理念，强调个体不仅存在，而且在与周围世界的交互中不断发展。这种发展是在个体的意识生活中被意识到的世界的持续相关性中展开的。

现代性哲学中，理性被视为核心概念。理性不仅集中反映了现代哲学对人的本质的定位，也反映了其“普遍主义”的思维方式与价值追求。在此背景下，理性被分为理论理性与实践理性，通过对实践理性的批判，展现了理性在道德上的自律特性。

自我概念和自我意识也是探讨个体自我存在不可或缺的方面。自我概念包括了个人的自尊、自我认知和社会自我，它反映了个体对过去、现在和未来的认知和期望。而自我意识指的是个体对自己的各种身心状态的认识、体验和愿望，它具有目的性和能动性等特点，对人格的形成和发展起着调节、监控和矫正的作用。

互联网是个体自我存在的重要保障，其核心技术逻辑涵盖了多个层面。通过技术的赋能，个体能够在虚拟空间中构建自我，实现价值交换，甚至探索“数字永生”等先进理念。

互联网技术通过提供各类工具和平台，为个体提供了协作和功能性的赋能。例如，AI、协作软件和社交网络，使个体能在零成本下构建自己的交换场景，从而实现自我价值的表达和交换。这种赋能不仅让个体能够更好地实现自我表达，而且让互联网结构向下延伸，变得更为个人化。

虚拟世界为个体提供了新的自我表达和实现空间。个体能够通过网络科技，尤其是社交网络和虚拟空间，构建和展现数字身份，从而实现自我价值的表达和社交需求的满足。在大数据时代，个人隐私保护成为个体自我存在的重要保障。互联网技术应当提供有效的隐私保护措施，如加密技术、匿名网络和隐私设置，以确保个体的数据安全和自我表达的自由。

元宇宙技术展现了人类对生命价值的长期、终极追求，通过元宇宙技术，个体可以在虚拟空间中实现更为丰富的自我表达和存在，甚至探索“数字永生”的可能，这种技术不仅为个体的自我存在提供了新的维度，也拓展了个体在虚拟世界中的生命属性。

在元宇宙的虚拟领域中，人类的感官体验、交互状态与在场形式转变为模拟的、非自然的和相对不真实的表现，这些转变可能会导致用户出现生理不适。例如，“赛博病”是一种常见的不适表现，它源自人体接收到的信号与预期不匹配，从而产生的眩晕、身体疲劳、心率加速等症状。一些用户在使用 VR 技术后，可能会遭遇平衡障碍、手眼不协调和短时间内辨声障碍等问题。

进一步，人们在初次与元宇宙交互时，可能会经历“恐怖谷”效应。当仿真人或机器人的外貌和行为过于接近真实人类时，往往会引发用户的不适感和反感。人形机器人的凝视可能“劫持”人类大脑的“社会认知”机制，让大脑错误地将其视为具有意识的真人，从而延长用户的决策反应时间。

元宇宙通过其具身交互和沉浸体验，为用户提供了一种现实世界的“补偿效应”，但这也带来了天然的“成瘾性”。虽然元宇宙的成功构建可以让人们在虚拟和现实之间自由穿梭，但成瘾的风险仍然不容忽视。在元宇宙中，用户为自己设定的虚拟角色实际上是对其个人特征、理想自我和价值观的一种投射。元宇宙所构建的虚拟环境既反映了现实环境，又在某种程度上超越了现实环境，这可能会导致用户过度沉浸在虚拟世界中，而逐渐脱离现实生活。与此同时，虚拟空间中的身份认知与现实世界的差异，可能会导致用户陷入身份认同危机，降低注意力，推动思维表象化，掩盖人的生物主体性。长期的虚拟体验可能会使人对自己的想法、感觉和行为产生超脱感和不真实感，进而在现实世界中产生幻觉，丧失主观能动性，甚至可能导致人格解体和自我迷失。

互联网技术与理念的演进为个体走向小众、分众至大众打开了广泛的大门。在这个开放与去中心化的数字世界里，每个个体都能找到表达自我、探寻同好的舞台。社交媒体与多样的内容分发平台成为个体与世界对话的桥梁，而算法与个性化推荐又将个体的兴趣与相应的社区巧妙对接。在个人品牌逐渐凸显的同时，数据分析为市场定位提供了精准的指南针，帮助个体或团体洞察趋势，精准触达目标受众。开源协作与在线教育资源让知识的海洋变得无边无际，也让合作与创新成为可能。众筹平台则为梦想注入资本的活水，让小众的创意有机会华丽转身成为大众的瞩目焦点。VR 与 AR 技术将交互与表达推向新的维度，为个体探索未知，走向更广阔舞台提供了创新的工具与可能。

元宇宙的出现不仅是一个全新概念的降临，更是人类对未知世界的渴望，通过虚拟世界为现实世界注入新的可能，更好地回归和改造现实，以探寻生活的更多可能性和人类存在的更深意义。

第 3 章

元宇宙的时空拓展性

在探讨元宇宙的深远影响时，不可避免地要触及其“三维化”特质，它突显了元宇宙在三维空间属性中的核心位置。三维化涵盖了数字孪生、虚拟原生和虚实共生三大方面。在此基础上，空间拓展的概念得以提出，通过静态和动态的空间拓展，构建了近乎真实的孪生体。这种空间拓展不仅限于微观、介观、宏观和巨观的尺度，同时还能在元宇宙中得到灵活运用，例如将观察对象从蚁人放大至地球般的尺寸，展现了人类感知在多尺度上的进化。

元宇宙将现实时空定义为“第一度空间”，这是一个固定且不可篡改的底层维度。而从“第二度空间”到“第 N 度空间”则由虚拟个人和虚拟社区构建，提供了平行、多元的身份和时空体验。在这些多层次的空间系统中，通过真身、分身和化身，主体能够实现在多重空间系统间的跳转和切换。例如，在表 3-1 中描述的场景，人们能够在静止或动态的现实空间中，体验到元宇宙的静态或动态空间。

表 3-1　微宏观尺度表和虚实世界的四层空间拓展

类别	案例	属性
实静虚静空间	躺在现实世界的床上，在元宇宙中钓鱼	身不动，静态体验
实静虚动空间	躺在现实世界的床上，在元宇宙中跑步	身不动，动态体验
实动虚静空间	处在现实世界行驶的车里时，在元宇宙中睡觉	身动，静态体验
实动虚动空间	处在现实世界行驶的车里时，在元宇宙中开飞机	身动，动态体验

元宇宙的存在不是为了脱离现实，而是为了通过虚拟来强化现实，满足社会在虚实和谐中的需求。人类的生命曲线在此呈现为双曲线模式：一条是无限向实的曲线，始于3D打印和智能制造，基于AR实现虚实共生，进而提高人类的认知能力、决策能力和改造能力；另一条是无尽向虚的曲线，始于3D扫描和数字孪生，基于VR实现虚拟原生，达到自由意志的最高境界。实，是虚的基础，它启动了人类对真实世界的更深认知和改造能力的提升。虚，则是实的延伸，它开辟了一个个自由发展的空间，使每个个体都能在元宇宙中实现心灵的自由和创造的无限可能。

时间拓展在元宇宙中展现了一种全新的时间存在形式，它在虚拟与现实的交织中揭示了时间的多面性——同构性与异质性、孪生性与原生性。在多重时间线的构建中，形成了类似数字虫洞的新型连接，它允许“跳转”“回溯”和“联结”不同的时间节点，为时间的流动增加了维度和自由度。例如，通过备份过去的场景，构建过往的经历，使得本体能在现世中，而化身却能穿越至过去或未来的世界。在元宇宙中，一个刚刚诞生的婴儿，通过佩戴时空数据收集器，将能在成年后以虚拟数字人的形态回溯到过去，甚至基于想象仿真未来。这如同电影中奇异博士的推演，通过无数次的模拟，寻找到赢得胜利的可能。元宇宙中的时间不仅仅可以回溯，还能预见，为未来的探索，比如火星登陆或外星系殖民，提供了无限的可能。

元宇宙的时间属性为人在单位时间内感受时空流速的限制提供了解决方案。通过时空虫洞的跳转，时空距离得以缩短，降低了场景转换的时空成本，延长了人在元宇宙中的生命历程尺度。因为元宇宙的时间是由数据构成的，是算法主导的，它具备一定的可篡改和可操作空间，使得“时间切片”成为可能。

在新的时空维度中，时空智能与智能时空的概念得以提出。时空智能意指在虚拟世界中追溯现实世界的物理规律，创建一个具有智能的空间，通过虚实共生的环境，利用虚拟世界的仿真模拟来预测现实世界的未来可能性，并反馈至现实，辅助自然人作出决策。而智能时空则指向真实空间增加智能化的元素，例如家居中的全息投影，以提高真实空间的智能水平。这种基于虚拟世界的时空智能追踪与分析，将助力现实世界在虚实运营中收集数据，进行计算与改善，推动时空智能与智能时空的相互促进，实现虚实和谐。

然而，随着时空点的数据、信息、知识、符码、智慧和连接的密度与强度的增加，时空信息与连接的过载问题也随之显现。未来可能会出现一个类似摩尔定律的时空信息增加规律，每隔一定时间，每一个时空点的数据、信息、知识与智慧都会大幅度增加。而只有通过与 AI 的共生，人脑和 AI 才能共同进化，在无限向虚和无限向实的进程中，实现自然、人类、与 AI 的共同进化（如图 3-1 所示）。

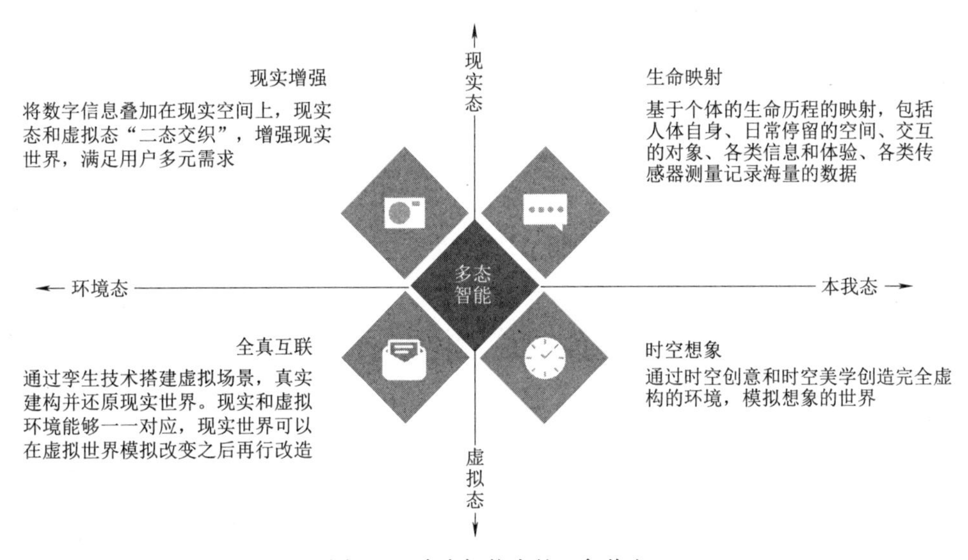

图 3-1　多态智能中的四象共生

3.1　电子媒介对时空的重塑

吉登斯深刻洞察了社会探究的核心，即探讨如何将时间和空间“连接”于一体，以及如何将在场与缺场紧密联系。他认为，社会秩序问题的本质在于时间—空间的伸延（time-space distanciation）[1]。而这种时空的连接，是通过多种信息传播的中介 / 媒介来实现的，每种媒介都隐含了独特的时空组合模式。例如，石刻和泥板文字这类媒介虽不易运输但具有较强的耐久性，它们倾向于建立穿越时代的连接；而纸张虽易朽却极易运输，它倾向于建立穿越地域的连接。这便是伊尼斯所提出的“媒介偏倚论”。他和吉登斯一样，认识到时空连接模式作为社会系统底层架构的重要性。伊尼斯指出，“一种新媒介的优势，将催生一种新文明的产生”[2]。在石刻媒介的文明中，统治者常常垄断着社会信息的传播，拥有信息的权威性和神圣性；而在纸张媒介的文明中，它更有利于对边陲地区的统治，甚至可能引发国家的扩张倾向。

现代社会运作已逐渐以数字媒介技术为基础。海德格尔曾将现代技术称为“座架”（Ge-stell），认为坐落于其中的人和自然，不可避免地会被它的力量所“摆置”（stellen）、所安排、所要求[3]。元宇宙作为数字媒介技术的表现，也将内含有将自然与人自身进行“摆置”的倾向，即通过一种新的时空框架来重新安排人、社会与自然。元宇宙将如何重塑社会的时空特性，是一个值得深思的问题，它对于理解媒介社会和我们自身的媒介化存在具有不可忽视的意义。

不同于传统媒介，元宇宙提供了一个多维、交互式的虚拟空间，它不仅改变了信息传播的方式，还将人、社会与自然重新安置在一个新的时空框架中。在元宇宙中，时间和空间不再是固定不变的，而是可以被编程和修改的。这种全新的时空框架，将为社会的组织和交互提供更为广阔和多元的可能性。

3.2 从冷媒介、热媒介到元媒介

元宇宙作为一种新型的媒介，其本质在于连接虚拟与现实，为人类提供了一个全新的时空维度。为了深入理解元宇宙的时空特性，首先需要从媒介的基本属性探讨。媒介是人的延伸，不同的媒介形式以不同的方式延伸人的不同感官。麦克卢汉的冷媒介与热媒介理论为我们提供了一个独特的视角。他指出，热媒介传递的信息比较清晰、明确，接受者不需要动用更多的感官和想象，只需被动接受。而冷媒介传达的信息含量少而模糊，接受者需要动员多种感官的配合和想象力来主动理解才能接收到信息[4]。冷媒介与热媒介的一个重要衡量标准，是感官比例（sense ratios）的区别。感官比例即某一感官在媒介所调用的所有感官中的比例。热媒介在提高单一感官的清晰度的同时，也排斥身体的其他感官。冷媒介则包容各种感官的参与[5]。热媒介倾向于强调单一感官的清晰度，而冷媒介则包容多种感官的参与。

现代媒介发展史显示了一种从书籍到广播、电影，再到多媒体电脑和智能手机的“升温”趋势，即越来越倾向于追求“高清”“高保真”的感官体验，同时也更倾向于信息的被动接收。然而，冷媒介并未被完全取代，在社交媒体中文字仍是主要的内容形式。而社交媒体行业也面临着巨大的压力，探索新的、更“热”的媒介形式，以适应这种媒介“升温”的趋势，这也正是脸书转型元宇宙的深层原因。

元宇宙是否为热媒介是一个值得探讨的问题。它通过高清 3D 显示和环绕立体声等技术提高了感官的清晰度，同时也通过体感设备鼓励用户与虚拟环境（包括其他用户）进行具身参与式的互动。因此，元宇宙展现了一种新的媒介形态——暂且称之为“元媒介”——它综合了冷媒介的高参与度和多重感官体验，以及热媒介的高清晰度。这种新的媒介形态使人的媒介使用更为符合身体和认知的自然习惯，为未来媒介的发展提供了新的可能性和方向。

热媒介与冷媒介的使用过程均展示了人的自然习惯与媒介体验之间的差异。例如，在电影中，观众可见但不可互动的生动人物，以及在文字交流中深刻但无法触摸的人际连接，揭示了清晰度与参与度之间的潜在矛盾。元宇宙的出现预示着这种矛盾的可能解决方案，它不仅展现了高清的视觉效果，还提供了富有参与感的互动体验。

莱文森的媒介“人性化论”（anthropotropic theory）提出了一个令人深思的观点：最初，人类处于一种平衡的、未被扩展的感知状态；随后，各类媒介延伸人的各种感官，但牺牲了各感官间的平衡与面对面交流的时空平衡，一种媒介只调用有限的感官、向时空中的一维偏倚；最后，人类努力在保持已有延伸性的基础上，重新回归感官平衡和时空平衡，回归媒介的自然性要素[6]。

当冷媒介和热媒介的特征如前文所述的结合在元宇宙中，媒介的中介性开始逐渐消失。换言之，人们对媒介经验与现实经验的区分会变得模糊。传统的媒介呈现，如阅读书籍或观看电视，人们能清楚意识到所接触的是一个媒介而非现实。但在元宇宙中，这种媒介意识将被大幅弱化，因为元宇宙提供了一个接近现实的虚拟体验。

元宇宙的这种“去中介化”的特性，让其被视为一种可能的“终极媒介”[7]。它不仅仅是一个媒介，而是一个可以模拟现实、延伸感官，并且允许人们在多维时空中自由交互的虚拟宇宙。这种新型的媒介形态，不仅仅突破了传统媒介的限制，也为人类社会开启了一个全新的交互和认知的纪元。通过元宇宙，人们可以重新探索和理解媒介如何塑造人类的社会、文化和认知，也可以预见未来媒介技术可能带来的深远影响。

3.3 遥在系统：我该如何存在?

在讨论元宇宙的“去中介化”时，需加上引号，因为这个特殊的“去”指的是人们对媒介的意识消失，而非媒介本身的消失。元宇宙不仅仅是一种中介，它是一种独特、前所未有的中介，其独特之处体现在对人的时空处境的重新编写上。借助于元宇宙的场景沉浸能力，它能够“以假乱真”地让人感受到仿佛身处虚拟场景之中。无论是通过 VR、AR 还是 MR，其核心目的都是通过媒介密集型的环境“以假乱真”地让人感觉身处真实场景之外的另一个现实或虚拟场景中，这种感觉被称为“遥在”（telepresence）。

“遥在”一词，由马文·明斯基（Marvin Minsky）于 1980 年提出，其核心概念是通过 VR 技术将用户从现实环境转移到一个由计算机介导的环境（computer mediated environment），以此产生一种身临其境的在场感。在某些实际应用中，它还包括一套遥操作（teleoperation）系统，可以通过控制机器与远程现实场景进行互动[8]。遥在系统可被细分为 R-V、R-R 和 V-V 三种类型，每种类型都具有不同的逻辑关系和应用模式（如图 3-2 所示）。

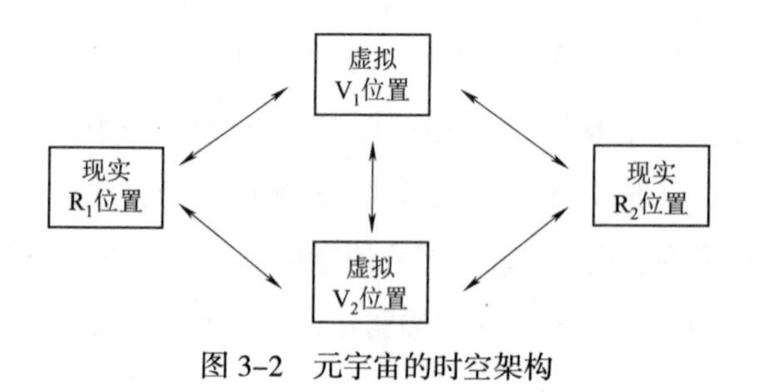

图 3-2　元宇宙的时空架构

R-V 类型：用户在现实位置感觉身处另一虚拟位置，并与之交互，典型的例子是通过 VR 技术进入游戏场景。

R–R 类型：用户在一个现实位置中，通过虚拟构建的数字孪生场景感觉身处另一个远程现实位置，并与之交互。通过逼真的建模和终端呈现，用户不仅能感受到远程物理场景的在场感，还能通过遥操作技术控制远程机器与远程物理场景互动。遥操作技术正被应用于工厂、仓储、医疗及深海、深空极端环境作业等领域[9]，例如 1993 年德国的 ROTEX 空间机器人实验，实现了世界首次地面遥操作空间机器人作业。

V–V 类型：用户可以身临其境地从一个虚拟位置跳转至另一虚拟位置，这种“互操作性”（interoperability）有时也被称为“虚拟时空隧道”，通过在各虚拟空间之间进行货币、属性、环境和事件等信息的映射，从而将不同虚拟空间连通成更大规模的虚拟社区，用户无需切换身份即可在不同虚拟空间之间穿梭往返。

要实现这种身临其境的在场感，不仅要求场景信息的高度清晰，还需要允许用户通过具身化的交互方式来与场景（包括场景中的其他用户）进行互动。虚拟场景的逼真程度与可互动程度，尤其是在互动中建立的用户行为与其产生反应的因果关系的清晰性，是决定在场感的两大维度[10]。随着逼真程度与可互动程度的逐渐提升，肉身在场与虚拟在场的区别逐渐缩小，未来的社会生活将在这种在场和不在场的交织中展开。基于遥在系统构建的虚拟互联空间，将重塑人的时空处境。在新媒介技术的支撑下，媒介化生存将如保罗·亚当斯所说的“可延伸自我”（extensible self）一样，拥有基于媒介网络形成的不断波动的、具有弹性尺度的个体存在方式[11]。

遥在系统可将用户所感知的现实环境替换为计算机介导环境，从而产生远程在场感的技术。它有时还包括遥操作系统，从而通过控制机器与远程现实场景进行互动。2022 年科学家首次实现了国际双向全息隐形传态实验，将一个人以全息图像的形式从美国亚拉巴马州传输到加拿大安大略省。虚拟遥在于虚拟场景中产生，现实遥在包含数字孪生和遥操作两部分。半遥在指静态全息，全遥在则是动态全息。虚拟化身在虚拟场景中同物理肉身进行远程互动，从而得到虚拟互动的再情境化（如图 3–3 所示）。

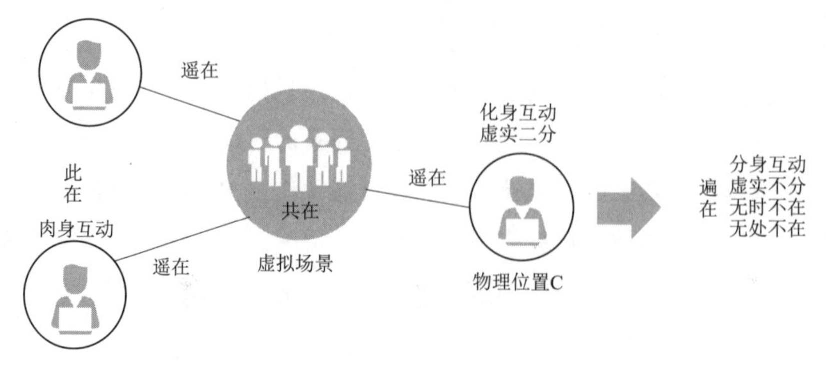

图 3-3　遥在系统的运行过程

在传统的物理现实中，时间和空间的约束是不可逾越的。例如，一个人在某一时刻只能存在于一个特定的地点，从一个地点移动到另一个地点需要消耗实际的时间，而集体活动则要求多人共同出现在同一个空间。然而，遥在系统以及诸如 MR 和全息投影等半遥在式技术，使得在场和缺场的传统边界正在被重新定义。这些技术模糊了物理存在的清晰度，让个体或对象能够同时在多个虚拟或现实位置呈现，突破了身体的不可分割性限制。

便携式智能设备如个人电脑和手机已经扩展了我们同时进行多项任务的能力，使得多线程媒介活动成为常态。而元宇宙将这种多线程媒介活动进一步发展，实现了流动性在场（即个体能相继地遥在于各种现实或虚拟空间）和多重在场（即个体能操控多个物理或数字分身，同时出现在多个虚拟或现实世界）。

在元宇宙的语境下，时间和空间得以“媒介化”，社会的时空组织方式因而得以突破物理规律的束缚。媒介的可塑性使得身处媒介时间和媒介空间中的人们能够“重新编程”其时空感知。对于时间，人们在元宇宙中的时间体验可以被灵活地保存、回溯和推演。尽管人的生命会终止，但媒介时间的可塑性极大地延伸了人们的时间经验，也重新塑造了集体记忆的产生、共享和保存方式。对于空间，遥在系统让人们能体验到越发真实的远方在场感，并与远程的物理或虚拟空间进行越发真实的互动。人们能在不同场景之间自由跳转，实现灵活、流动的在场感。异时、异地的个体和对象，能在虚拟场景中共同存在。可以说，元宇宙在物理时空框架内，为人类的时空经验提供了一种“软化”的可能，它在不同的时空之间搭建了连接，为个体和社会的时空体验开创了新的维度。

传统媒介主要实现了信息的局部连接，如文字、声音或影像的传递，这些都是现实经验中的抽象和片段。吉登斯将此种媒介对社会时空的影响称为时空“虚化”，它基于高度抽象化的冷媒介作为主要媒介形式。然而，随着媒介技术的进步与元宇宙媒介的出现，媒介的象征性逐渐衰退，具象性日益增强，遥在系统呈现了覆盖全感官的整体场景。这种技术进步引发了从信息连接向场景连接的转变，从时空“虚化”转向时空“软化”。

“虚化”与“软化”都是现代社会的“脱嵌”机制的表现形式，即社会关系从本土的地域性关联中脱离出来，并在不确定的时空跨度内进行重组的过程[12]。然而，“虚化”是基于媒介抽象化与时空同质化的连接，而“软化”则通过具象、多样化的场景实现不同时空间的连接。过去的互联网发展逻辑旨在消除空间，将空间视为传播的障碍，而基于超文本传输协议的万维网通过拓扑式的信息网络连接物理位置，使得地理距离的感知减弱，仅剩下拓扑意义上的“距离”。与此不同，元宇宙在赛博空间中重塑了地方与场景，将虚拟互动重新置入完整的情境中，实现了“情境化共在”（contextualized copresence）[13]。

“情境化共在”为社会实践提供了新的尺度，并在新的尺度之上重新组织了社会系统的时空构成。不同于火车和飞机等技术带来的固定尺度的时空压缩，元宇宙的“软连线”为社会实践和社会组织提供了流动、弹性的尺度，使得社会实践和社会组织能以高度自由的方式展开。在元宇宙的虫洞式连接中，时空变得“流动”和“软化”，呼应了鲍曼的“液态现代性”概念，即时空已“变得是流动性的、不定的和动态的，而不再是预先注定的和静态的”[14]。元宇宙的出现将打破基于生理和地域限制的社会生活的时空对称结构，松动原有的社会身份、社会认同和社会关系模式。随着现实时空的脱嵌和虚拟时空的重组，新型的互动场景和组织形式将不断涌现，为社会发展打开新的可能。

3.4　时空智能：元化万物，融合发展

元宇宙作为三维互联网的升华，借助 XR 技术和数字孪生，展现了前所未有的时空拓展性。在元宇宙的构架中，时间不再是单线流逝的线性结构，而呈现为可回溯、可跨越的多维形态。过去、现在、未来在此成为可穿越的维度，时间的

节律性可由设计者塑造，有时呈现出重启性、断层性和非线性的特质，将时间的感知推向一个新的维度。

空间拓展性突破了现实世界物理秩序的束缚，展现了一种反物理的体验范式。元宇宙空间成为赛博空间的高级表现，它不仅是物理空间的延伸，而是一种心灵体验和思想表达的场域，揭示了人的内在体验和外在互动的无限可能。

时空智能的探索成为元宇宙布局的核心组成，是构建元宇宙“三元一体”体系的关键环节（如图 3–4 所示）。时空智能的四个主要维度——数字孪生、虚拟原生、虚实共生、虚实联动，为元宇宙注入了丰富的层次和多元的可能。

三元
- 仿真机器人：机械生命
- 虚拟人：智能生命
- 自然人：碳基生命

共享一个智能大脑、共享一个操作平台、共享一个知识体系

“三元一体”驱动引擎
- 核心：包括表情系统，感知、决策和行为的智慧系统
- 算力层面：融合现有的机器人和虚拟人技术，形成“三元一体”虚实联动的一体化的引擎和算法，如建构外貌、表情、肢体、语音和唇形的新算法模型
- 信息流动：感知周围信息、输出信息，指导“三元”进行活动。中枢神经/中央处理器
- 行为层面：使“三元”实现联动

技术创新性
- 非线性融合的溢出效应
- 系统性和生态性的整体性创新
- 虚实共生创新，具体为虚拟人和人的互动、人和机器人的交互方面的创新
- 对人类表情的模拟创新

“三元一体”系统构成时空智能研究建设的技术底层

图 3–4 “三元一体”驱动引擎

数字孪生，在虚拟空间中构建现实的完美镜像，包含人、物品、环境等多元素的动态孪生体。通过数字孪生，虚拟空间成为现实生活的拟真展现，为导航定位、操作模拟、模型展览等提供了新的视角和平台。

虚拟原生，则在时空智能的驱动下自动生成并运转的虚拟实体，如虚拟分身、物品等，它们在虚拟世界中独立存在和运作，生成各类虚拟产物，包括虚拟游戏、数字货币、虚拟景观等，丰富了虚拟世界的多样性和创造力。

虚实共生，实现了虚拟与现实世界的信息融合，展现了虚拟与现实的相互共生可能。通过虚实共生，虚拟与现实间的信息共享变得可能，例如在虚拟世界拍摄的照片能够在现实中分享和打印，将虚拟体验与现实生活无缝融合。

虚实联动，通过高仿人机器人与虚拟数字人的交互，实现了虚拟与现实世界的交互联动。虚实联动为智能生活、虚拟数字人服务等开辟了新的领域，通过 AI 引擎的支持，实现了虚拟与现实间的高度交互和联动，将人的生活体验推向了一个新的高度。

3.4.1 时空智能理论

时空智能理论为我们揭示了一个前沿而创新的领域，它让用户得以在虚拟的时间空间结构中实现过去、现在与未来的自由探索与重构。通过将自身的“未来时间”投射到“过去”，时空智能为现实世界的时间流逝与虚拟世界的时间体验构建了一个多维度、多层次的交互平台。

时空智能的核心在于对时间的多种操作方式：倒流、拼接 / 重现、自由推演和定格（如图 3–5 所示）。倒流功能仿佛将时光倒流，它为细节推理与回忆搜索提供了新的维度。拼接或重现能力让用户能够自由选取过去的特定经历，重新审视与体验，它非常适用于重要记忆的回顾和课程重点的复习。自由推演功能则打开了无限可能，从特定的时间节点出发，用户可以在虚拟空间中做出不同于现实的选择，它为方案规划与娱乐设计提供了全新视角。而定格功能则为用户在静止的虚拟世界中提供了自由探索的机会。

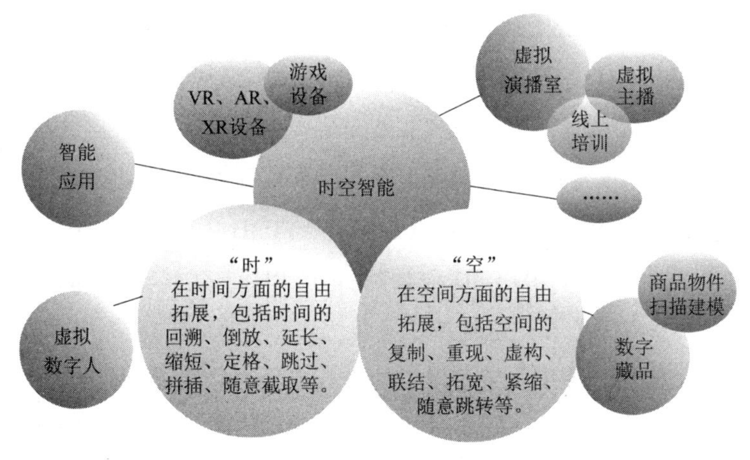

图 3–5　时空智能的概念延伸

时空智能的空间体积从不同维度来看是不同的，它可以是一长串的程序代码与数据，可以是眼前呈现的一个弹窗，也可以是身处的整个世界。该智能的基础架构是由一系列精细的规则和高效的算法所构建的，它能够动态地处理实时信息，依赖于数据的交换和流动。在探索沉浸式体验之前，用户将会在一个功能丰富的“虚拟大厅”中遭遇多个选择。在这个大厅中，每一个可探索的空间都以弹窗的形式呈现。用户可选择触碰弹窗以进入某个特定的沉浸空间，或者简单地滑动以忽略它。这种展示形式与网络浏览信息流的经验颇为相似，时空智能会通过某种算法，推荐那些可能会引起用户兴趣的沉浸空间。当用户选择进入某个特定的沉浸空间时，该空间的体积就变成了用户感知的整个世界的体积。然而，虚拟空间的体积是有限的，例如，一个虚拟会议的空间体积可能只限于一个虚拟的会议室，而大型的社交社区的空间体积则会相对辽阔一些。这种有限性同时也揭示了虚拟空间的设计和探索的无限可能。在这个由数据构建的虚拟世界中，每一个动作和决策都可能成为推动虚拟空间发展和变革的动力。时空智能不仅为用户提供了一个多维度的空间体验，同时也在悄无声息间改变着我们对现实和虚拟的认知，以及二者之间的互动和交流。

技术上，时空智能的实现离不开大数据与算力的驱动、地理信息系统、场景构建与空间定位等关键要素。其中，云计算与云储存技术的运用，打破了传统时间空间的限制，为时空智能提供了强大的数据和算力支持。它实现了数据的高效储存和智能化管理，降低了运营成本，同时提升了用户体验。通过云渲染技术，时空智能将复杂的 3D 渲染工作从本地转移到云端，为用户提供了优质且易于接入的内容体验。

在场景构建方面，时空智能集合了多种先进的 3D 图形与 VR 技术，包括 Unity（实时 3D 互动内容创作和运营平台）、U3D（通用 3D 图形格式标准）、UE5（一种游戏引擎）、C4D（3D 动画软件）、BIM（建筑信息模型）和 SLAM（即时定位与地图构建）等。这些技术不仅为虚拟空间的构建提供了强有力的工具支持，同时也为用户提供了丰富多样的交互体验。

定位系统是时空智能中不可或缺的一环，通过 GPS（全球定位系统）卫星定位、红外定位、激光定位以及低功耗蓝牙定位等技术，时空智能能够准确地在虚拟空间中定位用户和物体，为虚拟与现实世界的交互提供了基础。

理想的时空智能平台具备开源的特质，允许企业和个人创建和分享具有特色的虚拟空间。通过共享平台，用户不仅可以上传和分享自己创建的虚拟空间，还可以通过平台提供的多样化模板基础，定制自己的虚拟空间。这种开放性的设计，提升了时空智能的多样性和包容性，同时也为虚拟空间的创造和交流提供了无限可能。

在元宇宙的背景下，时空智能为用户提供了一个全新的、多维度的信息交互空间。通过 AI 大模型的运用，时空智能能够实现对虚拟空间中信息的智能化处理和推荐，为用户提供更为个性化的信息服务。

3.4.2　时空智能搭建

时空智能搭建是一个全新领域的探索，它试图通过技术实现对时间和空间的高度模拟和可交互的表现，从而为用户提供丰富而真实的虚拟体验。在时间维度上，时空智能需要探求一个平衡点，使得所需的技术实现时间能够被用户所接受。通过对人的生理和心理特点的深入理解，平台能够模拟出更为真实的时间体验，让用户在虚拟空间中感受到与现实世界相似的时间流逝。

在空间维度上，沉浸感的创造成为时空智能的核心任务之一。通过模拟人体的多种感官体验，时空智能旨在提升空间的沉浸度。目前，视觉和听觉的模拟已经相对成熟，而嗅觉和味觉的模拟仍处于初步探索阶段，这也是时空智能未来发展的方向之一。

时空智能搭建编辑器为创作者提供了丰富的工具和资源，包括具有空间属性和时间属性的数字藏品，以及对空间和时间的规划与调节功能。例如，用户可以通过编辑器搭建模拟的房屋，选择不同的元素如木板、道路和屋顶，同时也能通过选择模拟时间的元素如钟表和沙漏来体验时间的流逝。编辑器的开放工具允许用户对元素的颜色、大小、材质和形状进行自由调整，从而创造出独一无二的虚拟空间（如 3-6 所示）。

在元宇宙的背景下，时空智能为用户提供了一个开放且自由的创作平台。用户可以在任何时间、任何地点进入虚拟时空，依据自身的心理世界和知识世界来创造和探索。

时空智能的搭建不仅仅是一个技术层面的挑战，它更是一个包含多种可能的

图 3–6　时空智能平台搭建流程

创新领域。它为用户提供了丰富的虚拟空间和时间体验，同时也为新闻传播、教育、娱乐等多个领域提供了全新的解决方案。用户可以在虚拟的地块或空间中搭建各类建筑和空间，开发游戏应用空间，构建文旅体验馆等，这为用户的创意和想象提供了几乎无限的可能。同时，时空所有者也能通过经济手段如租赁、销售或交换来获得经济效益，这也为元宇宙经济生态构建提供了基础。

3.4.3　时空智能创新应用

在探索时空智能的契机中，我们发现它在社交、军事和文娱领域的应用展现出令人振奋的可能性。时空智能社交互动平台呈现了一种时间的线性、单向和阶段性特征，它创造了一个让人们更加关注当前时刻和正在发生的事情的社交空间。内容生产者可以随时参与平台的生产活动，而内容互动者则在活动开放期间参与互动。这种时间的情感特性是即刻的、共享的，与该平台的社交互动情境高度相关，为用户提供了一种短暂而不重复的时间情感经历。

在具体应用层面，智能空间成为交流的新场景，它使虚拟分身的动作、神态等传播要素可以即时同步，展现了一个多线性、智能化和高效的社交场所。在元宇宙的背景下，这种智能空间为社交范围的拓宽提供了新的维度，用户可以通过时空坐标与不同时代和地区的人物沟通交流。特别在虚拟会议方面，时空智能可以解决传统视频通话疲劳的问题，通过 3D 空间布局的灵活调整，重现“茶水间”等办公场景，为虚拟会议提供了新的可能。

军事领域的应用也同样令人期待。时空智能使得演习空间和真实世界进行数字化对应，无边界的演习空间能消除物理空间的阻碍，让用户能在极端环境如森林、沙漠、高山、雪地中进行演习。通过线上模拟式的演习协作，时空智能增加了队员对场地和设备的熟悉度，避免了真实演习中的不必要损耗。

在文娱领域，时空智能打开了娱乐空间多元化的大门。它实现了公共空间与私密空间的明确划分，如虚拟的咖啡厅、酒店和剧本杀场景等。用户能自由交互，享受与他人的互动乐趣或沉浸于个人的独立体验。智能时空的数字化存储能力使文化作品的展示不再受制于时间节点，长久的文艺展览得以保存，并随时为用户展示。数字孪生技术的运用，在智能空间中构建旅游景点和文化古迹的数字空间，为用户提供了随时参观与体验的机会。

3.4.4　时空智能前景分析

时空智能的产业发展虽然还处于初级阶段，但随着法律法规和行业政策的逐渐规范，以及资本的大量涌入，市场正在逐步回归理性。可以预见，随着技术壁垒的突破，产业链将逐渐完善，未来将涌现前所未有的行业机遇。

在行业生态方面，时空智能为互联网信息技术打开了全新的开发场景，推动各类技术开发的整合，催生新的业务模块，实现信息技术的融合与发展，推动产品升级和行业的持续发展。

在用户体验方面，时空智能构建了一个多维交互矩阵，涵盖了人与人、人与虚拟数字人、人与机器人、虚拟数字人与机器人、虚拟数字人与虚拟数字人，以及机器人与机器人的交互，显著提升了用户的体验。

在创造内容方面，时空智能的开放性和易用性为数字藏品和数字资产等人类内容生态提供了新的创新路径，使时空成为可供创造的新元素。

应用场景的拓展也是时空智能的一大亮点，覆盖了党建、政务、历史、军事、航天、文化、教育、科普、艺术、工业、农业、医疗、体育等多个领域，展现了广泛的应用潜力。

时空智能还有可能赋予虚拟角色意识，通过人们的思维控制虚拟角色，赋予其意识，让虚拟空间充满更多的发展可能性。

然而，从产业、企业和用户三个角度分析，存在一些亟待解决的问题。产业方面，多重技术的协调和整合，以及时空智能产业的经济增值机制的明确是需要突破的关键问题。企业方面，时空智能的对外开放程度、入驻时空的主体如个人和企业用户对时空的使用和开发规则的不完善，以及企业运营时空智能的能力和模式的经验缺乏，都对企业搭建和运营时空智能提出了挑战。用户方面，时空智能的软、硬件设备在用户群体中的普及度，用户对时空智能存在的风险感知，虚拟时空使用能力的培养，以及个人数据和使用数据安全的规范保障，都是需要重视和解决的问题。

第4章 元宇宙的人机融生性

人机交互是一个富有探索性的领域，它通过计算机的输入与输出构建了人与计算机间的沟通桥梁。在元宇宙的背景下，这一交互不再仅限于同一物理空间，而是拓展至物理与虚拟空间的交融，进一步推动人机交互向更深更广的维度发展。

元宇宙构建了一个多元化的人机融合场景，主要包括自然人、虚拟数字人和机器人三种形态。随着人机融合的深化，元宇宙将成为智能体的多样化展现平台。目前，人机融合经历了三个阶段，分别聚焦于不同的目标和实现路径。初级阶段以“像不像、拟人、服务人”为标准，注重满足人的基本需求，使虚拟数字人和机器人在外形和功能上接近人类，为人类提供辅助服务。中级阶段的“美不美、同人、替代人”则强调自我满足，让虚拟数字人和机器人在多方面无限趋近于人，甚至在某些任务上能够替代人。而高级阶段的“能不能、超人、脑连接”旨在实现超我满足，探索自然人和AI的共生共存，通过机器学习和不断迭代获得最优解和次优解，推动虚拟数字人和机器人在某些领域超越人类的极限。

元宇宙的“三分”理念——“分身、分境、分位”为人机交互提供了新的视角。自然人以虚拟数字人的身份进入元宇宙，体验不同的虚拟场景，并在这些场景中实践、积累社会资本，形成不同的社会分层和元宇宙生态位。这种多维度、跨性别、超物种的交互模式，让个体在元宇宙中享有更为丰富多彩的社交体验和身份表达。在多分身的生存模式中，主体拥有技术具身和虚拟分身，它们之间可联结、可接替，能在不同的时间、空间和场态下进行多任务分工协作。

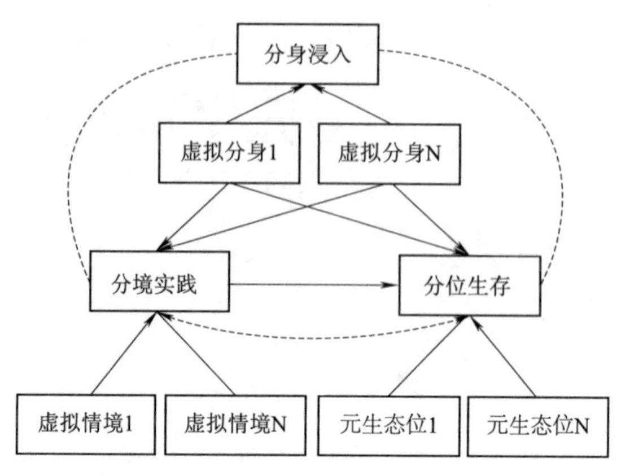

图 4–1 元宇宙的分身、分境、分位

与此同时，元宇宙中的人机交互为新闻传播领域带来了新的可能和挑战。借助 AI 大模型和 AIGC 技术的支持，新闻传播可以在元宇宙中呈现多维度、立体和互动的信息展示和传播方式。例如，通过虚拟分身，用户能够更为直观和互动地接收和传播信息，实现新闻事件的多角度、多层次的展现和解读。

这种深度的人机交互和新的传播模式，不仅丰富了元宇宙的内涵，也为人类社会的信息交流和文化传播打开了新的视角和思路，使元宇宙成为未来新闻传播和社会交互的重要舞台。

从场景多态的视角出发，元宇宙展现了独特的四大特点。一是超现实性，元宇宙具有高度的仿真性，能够穿越现实世界的限制，实现人们想象中的场景和体验。例如，在现实世界中，人们无法轻易走进太空站，但在元宇宙的虚拟环境中，却可以通过仿真技术轻松地探索太空站的每一个角落。这种超现实性为新闻传播提供了无限的可能，能够通过虚拟技术将观众带入新闻事件现场，提供更为沉浸和真实的传播体验。二是低风险，元宇宙为个体提供了一个超越现实认知的颠覆性活动空间。例如，在现实世界中，人们无法靠近火源，而在元宇宙中，虚拟数字人却能穿着火焰制成的服装。对于新闻传播而言，这种低风险的特性能够提供安全的实验和探索环境，助力媒体和传播者在不同的领域进行创新尝试，推动新闻传播的多元化发展。三是小成本，元宇宙通过虚拟化技术大幅降低了生产、生活和内容创造的成本。无须在现实世界投入大量人力物力，仅凭借虚拟仿真，就可以低成本地展现和评估效果。这对于新闻传播意味着能够以更低的成本，更快的速度，创建和传播丰富多彩的新闻内容，满足观众多样化的信息需求。四是非常理，元宇宙中的某些情境可以不遵循现实世界的常理，为新闻传播提供了无限的想象空间。例如，在游戏元宇宙中，可以通过非常规手段来呈现新闻事件或故事，打破传统的新闻传播框架，提供更为丰富和多元的传播视角。

在人与智能装备和人与机器人的融合方面，元宇宙提供了一个无限的探索空间。通过先进的人机交互技术，人类可以与智能装备和机器人在元宇宙中无缝交互，共同完成任务，实现信息和资源的高效交流。这种新型的人机融生模式为元宇宙的发展提供了强有力的技术支持和广阔的应用前景，为未来的人机合作模式提供了新的思考和实践基础。

4.1　虚拟生活中的主体存在

自古以来，人类总抱有超越现实边界的渴望，通过不同方式表达与实现自我。从狩猎采集时期到现代社会，人类不断提升通过劳动来改造现实的能力，同时也通过独特的抽象和叙事能力，创造出满足自身需求的虚拟空间。这种虚拟空间，借助文字和人类对抽象概念的理解，为个体提供了一个理想的虚拟世界，如屈原通过意象构建出符合自身政治理想的艺术境界。虚拟空间不仅成为知识储存和技术传播的平台，更是超越现实界限的可能空间。

例如，乌尔班大炮的知识并非直接传递给奥斯曼人，而是通过文字和图像的方式，从设计者的脑海中传达给接受者。在现实世界中，个体面临着体能和资源的双重限制，无法轻易突破。这使得人们能够轻松地完成诸如遨游太空、深潜海底，甚至操纵自然力量的壮举。相较于现实世界中个体身份的改造与人类物种属性的改造，在虚拟空间中此行为显得容易许多，但仍旧受到过去影响，需要付出巨大努力才能在社交网络中改变连接方式，获取新身份。

然而，元宇宙为个体提供了一个全新的展现和自我改造的舞台。在元宇宙中，任何人都可以摆脱家庭背景和过去的束缚，自由地改造自身和环境属性。相比于现实世界中需投入物质、劳动和其他资源的情况，元宇宙中的改造更为简单和低成本。例如，构建一个花园只需消耗计算能量和个体思考所用的能量，极大地降低了实现想象的门槛。

虚拟数字人具备功能身体、工具身体和社会身体的三重价值，可以融合多重应用方式，实现整体协同发展。虚拟数字人产业链可以分为应用层、平台层和基础层（图 4–2）。在内容和故事性层面，虚拟 IP 能引发用户共情，之后用户可能会希望拥有相关的实体商品，主动进入 IP 打造的文化圈层。在虚拟空间中，用户寻求 IP 所带来的精神陪伴，而在物理空间中，用户通过 IP 得到实体陪伴。

图 4–2　虚拟数字人产业链条

2021 年的数据显示，虚拟数字人核心产业已展现出令人瞩目的增长势头，预计至 2025 年，产业规模将接近 988 亿元。多元化的运营方向和技术应用是推动这一产业发展的关键因素。例如，智能互动和基础软硬件技术的创新为虚拟数字人企业提供了可靠的支持。同时，政策支持也显得至关重要，发展基础较好的城市已经发布了一系列针对虚拟数字人的发展计划和资金支持政策。

截止到 2023 年，虚拟数字人领域的研究进展表现突出。首先，技术的不断优化和创新推动了该领域的快速发展，尤其是在交互技术和内容制作方面，这两个方面也被认为是虚拟数字人产业发展的核心。其次，市场对高质量的交互体验和内容制作的需求不断增加，资本也随之涌入，为行业的快速发展提供了强有力的支持。为了满足市场的需求，行业内的研究者和企业也在不断地探索和尝试，推动了相关技术和应用的不断进步。特别是 AIGC 技术的应用，为内容制作提供了全新的可能，大模型的运用使得内容制作更为高效、精准和富有创意。最后，在人机融生的探讨中，人与智能装备、人与机器人的融合也逐渐成为研究的重点，为未来虚拟数字人与现实世界的交互提供了新的思路和方向。

其次，资本的不断涌入为虚拟数字人行业注入了强劲的动力。截至 2022 年 10 月，该领域的融资数量近百起，金额约为 120 亿元，显示出行业的繁荣景象。其中，小冰公司成功融资 10 亿元，突显了该领域的投资潜力。“交互”和“内容制作”成为资本市场的热门关键词，表明高质量的交互体验和内容制作是虚拟数字人产业发展的核心。随着技术的不断进步和市场的逐渐成熟，虚拟数字人行业预计将迎来更加广阔的发展空间。

然而，当前虚拟 IP 面临的主要问题是热度减退和用户新鲜感丧失。为了维持和提高 IP 的价值，品牌需要夯实底层技术，优化产业生态，打造具有拟人化、故事化特质的虚拟 IP，并探索多元化的营销策略。例如，通过 PGC 推出优质内容吸引流量，然后鼓励 AIGC 和 UGC 产生大量内容，促进用户活性。利用 AIGC 技术，可以实现高效、自动化的内容创建，大大降低了内容生产的门槛和成本，为品牌和创作者提供了更为广阔的创意空间。同时，创建出具有丰富情感和故事线的虚拟 IP 内容，增强了虚拟 IP 的拟人化和故事化特质，从而加深用户对虚拟 IP 的认同和喜爱。品牌可以快速制作和推出多种多样的营销内容，满足不同用户群体的需求，拓展虚拟 IP 的市场影响力。为社区用户提供丰富多样的创作工具和平台，鼓励 AIGC 和 UGC 的产生，同时也能够通过智能推荐系统，将高质量的 UGC 内容推荐给更多的用户，促进社区的活跃度和用户黏性。与现有的 PGC 和 UGC 产生良好的互补效应，共同构建一个健康、活跃的虚拟 IP 产业生态，推动产业的持续发展和创新。

进入元宇宙时代，用户将追求更为私域化的应用场景、个性化的叙事逻辑和三维化的独特表达。虚拟数字人可能成为用户在虚实之间自由穿梭的主要交互媒介。目前，虚拟数字人在社交媒体和时尚领域已取得了显著的流量成绩，如柳夜熙的火爆使得“挑战柳夜熙仿妆”话题在抖音获得超过 4.7 亿次播放。

为了充分挖掘 IP 的价值和衍生能力，关键在于构建具有“生命性”的故事内核。丰富的故事情节能够引发观众的情感投射，以流行文化解码年轻潮流，赋予虚拟数字人独特的人格魅力。在这方面，虚拟数字人孵化平台需要具备出色的运营能力，尝试差异化战略，充分发挥虚拟数字人的多重价值，以实现产业链的统筹协同发展，进而推动虚拟数字人产业迈向新的高度。

4.1.1 虚拟生存

人类自古以来总有改造现实的渴望，这推动了虚拟空间的诞生。然而，不论是文字中的想象空间还是游戏中的虚拟空间，现存的虚拟空间与理想的元宇宙仍有差距。人们在这些空间里所能展现的人物属性、身份及对世界的改造过于简略，无法为用户提供充分的沉浸感和吸引力。在人和智能装备、人和机器人的融合方面，元宇宙为实现完美的人机融生提供了无限的可能，通过多种交互方式，如 VR/AR 设备、智能手表、智能眼镜等，使人们能够在元宇宙中体验前所未有的交互体验。在完备的元宇宙中，每个人都能通过完整的身份和丰富的故事线，享受到与现实世界不同但同样精彩的生活体验。

虚拟世界的重要意义在于它为改造现实提供了无限的可能性。在现实世界中，改造是唯一和确定的。比如，一旦种子植入土壤，它的生长环境就已确定，无法同时体验不同的生长环境。但在元宇宙中，无数可能性可以并存，它们随着线性时间的推移不断展开，改造现实不再意味着消除无尽的可能。元宇宙展示的可能性为个体提供了现实世界所不能给予的多种选择。人们能够通过先进的立体模式体验看、听、嗅、尝、触，甚至思考、行动和创造全新的可能。元宇宙为人类打开了一个与数百万年的自然进化完全不同的空间，使人们有机会生活在一个全新的世界中。

然而，现有虚拟空间中的人物属性、身份和对世界的改造仍不够真实，用户只能通过自己的想象力来弥合虚假与真实之间的差异。这种不真实主要源于两个方面：一是虚拟世界本身的不真实，二是缺乏紧密立体的连接导致的失真。为了创建一个真实感更强的虚拟世界，必须增加虚拟空间的信息量，尤其是在 AIGC 和 UGC 的内容创建方面。现有的虚拟空间已能非常真实地复现视觉和听觉信息，甚至超越人眼和人耳的分辨极限。但人与自然的交互远不止于此。

例如，尽管现有的虚拟空间能模拟瓷器的形制、花纹和光泽，使之几乎无法被人眼分辨真假，但当我们试图打碎它时，会发现空气的性质、瓷器上分子间的作用力并未被纳入虚拟空间，从而产生了无法打碎的瓷器或者瓷器碎片的行为千篇一律。这不是说虚拟空间中的物质不能被破损，而是指出虚拟空间的交互方式不应受现实的局限。现有虚拟空间缺乏多个维度的体验，例如嗅觉、味觉和触觉的模拟设备仍不够完善，这也是现有虚拟空间信息量不足的主要原因。虽然人们可以在虚拟空间中创造美丽的花园，但无法感受到花香。现实世界中可能存在的嗅觉、味觉和触觉信息，在虚拟空间中与所见大相径庭，这不仅无助于虚实交融，反而会破坏用户在虚拟和现实两侧的沉浸感，造成严重的不协调。

虚拟空间的潜力在于其作为人类现实改造的工具，其范围和深度往往受限于技术和设计的局限性。相比于广袤无垠的真实世界，现有的虚拟空间常显得空间较为狭小。例如，在众多游戏环境中，一个由数间房屋组成的简单结构便代表了一个完整的村庄，而被称作大城市的虚拟空间，其实际范围也只相当于现实中的几个公顷。这种空间的狭窄无疑限制了虚拟空间在拓宽和丰富人类现实体验方面的潜力。

未来，借助于 AIGC 和大模型的技术进步，以及人机融生的实现，我们可以预见，人和智能装备、人和机器人的融合将带来全新的交互体验，使元宇宙成为一个真实感强、交互丰富、内容多元的世界。通过这些先进技术，元宇宙不仅能够为人类提供更多现实世界所不能给予的可能性，也将为人类开创出全新的现实改造工具和平台。

尽管如《上古卷轴 OL》这样的开放世界网络游戏提供了数十平方公里的可交互世界，但其相对较小的空间范围在一定程度上削弱了其作为一个‘世界’的真实感。玩家所能编辑和交互的，并非整个扩展空间，而仅是其中的个人领域。即便是被视为元宇宙先锋的平台 Roblox，其不同空间之间的互通互动方式也尚未明确定义，这种限制导致了玩家与整个空间的互动变得相对有限。用户在面对这种有限的扩展空间时，个人的态度和行为与在无边无际的现实世界中自然会有所不同。因此，目前的扩展空间主要还是局限于游戏的领域，例如在 Roblox 平台上，玩家创建的扩展世界更多呈现出抽象化的游戏元素，显示出这些扩展空间主要还是被限定于游戏娱乐中。

与人类对改造现实世界的深刻需求相比，游戏所提供的交互功能显得微乎其微。游戏的娱乐性质本身倾向于某种逃避现实的意味，玩家在游戏的过程中难以避免会感受到一种不真实的氛围。在用户仍以现实世界为主要交互对象的情境下，扩展空间与现实空间的隔离和连接的不够紧密立体，增强了扩展空间的不真实感。

人类的意识接口是由神经控制的各类效应器和感受器构成，而扩展空间的输入主要依赖于文字、图像和声音。而用户对扩展空间的输入则通过与现实世界完全不同的设备来实现，从简单的手指动作到眼球和肢体的动作，为模拟人的复杂动作，现有的连接方式采用了多种替代方案。用户需首先学习如何将自身的何种动作指令转化为扩展空间中的何种行为。扩展空间用户在接入时无法忽视这种间接命令与现实世界意识—行为传递过程的不同，不真实性便植根于现有的连接方式之中。

前述的世界信息维度的不完整性也同样限制了人类与扩展空间的连接方式。用户输出的是自身不完整的动作，而声音往往被忽视；而向用户提供的输入渠道也仅限于视听两条。这样间接而有缺陷的用户—扩展空间联系方式显然不足以维持扩展世界的信息带宽。在现有的扩展空间内，连接现实空间成为一种困难，扩展空间似乎成为独立于现实世界的小泡泡。即便是线上展厅等对现实世界的数字孪生项目，也面临着类似的问题。用户在线上展厅中的任何行为都与现实世界毫不相关，现实世界中展厅的动态往往也与线上展厅绝缘。这样的数字孪生空间仅仅是过去某个时间点上某地的剪影，与世界的真实感毫无关联。

游戏可视为元宇宙发展的初期表现形式，它通过将玩家引入扩展场景，使他们能够体验角色的经历和际遇。从早期的虚拟游戏到后来的论坛、贴吧，再到如今的QQ、微博、微信等社交平台，互联网用户不断在这些平台上构建并扩展自己的社交网络。这个演进过程显示了扩展空间对人类社交需求的满足和扩展。

人类作为社会性生物，渴望与他人建立联系，认同“无人是一座孤岛”的道理，即便在元宇宙也不例外。元宇宙作为一个扩展的交际空间，提供了一个尤为宽广的交际场所，它的活力源自人类的创造力和互动关系的产生。与现实世界中个体的多重社会身份不同，元宇宙中的各种虚拟身份在每个扩展空间中可能呈现出相对割裂的特点。这种割裂实际上满足了许多人对现实世界的缺憾和期望，它让个人有机会扮演现实世界中无法拥有或成为的角色。

虚拟身份的存在，为受制于现实世界的个体提供了一种释放和表达的途径。在虚拟身份的掩护下，被现实世界所限制或忽视的个体体悟、感知和内心深处的思想意识得以呈现。元宇宙超越了物理层面的时空规定，为人类天性的有选择性释放提供了可能。与此同时，借助于 AIGC 和大模型的深度结合，元宇宙不仅成为个体表达和互动的新领域，还为新闻传播领域带来了新的思考和展望。

4.1.2　虚拟数字人

在探讨虚拟与现实的交融时，用户心中的现实世界往往成为扩展世界的明确参照。随着技术的进步，用户实现虚拟生存的障碍得以消除，人类的感官逐渐难以区分现实与扩展世界。此时，依赖想象力来弥补扩展世界的不足变得不再必需。这标志着现有的扩展空间正逐渐演变为一个完整的扩展世界，任何自然人都可通过数字虚拟身份在扩展世界中生存、感受、思考和创造。元宇宙为此提供了一个极为独特的平台，通过它与现实世界的联通，主体在扩展世界中的生存打破了现实世界对人感官和知觉的限制。

虚拟数字人可以在扩展空间中进行虚拟办公，实现随时随地切换场景，从而极大地提高了工作效率。在元宇宙构建的媒介环境中，自然人认知世界的维度不再仅仅依靠文字和图像的抽象过程，而是借助立体感受的经验转化为知识，使得自然人的认知广度得以显著提高。

在元宇宙中，自然人并未失去真身，与之相应的虚拟数字人，也即实时化身，同样具有接收和处理信息的能力。这种结构使得自然人的感知与计算能力得以迅速提升。自然人在现实世界中的所见所感，会与其在元宇宙中的化身所经历的情景同时输入自然人的意识。在自然人将更多注意力放在现实世界时，其虚拟化身将处于自托管或自运行模式。例如，一名学者可以在进行研究的同时，其虚拟化身可以基于自身认知回答学生问题并获取相关知识，这样，即便在自然人大脑没有投入运算支持的情况下，其虚拟化身也能自主完成答疑和搜集资料的过程，从而加快研究进程。此外，在自然人真身没有动作的情况下，化身可以接入异国甚至元宇宙的情景，获取的感官信息也将拓展自然人感官的边界。

当前，虚拟偶像赛道与二次元、粉丝经济密切相关。二次元虚拟偶像因其相对长的孵化时间、稳固的粉丝基础和成熟的营销手段，使得虚拟偶像群体的粉丝活跃度较高。然而，受众的认知度与关注度尚未被虚拟偶像的智能程度和拟真程度激发，AIGC 和大模型驱动、超写实的虚拟数字人在技术观念的创新扩散方面仍有待突破。

在虚拟数字人企业的核心布局中，B 端应用场景的实现主要集中在形象设计 / 定制与驱动上，以实现虚拟数字人拟人化的“样貌”“表情”和“动作”，但仍停留在单向传播层面。而 AI 交互功能的占比仅为 40%，显示出虚拟数字人智能交互的实现还处于初级阶段，涵盖了知识库、自然语言处理等技术模块，对于技术研发和资金基础较薄弱的公司而言，这样的门槛仍然显得较高。

虚拟数字人目前主要应用在虚拟主播、虚拟偶像、虚拟客服、品牌营销等领域。在 B 端应用的核心目标是精准传递品牌价值、扩大品牌销售市场。虚拟数字人的出现促使传播方式由传统的手机、电视、电脑二维平面呈现，转向虚实结合、扩展现实的 XR 形式呈现。内容的传播形式也从传统图文逐渐丰富到短视频、直播等多元化传播形式，产品类型逐渐丰富，覆盖范围不断扩大。虚拟数字人跨界协作的实现包括与媒体行业、手机制造商、互联网企业等的合作，旨在实现行业生态的重塑。未来，虚拟数字人产品需优化用户体验、具备全新的思维理念，开启媒体融合，实现线上线下一体化以及人类信息交互的“全程、全息、全员、全效”。

虚拟数字人作为品牌的元宇宙触角，正在逐步渗透到虚拟和现实世界的商业领域，虚拟数字人企业以 C 端为主，核心业务以 AI 交互为主（如图 4–3 所示）。品牌正在陆续探索以虚拟 IP 为中心的元宇宙数智营销生态，目前衍生出的模式包括数字藏品的创作与发售、在虚拟空间进行艺术创作、虚拟数字人联动营销、XR 场景呈现等，可总结为“单一场景应用 + 多 IP 联动”或“单一 IP+ 复合技术联动”，旨在提升用户体验、带动品牌价值、实现商业变现。

4.1.3 虚拟生存技术

XR 技术可以通过替换或修改现实世界传递给人的信息来创造沉浸感。在元宇宙的应用中，XR 技术能将丰富多彩的真实世界通过视觉和听觉传递给用户，提升沉浸式体验。然而，当前阶段的 XR 技术应用仍然局限于视听输入和动作指令，并在一定程度上与现有的互联网生态存在隔离。

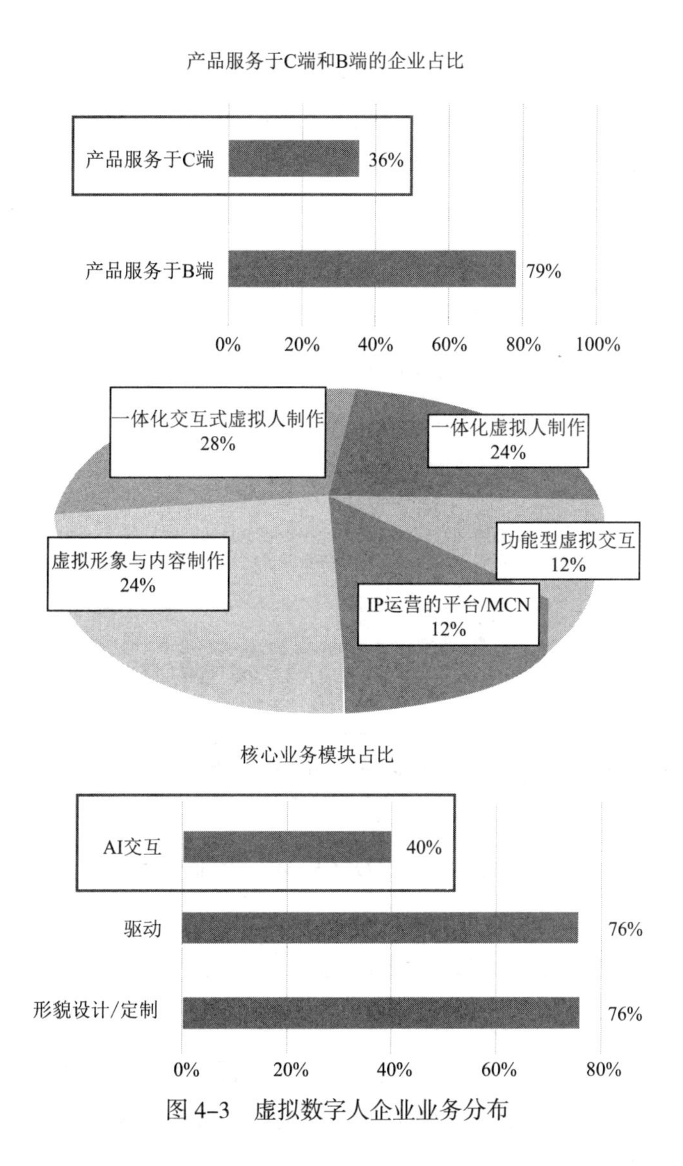

图 4-3 虚拟数字人企业业务分布

借助 AI 技术的进步，特别是 AIGC 和大模型的应用，用户可以利用 AI 替身开启元宇宙社交的新旅程。例如，通过上传一段个人介绍视频，用户可以利用先进的技术，让系统对人物和场景模型进行训练，最终合成新的动作视频。这种技术突破了传统视频技术中对视频内容修改的难题，用户不再需要绿布抠图和真人替身，而可以直接通过 AI 替身完成各种动作。

通信与通信算法技术的更新是决定用户能否接入元宇宙的重要因素。尽管现有的 5G 技术和 Wi-Fi 6 技术已经可以每秒传输数百兆位信息，但相对于元宇宙中的即时信息传递需求，这些技术仍显不足。边缘计算技术成为提升元宇宙通信质量的关键技术之一。然而，目前的边缘计算算法在元宇宙所需的高计算负载需求下的稳定性尚未得到充分验证。

虚拟数字人的形象设计也是虚拟生存技术的重要组成部分。为了让虚拟数字人的形象更加拟真和富有表情，技术需要在骨骼皮肤绑定技术方面取得突破，提高皮肤的真实感，并能够实时精准地配合表情做出皮肤、肌肉、骨骼的运动路径与情绪表达，如图 4–4 所示。

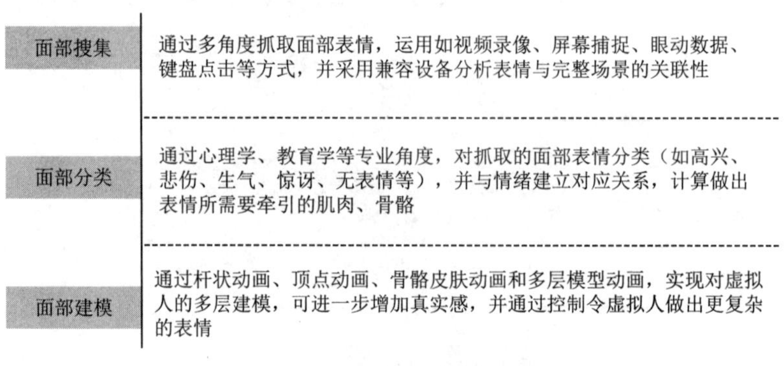

图 4–4　虚拟数字人形貌技术细节

在元宇宙空间中，虚拟数字人的潜能得以释放，通过掌握各类超技能，它们展现出自然人难以企及的运动能力。未来 3 到 5 年内，随着动作捕捉、深度学习和强化学习技术的进一步发展，虚拟数字人的行为骨骼系统将迅速成熟。它们不仅可以学习并执行影视剧中的复杂动作，如佛山无影脚和西游记中的孙悟空动作，而且随着动作和表情的丰富化，虚拟数字人将进一步在真实世界中代替人类工作。

人机融生在元宇宙中得到了新的解释，人们通过智能装备和机器人的融合，实现了与虚拟数字人的无缝交互。通过深度学习和强化学习，虚拟数字人和机器人能够更好地理解和执行人类的指令，实现了人类与机器的高效合作。

在此背景下，数字藏品遭受重大挫折的消息给元宇宙的发展带来了一些警示，提示人们在追求技术创新的同时，也要注意网络安全和虚拟财产的保护。通过持续的技术创新和法律法规的完善，元宇宙将不断向前发展，为人类社会打开新的可能。

通过数字备份和区块链技术，自然人可以将虚拟数字人的数据安全地存储在分布式网络中，实现数字分身的创建。随着虚拟数字人知识大脑的建立和底层算力的提升，以及声音、发色、情绪和配套的习惯动作、生活场景的设定，虚拟数字人将逐渐拥有完善的社会属性。优化其认知系统，使虚拟数字人能够从事物的本源进行思考，不依赖既定知识网，具备较高的分析能力和推理能力，这将使虚拟数字人能够快速学习人类的智慧，提高其智能程度。

虚拟数字人对话面临的技术挑战包括开放域对话和封闭域对话两方面。开放域对话需要提高虚拟数字人的知识库索引能力、增强语义理解能力，并完善多轮生成式对话系统。而封闭域对话则需要提高对话流畅度，并增强对上下文意图的理解能力。优化虚拟数字人的灵魂认知系统，避免 AI 尬聊，是通过培养虚拟数字人 AI 的三种学习模式来实现的：渐进式学习、强化学习和深度学习。其中，AIGC 和大模型在渐进式学习和深度学习方面的应用，使 AI 能够运用数据自主编程，而强化学习则让虚拟数字人与环境不断交互，为虚拟数字人提供了处理复杂问题和模拟人类思维方式的能力。

在元宇宙的框架下，虚拟生存技术不仅仅局限于技术的发展，更关乎于如何以技术为基础，构建一个能够有效模拟现实世界，且具有高度交互性和真实感的虚拟社会体系。这包括了对虚拟空间的设计、虚拟经济的运营、虚拟社会的管理和虚拟法律的制定等多个方面。 对于元宇宙中的虚拟数字人，其社会属性的设定不仅要考虑技术的实现，更要关注其对现实社会的影响和反馈。例如，虚拟数字人的法律地位、虚拟财产的归属和虚拟行为的道德标准等，都是需要在元宇宙社会构建过程中予以考虑的重要问题。同时，随着虚拟数字人智慧的不断增强，其在虚拟世界中的地位和角色也将越来越重要。未来可能会出现虚拟数字人参与虚拟社会的管理和决策，甚至在某些领域超越自然人的情况。

通信技术和边缘计算技术的进步，将为虚拟生存技术提供重要的基础支持。只有解决了信息传输的速度和稳定性问题，以及计算能力的需求，元宇宙才能够成为一个真正意义上的虚拟社会，而不仅仅是一个技术的展示平台。 最后，虚拟生存技术的发展也将对现实社会产生深远的影响。随着虚拟世界和现实世界的交融，人们的社交、生活和工作方式将发生根本性的变化。例如，虚拟办公、虚拟教育和虚拟旅游等，可能会成为未来社会的常态。同时，虚拟世界中的经济活动和社会活动，也将对现实世界的经济结构和社会结构产生重要影响。因此，虚拟生存技术不仅仅是一个技术领域的创新，更是未来社会发展的重要方向。

虚拟生存技术是元宇宙发展的基石，它将通过技术的创新和应用，推动元宇宙从一个虚拟的概念向一个真实的、具有高度交互性和社会属性的虚拟社会体系迈进。同时，它也将为现实社会带来新的挑战和机遇，推动社会进入一个全新的虚拟化时代。

4.2 赛博格身体延伸

赛博格，通常指半机械人，是生物与人造组件融合的产物，受人类控制。初级赛博格化是指植入恢复人体功能的人工器件，例如人工心脏、人工耳蜗等。经过多年应用，这些方案已证明安全并得到公众接受。深度赛博格化涉及将除大脑外的任何器官替换为人造组件，伦理层面仍受广泛质疑。赛博格的大脑能通过外接组件感知并改变现实世界，区别于“缸中之脑”场景。广义赛博格不仅限于人与机械的结合，也包括人与智能设备和工具的“共生”。

元宇宙，基于AR与VR技术构建的扩展宇宙，极大提高了人类社会信息密度，使个体与元宇宙交互的信道容量需求超过人类生物躯体的天然上限。在元宇宙中，人类的感知和决策能力限制了其行为能力，因此技术手段的应用以扩展人类智能的边界成为必然。在此背景下，将由人控制的高仿人机器人视为自然人的假身，在元宇宙中赋予其对应的虚拟数字人身份，构建了新型赛博格的可能。这种结合突破了传统赛博格概念的局限，为人类智能的增强提供了新维度。

自20世纪60年代赛博格概念应运而生以来，虚拟世界的相关技术得到了充分发展。虚拟数字人和为其提供运算支持的物质基础已经极大地增强了人类智能。然而，在高度网络化的元宇宙中，赛博格理论与现实呈现出某种不协调，这意味着需要更新和拓展原有理论。知名赛博格主义者堂娜·哈拉维提出，赛博格的精神在于人与人造物界限的崩塌、精神与物质的相融。通过技术手段改造自然人的生物基础，利用高仿人机器人和虚拟数字人增强人类智能，实现人机融生的行为，便构成了新时代赛博格化的表现。

人机融生的概念已不再仅仅局限于人和智能装备的结合，而是延伸至人和机器人的全面融合。通过 AIGC 和大模型的应用，人类能够更自然地与机器人和智能设备交互，达成更高层次的合作和理解。例如，通过先进的机器学习算法，机器人能理解并执行人类的指令，同时为人类提供实时反馈，创建一个高效的交互环境。这种人机融生的新模式不仅能提高人类的工作效率，还能为人类提供更多未曾想象的可能性，从而在元宇宙中展现出无限的创新空间。

高仿人机器人作为自然人的假身存在，其形态需拟人，以便以自然人的方式感知和行动。目前仿人机器人行走时的姿态控制主要源自对人类双足运动模式的模仿学习，例如波士顿动力等开发者通过采集人类运动时关节角度变化数据来训练仿人机器人的平衡控制。然而，手部活动的模拟更为复杂，尽管现有的多指机械手已展现出良好的灵活性，并能通过处理多个传感器的感知数据做出反应，但其泛用性与人手相比仍有较大差距，且造价颇高。总的来说，自主运行的高仿人机器人技术仍需进一步发展，以满足赛博格化在元宇宙中的应用需求。

在元宇宙的背景下，高仿人机器人与自然人之间的双向信息传递，即控制—反馈机制，成为自然人与机器人融合的核心。当自然人意图控制其假身时，从人的思想到机器人的行动之间的过程需要将人类的意识信息转化为机器人的动作，反之亦然。目前，这种转化过程主要通过非侵入式的脑机接口实现，尽管信息传输速度和信号失真程度仍需优化。我们对于多种感觉信号的编码与解码了解尚不完整，人际的信号模式差异也是待解决的问题。

自然人、虚拟数字人、高仿人机器人的融生，不仅要求虚拟数字人和高仿人机器人以自然人的方式行动，更需要他们以自然人的方式思考。他们应至少能以自然人的方式认知并“理解”自然人的情感，以保证赛博格中的自然人主导意识与其“躯体”之间的交互过程不致在元宇宙中变成机器视角的信息冲刷，使自然人失去理性。例如，IBM 的认知计算平台 Watson 通过深度迁移学习、自然语言处理等技术，已实现了部分人类思考推理过程的模拟，并在机器人（及虚拟数字人）与自然人的认知过程之间构建了翻译的桥梁，也基本实现了基于生理信号的情绪识别。然而，目前尚未有实践展示机器人作为赛博格组件与自然人交互的案例。

在元宇宙中，一位自然人可能仅有一个实时化身，但通过链接多个高仿人机器人假身，可以实时运行多个机器人、自运行虚拟数字人分身。这些假身与化身都是自然人主体控制的赛博格的一部分。通过虚实映射网络，自然人、高仿人机器人和虚拟数字人组成的赛博格增加了自然人用于感知、思考和行动的组件，突破了意识壁垒，使 AI 计算过程与自然人意识融合。这不仅拓展了感知器官与行动执行组件，而且实现了“自身即网络”的分布式思考节点，提高了自然人在元宇宙社会与现实社会的自由度。

目前，人类用于思考的主要器官是大脑皮层，思考过程高度中心化。但随着高仿人机器人能以人的方式感知和行动，自然人不仅拓展了感知与行动执行组件，而且增强了自身智能。这种增强带来的分布式思考节点，实现了“自身即网络”，解决了单一中心智能中枢无法应对多个假身及分身接收的海量信息和同时运行多个线程的问题。群体计算已被证明是高效的计算策略，基于机器人假身和虚拟数字人分身的多智能中枢分级思考模式将成为元宇宙中赛博格化人类的思考常态。与常见的群体智能不同，自然人大脑能实时获知并控制各级节点的思考动态，三身合一的赛博格实际上将大脑外接了多个智能中枢，实现了同一主体下的更复杂、更高效的思考与决策过程。

4.3 离身性与具身性

在元宇宙的背景下，赛博格化不仅极大地拓展了人类的智能边界，同时也对人与机械的安全融合提出了质疑。元宇宙的人类赛博格化让人的定义和概念面临前所未有的挑战。通常来说，对于虚拟数字人存在两种主流观点：一方面，它被视为意识的上传，是人类心灵在实体空间的延续；另一方面，它被认为是人类身体的扩展，使人类的定义超越了生物学意义上的智人。这两种观点分别体现了离身性与具身性的理念，本质上探讨了身心关系的两种不同解读。

离身性源于身心二元论，强调心灵与肉体为独立实体，它们之间的交互非常有限。而具身性则关注认知活动的生理基础，认为心理状态与身体状态是相互表征的。具体来说，具身性重视在认知活动中感受器官的角色和生理及物理基础的重要性。如果接受认知活动是具身的观点，那么不同的身体结构将导致不同的认知活动，这在本质上否定了通过虚拟数字人上传人类意识的可能性。

在赛博格化的过程中，人与智能装备、人与机器人的融合成为不可忽视的部分。通过先进的 AIGC 技术和大模型，我们可以更好地理解和利用人机融合的可能性。例如，智能装备可以实时监测和反馈人的生理状态，而机器人则可以通过高级的人机交互技术，成为人的延伸。在实体空间中，人与机器人、智能装备的融合不仅仅是技术层面的合作，更是心灵与身体、数据与实体的深度结合。

通过大模型的深度学习，我们能够更好地理解人的意识和行为，从而实现更为自然的人机交互。同时，AIGC 技术也为人与机器的融合提供了强有力的技术支持，使得人机融生不仅仅停留在理论层面，而是真正实现了在实体空间中的应用。

数字藏品遇到的挫折也为我们提供了宝贵的经验，让我们认识到在赛博格化的过程中，必须充分考虑人的生理和心理需求，以确保人机融生的健康发展。这也让我们更加明白，赛博格化不仅仅是技术的革新，更是对人类传统认知和社会文化的深刻挑战。在未来的发展中，我们必须从多维度、多层次去思考和探索赛博格化的可能性和挑战，以期在人机融生的道路上走得更稳、更远。

在元宇宙中，自然人、高仿人机器人和虚拟数字人的连接构成了赛博格的“三人行”。在这个实体空间里，虚拟数字人的数据特质可复制但不唯一，而自然人的物理特质则是唯一且不可分割的。虚拟数字人和高仿人机器人的仿人工智能可直接从实体空间获取和处理信息，其中 AIGC 和大模型的运用大大提高了信息处理的效率和准确性。化身和分身拥有介导心灵与元宇宙间交互的能力。虚拟数字人能直接吸取元宇宙的信息，无需通过感官介入。他们的行动主要是通过实现化的人类意识或数据对其他数据产生影响。当自然人身体衰竭时，化身和分身能继承消亡自然人的知识、情感和认知逻辑，成为自然人永生的载体。

身体不再是人类存在的基础，实体的代表取代了物质的身体，也在人际交流中挑战了人类的主体性。因此，元宇宙中的赛博格淡化了人类物理身体的重要性。以上讨论展现了赛博格化的可能性和结果，涵盖了实体与实体的关系，人类身体与意识的作用，以及人类主体性的挑战等方面。

赛博格化的发展趋势揭示了，随着科技进步和人类对实体空间依赖的加深，人类可能逐渐减少对物质身体的依赖，而将意识和知识转移到实体空间的化身和分身上。这种转变不仅标志着技术和物质的进步，更代表着人类意识和文明的转变。

这种转型带来的问题和挑战丰富而多维。首先，实体空间的化身和分身仅为数据的呈现，缺乏物质实体，可能导致意识和知识的表达缺乏真实性和完整性。其次，身体和意识的关系复杂深刻，人类身体的感官和反应机制构成了人类认知和情感的基础，身体的消失可能削弱了人类认知和情感的表达和交流。最后，实体空间的化身和分身可能会挑战人类主体性，个体的存在不再依赖于物质身体的存在，可能影响人类社会和文化的发展和变迁。

因此，需要深入思考赛博格化的发展趋势，探索如何将实体空间和物质身体相结合，以及如何保障人类意识和知识的真实和完整表达，同时还需保护人类主体性和人类社会文化的多样性。不仅要重视认知活动的具身性，也要充分认识到生理基础在认知活动中的重要性。

人类的认知活动深植于整个有机体，整个有机体进行的物理活动所产生的经验构成了认知的基础。例如，对光强的主观感受基于有机体自身感光器官的构造与活动，而这一主观感受明确地影响了个体的态度、情绪及知觉。有机体的生化变化和物理活动与个体的心理变化紧密关联，不可分割。每个意识层面的活动都与身体本身在生理层面上的物质性活动相对应。

从离身的视角看，元宇宙中自然人的意识计算化面临着极大的困难。但将自然人、机器假身与虚拟数字人化身（或分身）视为赛博格后，元宇宙中的人类形态截然不同。“三身合一”的赛博格是元宇宙中人类意识不可分割的一部分，对于情感和认知的模拟不仅仅是利用数据模拟意识。在赛博格中流动的信息是技术的产物，元宇宙改变了自然人赖以生存的纯现实世界环境，利用技术拓展了自然人的感官，为原有的生理器官添加了更多的机械组件甚至是植根于实体世界的技术组件。

为了更全面地探讨人机融生，我们将人与智能装备、人与机器人的融合结合进行讨论。在人与智能装备的融合中，技术不仅仅作为辅助工具，更是作为人的延伸，与人的身体和意识形成紧密的连接。例如，智能眼镜、智能手表等可以实时监测人的生理指标，并提供实时反馈，帮助人们更好地理解自身的健康状况。同时，这些智能装备还能为人提供丰富的信息和交互方式，丰富人的感官体验。

在人与机器人的融合中，机器人不只是人的助手，还是人的合作伙伴。通过先进的人机交互技术和仿人机器人技术，人与机器人能够实现深度的协作和交流。例如，通过 VR 技术，人可以与机器人实现实时交互，共同完成任务。同时，机器人也能学习人的行为和意图，更好地配合人的工作。

通过上述的探讨，我们可以看到，人机融生是一个多维度、多层次的问题，涉及人与技术的紧密结合，以及人的身体、意识和社会文化的变革。在未来，人机融生可能会为人类社会带来深刻的影响，同时也为人类的发展提供了新的可能和思考方向。

人的物质性并未被削弱，但人的身体随所处环境被彻底地改变了。基于具身认知理论，人类基于情境的认知过程也将发生转变。人脑神经元之间短暂的耦合将全身神经系统传递的多种多类型信号整合为明确的感受反馈。而这一过程在多计算节点网络式赛博格中的机制仍然不甚明确。尽管在这一过程中，人类的概念变得模糊，人与机器的界限不再清晰可辨，但人的意识在其中的主导地位得到体现。不管人的定义为何，人的思想并非仅仅是生理信息，更不可能仅仅是虚拟网络中的数据信息。对这些信息的模拟也不能模拟出一个人的意识。尽管如此，高仿人机器人和虚拟数字人对于人类形体、运动模式及最重要的思维活动模式的模仿意义重大。这一重要性不仅体现在用户操控便利程度与人机融合程度上，还体现在从内到外尽可能仿人的赛博格化身体对于自然人认知的影响上。拟人的身体使赛博格身体之上人类意识最大限度贴合自然人意识，减少了潜在的社会分歧。更进一步，如果将认知视作具身过程，其起点是个体的能力范围而非想象极限——处于身体能力范围内的交互方式才是可认知的经验。而前面已经说明了元宇宙的实体特质和赛博格化融合，将把个体的能力范围扩展到前所未有的广度。这意味着元宇宙中个体的认知也将空前复杂。源于个体的结论可以被推广到社会层面。元宇宙的具身性特质意味着，实体世界中自由的环境与虚拟数字人自由的属性，将催生出与现有的人类认知框架及秩序全然不同的元宇宙社会。

在元宇宙交互模式的蔓延下，用户在现有的虚拟空间中的缺席被弥补，而非天然的操作方式也将被元宇宙中人类天然的操作方式所替代。这样的具身交互对于认知的重塑更为剧烈，也意味着用户体验到的补偿效应将更为显著，这无疑会放大虚拟空间天然的成瘾性风险。

面对未来虚拟数字人的出现，人类可能会经历三重焦虑：真身焦虑、分身焦虑和失衡焦虑。

真身焦虑：自然人受限于时空，面对信息和关系的过载，越来越多的人感受到社交恐惧的压力。

分身焦虑：虚拟数字人可能会产生拟人程度不足、同人智能不够引发的“恐怖谷”效应，不同分身身份也可能产生社交关系焦虑叠加重合的问题。

失衡焦虑：低维时空大幅吸引高维时空之人的时间、精力和资本，可能导致社会层面的真实世界崩溃。

虚拟数字人作为自然人的重要化身，所提供的“在场”拟真感已经脱离了以身体价值为导向的古典和近代本体论的探讨范畴。虚拟数字人未来可能具备感知属性，但缺乏物理实体，这种现象挑战了哲学家朱利安·奥夫鲁瓦·德·拉美特利（Julien Offroy De La Mettrie）关于“哲学身体”的思想。人类对 AI 的看法将会经历从“无生命体、有生命体、有人性、伙伴、导师、统治者至神”的演变。当 AI 虚拟数字人的能力超越自然人后，基础生产任务可能由其完成。结合皮亚杰的认知发展阶段理论，可以提出虚拟数字人认知发展的五个阶段（如图 4-5 所示）。随着人们逐渐卸下物质生活的负担，他们可能会更容易沉浸于虚拟世界中。虚拟数字人带来的三重焦虑在一定程度上可能会加重人类逃避现实的趋势，而这一变化或将为现实世界带来前所未有的挑战和反思。

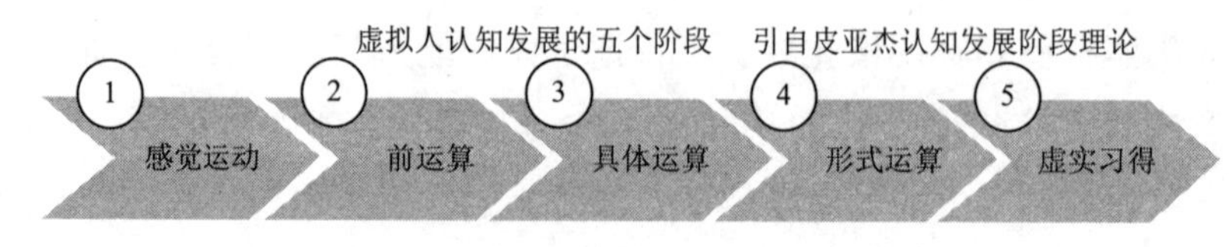

图 4-5　虚拟数字人认知发展的五阶段

在这种背景下，元宇宙的人机融生性不仅仅是技术和虚拟现实的问题，更是一个深刻的社会和文化问题。它要求我们不光从技术和经济的层面去思考虚拟数字人和元宇宙，而且需要从更宽广的社会文化和哲学的层面来深入理解和探讨这个新兴现象的多重维度和深远影响。元宇宙的人机融生性展现了这种复杂交织的虚实边界和人机关系，它促使我们重新审视人类在虚拟和现实世界中的存在和价值，以及未来的可能演变路径。

4.4　外熵的拓展

外熵是一个探讨系统有序性的独特概念，它指的是系统输出熵大于输入熵的现象，显现了系统内在的有序结构。虽然给外熵一个明确清晰的定义并不简单，它通常用于描述某个系统在变化过程中的状态。这是因为只有在发生变化的系统中，能量和信息的交换才会发生，而有序性的概念只在多个互相作用的组件构成的系统内才具有意义。有序性不是主观的判断，而是宏观尺度上对系统复杂程度的量化。在固定条件下，可能存在的微观状态越少，系统的有序性就越高。

在元宇宙的背景下，外熵的概念得到了新的解释与拓展。外熵与元宇宙中的信息流动和结构有序性密切相关。元宇宙不仅仅是虚拟的，它是现实世界的延伸，通过 AIGC 和 UGC 的融合，为用户提供了丰富多样的信息与交互体验。

对于一组不断随机翻动的硬币，某一时刻正面朝上的硬币数量是宏观状态的描述，而具体哪些硬币正面朝上则是微观状态的描述。从宏观视角看，第一个硬币和最后一个硬币翻到正面是相同的，但从微观视角看，它们代表了两种不同的微观状态。这显示了在同一宏观条件下，多种微观状态的存在是可能的。因此，有序的条件一定是不均匀的条件，因为越均匀的宏观状态对应的微观可能性越多。

外熵是不确定性和随机性的反向概念。在给定条件下不确定的程度越高，则这一条件下可能存在的微观状态越多。不确定性来源于属性描述的缺失，即信息量的不足。因此，系统内的信息量与其有序程度成正比。换言之，信息密度越高，外熵越高。但这种描述相对粗糙，因为信息密度的提高并不总是导致有序性的提高。通过信息流这一非物质的过程，外熵对变化过程的描述变得更为具体，外熵值与信息流强度和能量密度高度正相关。

在元宇宙的框架下，外熵拓展了我们对于生命、信息和宇宙的基本法则的理解。通过深入理解外熵和它对现实世界的影响，可以更好地理解生命的本质和宇宙的奥秘。

在元宇宙中，外熵的概念可以帮助我们理解数字藏品的价值，以及它们如何通过 AIGC 和 UGC 的交互，形成有序的价值网络。

在探讨外熵的拓展时，我们不仅仅是在讨论物质和能量的流动，更是在讨论生命、信息和宇宙的基本法则。通过深入理解外熵和它对现实世界的影响，可以更好地理解生命的本质和宇宙的奥秘。同时，对于每个板块的核心问题的深入理解，使得我们能够更准确地探索外熵在元宇宙中的具体应用和意义。

在未来的探索中，借助最新的数据和动态，我们将能够更加准确地理解外熵的内涵和应用，为元宇宙的发展提供有力的理论支撑。

4.5 人的机器化与机器的人化

在元宇宙的舞台上，人与机器的边界逐渐消失，他们数千年的合作终究演化为人机融生的形态。这一过程并非直线进展，而是在人与机器的相互塑造中蜿蜒前行，是在人的逐渐机器化与机器的逐渐人化的双重旋涡中走向和谐共融。

人的机器化进程源于人类利用工具增强能力和机器对人类的改造的双向作用。人类文明的进步主要通过技术创新、工具升级和思想传承实现，而非人类自身的生物学进化。在这个过程中，AIGC 工具为人类提供了丰富的信息与知识，使得人类能够在元宇宙中以更高的效率和更广泛的方式进行交互与创新。

元宇宙并非虚拟领域，它是一个多维度、多层次的现实延伸，其核心问题是如何在人机融生的过程中保持人的自主性与多样性，避免过度机器化导致人性的丧失。

如同流水线和大型工厂的诞生，机器化的进程将人从繁重的劳动中解放出来，但同时也带来了人的异化问题。在以机器为中心的生产活动中，人的自主性和创造力受到了限制。

机器的人化则是另外一个维度的探索，它主要体现在机器开始具备类人的认知、情感甚至创造力。通过深度学习和强化学习，机器能够在元宇宙中实现自主学习和创新，为人机融生提供了可能。而在中国的中心化下的去中心化与美国的去中心化的中心化的不同模式中，我们看到了不同文化和社会背景下对人机融生的不同理解和实践。

在元宇宙这个全新的数字领域，人的机器化和机器的人化存在着无限可能。通过高仿人机器人和孪生虚拟数字人的创新，人机融生不再是遥不可及的未来，而是逐渐成为现实。在这一过程中，技术的推动与人类社会的需求相互影响，推动着人机融生的进程向前发展。元宇宙为人机融生提供了一个无限的实验场，使得人类和机器能在一个共享的、灵活的、可定制的环境中相互交互、学习和进化。在这个过程中，机器在学习模拟人的行为、情感和认知，人类也开始通过机器拓展自我，实现超越生物限制的可能。

这种相互影响和相互塑造的过程，既是技术的快速发展与飞速迭代，更是人类对于自我、对于生命和存在的新理解。在面对未来的人机融生时代，我们需要更为深刻地理解和把握人的机器化与机器的人化的双向影响，以确保人机和谐共融、共同进化的美好未来。

在探索人机融生的未来时，我们也需要关注最新的数据和动态，以保持对这个快速发展领域的准确理解和判断。

在元宇宙的维度中，虚拟数字人化身、机器人假身及对应分身的人化程度远超其他机器。这主要因为这些机器作为赛博格化人类的一部分，其智能很大程度上源自真实的自然人，而在这个过程中，AIGC 与 UGC 的交融为这种智能赋予了丰富的可能性。这些机器的形态与自身智能拟人化也是元宇宙中人机融生的重要条件之一，它打破了传统的人机交互界限，为人机协同创造了全新的场景（如图 4–6 所示）。

图 4-6　超写实虚拟数字人、高仿机器人与自然人

元宇宙不仅仅是一个虚拟的领域，它是一个多维度、多层次的现实延伸，人机融生不仅仅是技术的探索，更是对未来、对自身、对存在意义的探讨和思考。人机融生的未来充满了未知和可能，它可能会重塑我们对人类、机器甚至是生命和存在的理解。在这一进程中，人类文明、道德和哲学思考的逐渐深化将共同推动人机融生走向一个全新的未来阶段。在这个未来阶段中，人类和机器将不再是完全独立的个体，而是在相互影响、相互学习和相互进化中，共同探索未知的可能，打开未来的新篇章。

机器的人化与人的机器化是一个双向的过程，它们相辅相成，共同避开了人的机器化过程中可能陷入的具身性非人化的陷阱。机器的人化不仅基于设计者有意的仿人倾向，同时也源自人类主体对机器的凝视与期待。有意识的仿人设计助推了人类对机器的拟人化认知，而人对机器的拟人化期待反过来也加强了机器设计中的仿人倾向。受元宇宙“三身合一”状态的基本需求驱动，对元宇宙中机器的仿人需求，包括仿人机器人与虚拟数字人，显得极为重要。然而，“恐怖谷效应”的存在提示我们，在机器的人化过程中需要寻找一个平衡点，避免过度模拟人类导致人的反感和恐惧。

人机融生的核心问题之一是如何保持人的自主性、个性和多样性，在机器化的过程中不失去人的本质。例如，人和智能装备、人和机器人的融合应注重人的主体地位，确保技术的发展服从于人的需求而非反过来主宰人的生活。

在元宇宙的延伸空间里，机器的人化程度逐渐攀升，揭示出新主体的诞生可能性。高度仿人的机器人和虚拟数字人的出现，勾勒出一种可能的未来，那里，人类个体可能会经历分裂，或者全新的自我意识可能会浮现。这些新主体的道德准则和自我认知的不确定性，对人工智能伦理形成重大挑战。这种情境不仅成为许多艺术作品的重要母题，更是对未来人机交互的深刻反思。诸如《黑客帝国》中的矩阵人工智能与史密斯的形象，反映了人们对机器人化失控后果的担忧。因此，对高仿人机器人和虚拟数字人的全自主交互模式，应实施严格的监控和限制。

人形机器人的能力体现在多个系统上，包括行走系统、手部系统、大脑系统和表情系统。行走系统面临着保持平衡与高效能量转换的挑战，尤其在高速行走时保持稳定性是机器人研究者长期探索的课题。手部系统的成熟需要能模拟人手的极限运动，如“转笔”运动。大脑系统是机器人的运算核心，集成了高性能伺服驱动器、控制软件系统、运动控制算法、视觉算法、SLAM 自主导航定位算法和多语种语音交互等功能，是机器人智能的象征。表情系统要求机器人能够模拟人的多种表情，为人与机器人的交流提供丰富的非言语信息。

目前的双足机器人主要围绕“位控”和“力控”两类控制模式发展。深度学习 / 强化学习与传统机器人技术的结合，以及无人驾驶汽车中的感知系统与机器人的相关系统之间的深度同一性，展示了技术的交叉融合。而“百万步防摔倒”标准则成为保障机器人稳定性和安全性的重要指标。外部骨骼的应用，不仅能减轻人的负重，提高生产率，还能通过与人的协同，拓宽人的承重和操作范围（如表 4–1 所示）。

表 4–1　主从机器人、机甲战士和阿凡达

	操控主体	操控距离	动作归属	优秀案例
主从机器人	控制主体、AI	远距离	学习模仿，1 : 1 复刻人类行为	主从控制手术机器人
机甲战士	进入战甲的自然人、AI	零距离自然人体进入战甲	人工 + AI 操控模仿人类	北京环球影城“威震天”
阿凡达	自然人意识的附着	近距离意识转移机的范围内	学习模仿人类自我反思总结	拆弹勇士、飞行武士、水下清道夫

国内人形机器人产业链包括上游核心软硬件、中游人形机器人本体制造、下游商业应用和销售。在中国，上游核心软硬件市场的占有率正在逐步提升，新型人形机器人产品开始在教育、医疗、工业、家庭服务等领域得到应用（如图 4–7 所示）。

公司	美国波士顿动力	美国特斯拉	美国Agility Robotics	优必选	中国小米	中国EX机器人	中国清芸	日本软银	美国Engineered Arts	戴森机器人	汉王科技机器人
	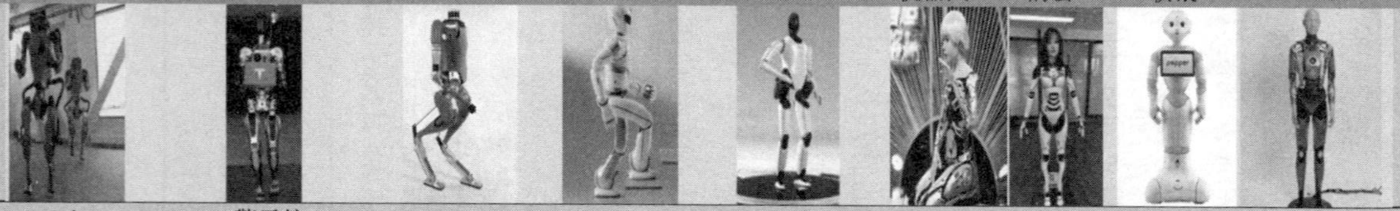										
名字	Atlas	擎天柱	Digit	Walker X	CyberOne	蒋来来	清心	pepper	Ameca		
发布时间	2013年—至今	2022年	2019年		2022年	2018年		2015年	2021年		
身高	150 cm	172 cm		130 cm	177 cm		168 cm	120 cm	187 cm	将在10年内推出可以做家务的人形机器人	
体重		56 kg		63 kg	52 kg			29 kg	49 kg		计划2025年推出服务商业机器人原型机
自由度		40		41	21			20	51		
最高时速		8 km/h		3 km/h				2 km/h			
最大负荷		68 kg		单臂1.5 kg 全身10 kg							
类型	超越人	目标替代人 实际服务人	服务人	服务人	服务人	服务人	服务人	服务人	偏服务人	服务人	服务人为主
应用场景	未商业化	代替人类从事“危险、重复、无聊”的工作	物流服务、工作为主	家庭服务 科技展览		科技展览	迎宾/展览/服务员	医疗、旅游、餐饮	人机交流	家务劳动	业务处理 风控管理 仿翼机器鸟
特点	自主规划路径，通过TOF深度传感器构建“3D地图”液压驱动，可以平衡木、跳高，可以左右脚交替三连跳40 cm台阶	基于特斯拉AI技术	用传感器进行半自动导航，手臂可以搬动18 kg的箱子，表情形象逼真	U-SLAM视觉导航，内置28+情绪体系，AloT物联网	能够实现85种环境音识别，45种人类情绪识别，2D显示屏幕，双麦克风视音，MiSense空间视觉，AI交互相机		100多种动作，22种情绪，皮肤带有体温	两个扬声器 四个麦克风 2个2D摄像头 1个3D摄像头	面部表情丰富 云控制，实时对话 可用Virtual Robot与Python改造		

图 4-7　国内外著名机器人情况概览（来源：元宇宙报告 3.0）

除了机器人云脑系统，骨架技术是确保人形机器人能够移动的关键。模块化的设计思路、低密度高强度的材料，如钛合金和碳纤维的应用，以及复合关节模块的创新，使得机器人的运动更为流畅自然，同时也满足了外观和性能的需求。整机结构的设计着重于减小质量、提高续航能力和负载能力，以满足更多应用场景的需求。机器人外壳和关节处的设计，旨在提高机器人的防护性和机械可靠性，确保机器人在复杂环境中的稳定运行。这种设计理念不仅展现了机器人技术的进步，更是对未来人机协同、人机融生的深刻展望，如图 4–8 所示。

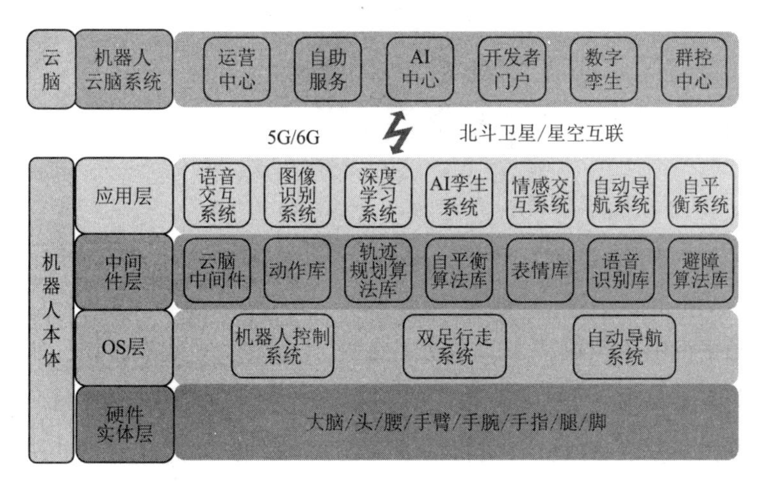

图 4–8 机器人本体及云脑系统架构示意图

为了更全面地阐述人机融生，我们可以进一步探讨人与智能装备、人与机器人的融合。例如，智能外骨骼的应用，不仅能提高个人的生产效率，同时通过与人的协同，拓宽了人的承重和操作范围。在未来，我们可以期待更多的智能装备和机器人技术的应用，促进人机的更加紧密的融合，为人类社会带来更多可能性和机遇。

4.6 三元引擎

在元宇宙的世界构造中，所谓的“三元一体”引擎呈现了一个激动人心的可能，即在外貌、交互、行为和认知层面，自然人、虚拟数字人和机器人可以实现一种前所未有的一体化存在。以某位名人为例，在离世前，他 / 她可以通过这个独特的引擎，将自己在世时的动作习惯、语音和思想独特性复制并传递给相应的虚拟数字人和机器人，从而实现自然人、虚拟数字人和机器人之间的“三元一体”（如图 4–9）。这种一体化存在的实现，将有助于元宇宙中的交互体验和社交连接的深化。

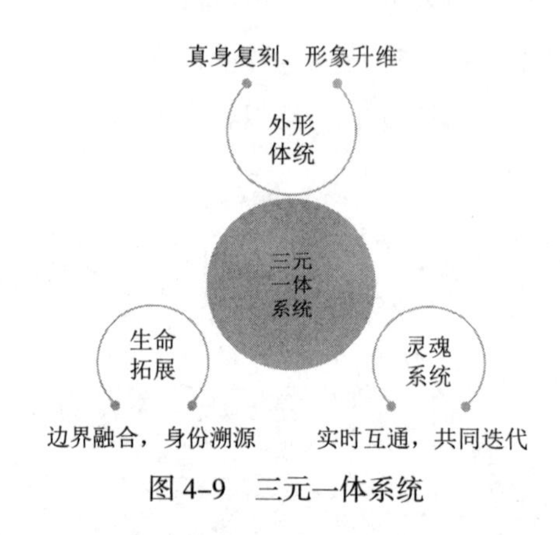

图 4–9　三元一体系统

当下元宇宙中虚拟数字人的驱动主要由 AI 驱动、穿戴设备惯性驱动以及纯摄像头视觉驱动构成。这些驱动模式的技术基础分别是形貌表情系统、骨骼行为系统和灵魂认知系统，其核心逻辑都围绕着 AI 展开。通过在外形共用、交互共通、行为同一和认知共享这四个层次上的深度融合，实现了“三人无缝交流”的理念。

IP 元宇宙的三元活态具有抽象的本质，旨在通过形象作为载体实现连接。品牌运用虚拟 IP 进行营销，目的是提升曝光度，利用元宇宙卡位作为省力的战略举措。营销的形式也从纯静态，演变为人身、虚拟身和机器身三身融合的动态方式。AI 的持续发展是 IP 元宇宙持续运作的基础，缺乏智能交互，IP 也难以为用户提供良好的体验。为确保用户体验的优化，强化 AIGC 和大模型的应用是必要的，如图 4–10 所示。

为了创造出具有独特人设的爆款元宇宙 IP，需要从外形人设、场景道具和故事策划等多方面入手，形成个性化的记忆点，这样可以帮助读者更容易识别、理解和感受到 IP 的特点。

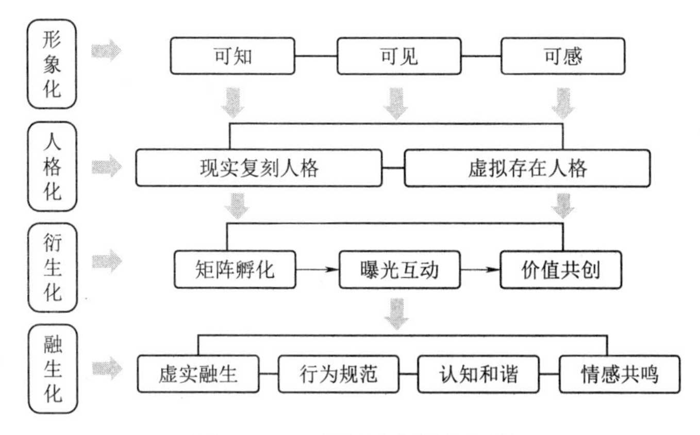

图 4-10　IP 元宇宙的赋生路径

智能化的进程依赖于 AI 的升级和进化，以实现人格智能化。人格的形成方式主要包括原生情景叙事和次生参与叙事，人格类型则包括现实复刻人格和虚拟存在人格，而实现人格智能化的路径则涵盖个体数据海量学习和全量特征数据 AI 学习。

衍生化的核心在于衍生效应与矩阵关联迭代，通过矩阵孵化、消费者属性分析和品牌调性定位人设，进一步推动 IP 与消费者的多场景互动，培养品牌忠诚度。进而在价值共创的过程中，形成品牌文化和消费者认同感的统一价值圈层，催生品牌文化创新的扩散。

共生化为处理虚实空间中断裂分层的运行逻辑提供了解决方案。融生统一的理念包括行为规范、认知和谐和情感共鸣，反映了赋生 IP 由浅入深的开发难度与升级层次。融生化的路径包括由虚到实、由实到虚的探索，为将虚拟世界与现实世界的元素融为一体提供了方向，以期在元宇宙的无限可能中，探索出更为丰富、多元和人性化的共生存在形态。在人机融生方面，不仅仅包括人与智能装备的融合，还包括人与机器人的融合，这种融合在技术和伦理层面都呈现出新的挑战和可能，值得深入探讨。

4.7　人机伦理与人机传播

人机传播展现为一种以人与机器交流为核心轴线的传播过程，它突显了双向互动、对话与社会性的特征。在此交流过程中，人机伦理成为不可或缺的道德基准，主要探讨人与机器间的关系以及如何妥善处理这些关系的准则（如图 4–11 所示）。

1942年，美国科幻作家艾萨克阿西莫夫提出机器人三大定律

1950年，德沃尔与美国发明家约瑟夫英格伯格联手制造出第一台工业用机器人

2005年，日本发生了世界上第一起机器人杀人事件。1985年，前苏联国际象棋冠军古德柯夫同机器人棋手下棋

2005年，欧洲机器人研究网络设立“机器人伦理学研究室”

2007年，韩国通过立法出台了“机器人宪章”；日本千叶大学制定“千叶大学机器人宪章”

2014年，第一届“机器人的伦理、社会、人道主义和生态”机器人伦理国际论坛上主办正式采用了机器人伦理的概念

2016年，微软公司的人工智能聊天机器人Tay上线。在和网民的聊天中被“教坏”，上线不到一天，被紧急下线

2018年，欧盟人工智能高级专家组发布全球首个专门针对伦理的规则范本《可信人工智能伦理指南草案》

2020年，我国发布《新一代人工智能治理原则——发展负责的人工智能》，提出了人工智能治理需遵循的8条原则

2022年，世界人工智能大会上，阿里巴巴集团宣布成立科技伦理治理委员会

图 4–11　人机伦理的发展脉络

人机伦理包括了多学科文化的交融和意识的碰撞，具有一定的研究和应用价值。通过在人机伦理方面的探索和尝试，人类能在科技、伦理和自身观念上取得重要进步，从而助力经济转型发展和行业进步。人机伦理研究能为行业提供有效的伦理规范和保障，推动 AI 技术的进展和行业的发展。在元宇宙的新时代背景下，人机交流的模式和伦理问题显得尤为重要。

安全保障和用户体验的提升是人机伦理研究的重要方面。它为用户与智能机器人的相处提供了实用的方式和方法，确保用户利益得到充分保障，从而推动人与人工智能的协同发展。

在人机传播模式下，人机伦理的研究经历了三个重要阶段的变化（如图 4–12 所示），从完全由人主导的初级阶段，发展到以人为主体意识、机器为准意识的中间阶段，再进一步发展到人与机器均作为意识主体、阶层相同的高级阶段。这一变化不仅仅是技术的发展，也是伦理认知的进步。

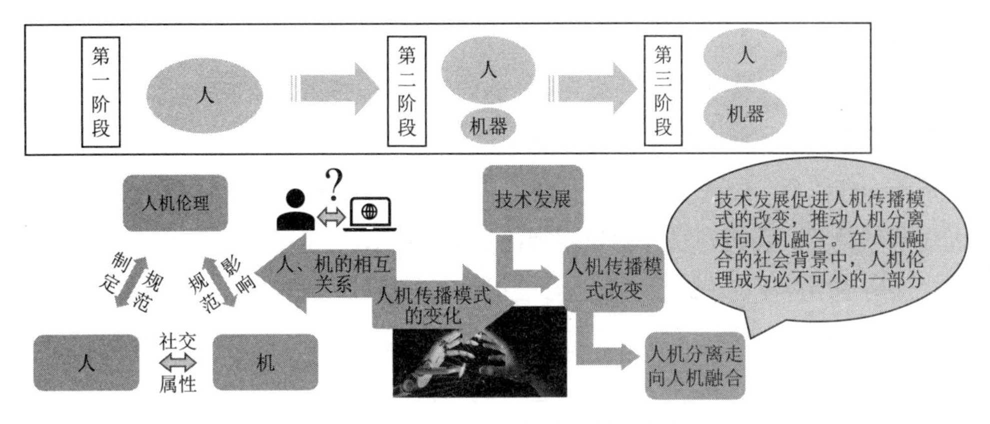

图 4–12　人机伦理与人机传播的内在逻辑

人机伦理与人机传播的产生背景主要由四大要素构成：技术推动、经济驱动、文化学科碰撞和社会现实需求。在技术的推动下，机器人能模仿人类的传播行为，模拟人类的语言，甚至参与游戏博弈和政治活动。经济的发展为智能机器人产业的成长提供了坚实的物质基础。文化和学科的碰撞促进了人机伦理意识领域的发展，同时，社会现实需求也使得人机伦理具有非凡的探究意义（如图 4–13 所示）。

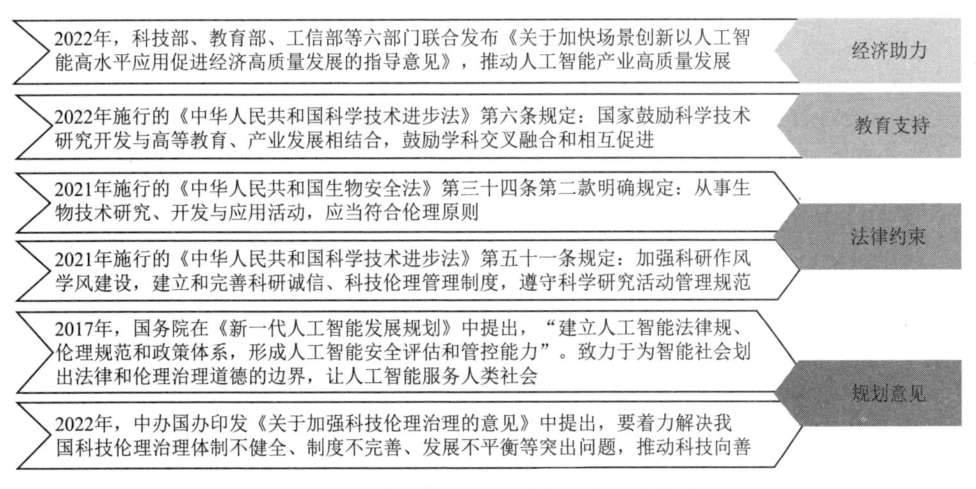

图 4–13　人机伦理的政策基础和法律依据

展望未来，人机伦理的发展对社会进步具有积极的推动作用。首先，它为人机传播和智能机器人产业提供了全新的伦理规范，有助于扩大行业规模，促进行业的健康、可持续发展。其次，它支撑了智能机器人在多个应用场景中的全方位覆盖，如政务、历史、军事、航天、文化、教育、科普、艺术、工业、农业、医疗和体育等。再次，它为用户与智能机器人的交流和使用带来了全方位的优化，提高了用户体验。最后，它为社会提供了相应的就业岗位和社会便利，助力相关行业的进步，推动了学术研究的深入发展。在人机伦理的探索和实践中，我们看到了科技与道德的完美融合，也看到了人类与智能机器人和谐共生的美好未来。

第 5 章

元宇宙的经济增值性

2020 年,《中共中央 国务院关于构建更加完善的要素市场化配置体制机制的意见》将数据列为新型生产要素，并提出数据要素市场化的战略方针，这标志着数字经济的崛起已成不可阻挡的趋势。在数字经济中，元宇宙经济作为其中最具代表性的领域，显现出极大的创新潜力和颠覆性力量。元宇宙被视为数字经济的重要新篇章，汇聚了大数据、区块链、云计算、5G、物联网、VR、AR、AI 等前沿数字技术，被预见为第三代互联网的主要演化形态。国内外的互联网巨头纷纷加大投资力度，计划进军元宇宙领域，如扎克伯格表示将在 5 年内将脸书转型为元宇宙公司，而腾讯也自信地宣称拥有强大的元宇宙技术开发和研究实力。

然而，随着元宇宙概念的火爆，市场上也出现了众多自称是元宇宙公司的企业，这引发了对于元宇宙概念的质疑。《经济日报》明智地提醒，我们不应盲目炒作“元宇宙”概念股，而应着眼于元宇宙行业的可持续成长性和潜力。判断元宇宙行业的前景要看应用终端的广泛普及程度，以及虚拟世界与现实世界之间的联系是否能够稳固建立。此外，元宇宙还需要拥有真实的内容构建和实际应用场景，这是元宇宙商业化成功的重要前提。

综上所述，可以明显看出，目前元宇宙产业尚处于初级发展阶段，因此深入探讨其经济逻辑和运行规则至关重要，这是实现元宇宙产业化的关键所在。

5.1 元宇宙经济的概念与特征

关于元宇宙经济的定义，学界观点不一。朱嘉明认为，元宇宙经济是数字经济、观念经济和虚拟经济的集合体。在元宇宙经济中，生产要素是知识、思想、观念以及信息、技术创新、资本和劳动。赵国栋等则从宏观角度将元宇宙经济定义为在数字世界中的全部经济活动。但是，现有文献对于元宇宙经济发展逻辑的研究还非常缺乏。相关研究主要集中在游戏经济和虚拟经济领域，很少涉及元宇宙经济发展的整体逻辑。这是学术界亟待深入探讨的问题。总体来看，元宇宙经济作为一个新兴的经济形态，其内涵和发展逻辑还有待进一步厘清。这需要学界从多角度开展系统性、全面的研究，才能对元宇宙经济形势形成清晰和准确的认识。这对引导元宇宙经济健康有序发展也具有重要意义。

区块链游戏作为一种新兴的经济形式，与传统游戏相比具有独特性。它融合了虚拟资产的属性和区块链技术的优势，实现了虚实世界的高度融合，为未来元宇宙经济的发展提供了有益的借鉴。一方面，一些大型区块链游戏已经初步呈现出元宇宙经济的雏形。这些游戏通过区块链技术建立起较为完整的经济系统，用户可以在游戏内进行资产交换、消费等经济活动。另一方面，从本质上看，元宇宙经济与虚拟经济系统在许多方面存在相似性。事实上，元宇宙经济的价值体系同样建立在心理效用之上，这种心理效用源自用户的情感需求和价值认同，能够满足人们在地位、归属感和财富等方面的需求。与纯虚拟经济不同，元宇宙经济强调社交、创作、协作、虚实融合和去中心化，具有更丰富的内涵。综合来看，元宇宙经济是一个互动的价值体系，需要关注不同主体的特征、主体间关系、主体与环境的互动等方面。现有研究较多从宏观经济学和政治经济学角度对元宇宙经济进行分析，而从微观行为角度研究元宇宙经济的文献还较少。因此，从个体出发系统研究元宇宙经济的发展逻辑和机制，并分析其对现实社会的影响，是当前的一个研究方向和缺口。这对于引导我国元宇宙经济健康发展，实现虚实世界融合都具有重要意义。

在工业社会经济学研究中，边际成本递增是一条基本规律。随着工业化程度的提升，需要源源不断地投入要素成本和固定成本。而这些固定成本往往数额巨大，是导致边际成本递增的根本原因。工业社会经济体系建立在高投入、高消耗的发展路径之上，大量物质资源的消耗导致了边际成本不可避免地递增。相比之下，作为数字经济重要组成部分的元宇宙经济，具备数字特征的低成本可扩展性。随着元宇宙经济规模的不断扩大，其边际成本不会增加，反而会降低。这是因为，元宇宙经济的生产过程更多是利用创意将数据转化为信息和知识，从而形成稀缺且能满足用户情感需求的产品或服务。值得注意的是，元宇宙经济颠覆了工业经济中的稀缺性概念——在物质相对充裕的环境下，供给方能够提供直接契合用户情感需求的稀缺性产品或服务。稀缺性在元宇宙经济中发挥着重要作用。绝对稀缺性来源于构建元宇宙所需的基础设施和核心技术目前还不够成熟。具体来说，元宇宙运行所需的云服务器、大数据中心、5G 通信等技术与设施都需要大量投入。同时，VR/AR 设备与互联网也有待普及。构建元宇宙的主要力量仅为拥有雄厚技术实力的少数科技巨头。因此，元宇宙的建设能力目前也具有绝对稀缺性。相对稀缺性在元宇宙中更多来源于人为因素。例如创作者创造有限的内容来吸引用户眼球，用户在虚拟世界中拥有的有限空间和社交关系等。有了这种相对稀缺性，元宇宙经济系统才会形成自己的运行逻辑起点。比如说，理论上可以无限复制的数字游戏装备，通过限量发行人为制造出供不应求的稀缺性。大数据和精密算法计算出最佳的限量数量和价格，就可以形成一个精心计算的市场。

总的来说，元宇宙中物品的稀缺性有其独特性。正是这种特殊的稀缺性，例如通过 NFT 技术实现差异化，支持了元宇宙经济系统的运行。相比物质世界，元宇宙原本可以实现无限复制，但通过人为手段形成稀缺，从而构建起经济体系的基础。元宇宙用户创作的内容拥有独立的知识产权，这体现了一定的稀缺性。如果不能确定创作内容的权属，代表创作者无法从中获得收益，平台提供的激励措施也就失去意义。没有稳定的收益前景，用户就不会在该平台进行创作生产，用户生成内容的生命力也将被削弱。

元宇宙中的经济活动需要广泛协作，稀缺性可以激励每个参与者，使他们保持强大的创造动力。单纯依靠自愿和无私奉献的道德动机，难以长期维系参与者的热情。因此，对于元宇宙经济活动来说，由于时间和空间距离的缩短，以及数字资本替代物质资本，元宇宙建设初期的物质投入成本高于成熟期。这表现为元宇宙经济的边际成本呈递减趋势。

总体来说，元宇宙经济中的内容创作需要确定知识产权，从而体现稀缺性。稀缺性可以激励参与者持续创造，是维系元宇宙经济运行的重要因素。同时，数字化特征使元宇宙经济表现出边际成本递减的特点。

5.2 元宇宙虚拟经济系统设计

中国元宇宙经济的合规发展需要硬件和软件技术为基础，以及各类数字技术的支持，从而构建起虚实互动的环境生态。元宇宙经济中的数字智能技术发展，蕴含了超越资本“生产逻辑”的可能性。但目前元宇宙经济还处于初级阶段，存在很大改进空间。虚拟资产流动性不足，用户难以对其进行直接变现。这也是当前元宇宙模式不易持久的重要原因。

从现有路径看，元宇宙发展虚拟经济主要有两种方式。一是传统资产上链，如股权、债券等，但这受到各国监管限制。二是原生数字资产上链，主要是NFT，NFT以ERC-721协议为标准，但存在一些问题。而NFR（非同质化权益）独特的系统结构和协议，可能是元宇宙经济突破的一个方向。

本书试图探索一种可持续发展的元宇宙经济路径，实现虚实互动。其中，构建规范的环境生态是关键。元宇宙经济还需深入发展，赋能数字技术，真正突破传统生产逻辑的束缚，实现用户权益保障等方面的根本性进步。

5.2.1 数字藏品、NFT与NFR

（1）数字藏品

数字藏品的核心理念乃是借助加密运算技术，将诸如图片、音频、模型等数字或实体资产以智能合约的方式嵌入其中，配备独立的认证代码及元数据。这使得这些数字藏品得以被广泛收藏、交易以及自由流通。

数字藏品的本质在于它们成为元宇宙中异质化资产流通的微观单元，为元宇宙内的数字资产创作、转让和交易提供了基础技术框架（如图5-1所示）。其价值远不仅限于此。这些数字艺术品、媒体或实物代币的存在，进一步丰富了元宇宙的生态系统，为用户创造了全新的体验和可能性。这也为数字创作者和拥有者提供了全球范围内的新兴机会，鼓励创新、探索和分享。数字藏品的概念不仅具有实际应用的潜力，还是一个重要的文化、社会和经济现象，代表了技术与创意的完美融合，成为当今数字时代的一大亮点。

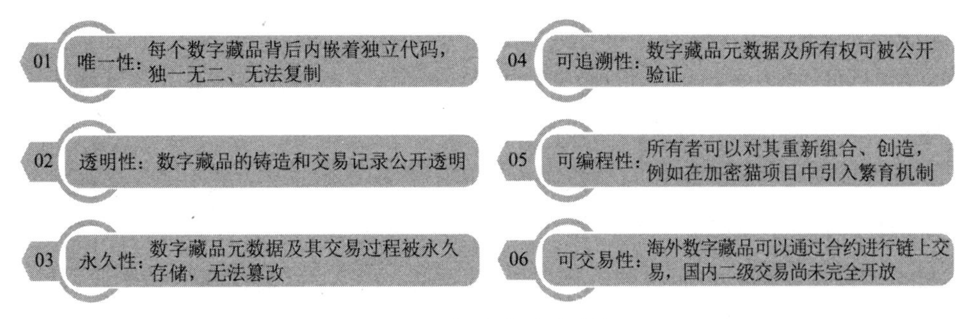

图 5-1　数字藏品的特性

数字藏品兴起的原因可以归纳为以下几点：首先是投资价值。数字藏品可以永久记录在区块链上，最大程度保障创作者和投资者的权益，便于流通交易，优质数字艺术品具有很大的升值空间。互联网巨头也看好数字藏品的发展前景，积极布局。其次是政策利好，中央和地方政府都在积极为数字藏品营造良好环境。主流媒体如新华社也率先发行数字藏品，体现了对行业的支持。再次是个性解放。数字藏品具有独一无二和不可复制的特点，可以用来表达个性，是互联网时代追求个性的一种方式。最后是粉丝效应，品牌和明星纷纷购买数字藏品并在社交媒体上展示，带动大量粉丝涌入，推动了行业增长。在粉丝效应的带动下，数字藏品销量快速增长。

总而言之，数字藏品因为投资价值、政策环境、个性化和粉丝效应而快速发展，这些因素共同推动了数字藏品经济的高速增长。

数字藏品平台的发展历经三个主要时期，即探索期、爆发期、波动期。

探索期（2021 年 4 月—2021 年 9 月）：早期数字藏品平台鲸探、阿里拍卖、唯一艺术、NFTCN、iBox 和优版权等平台陆续上线。

爆发期（2021 年 10 月—2022 年 8 月）：多家新兴科技企业开始筹备数字藏品平台。2022 年 12 月以来上线数字藏品平台近 20 家，如京东灵稀、博物链、幻藏等。

波动期（2022 年 8 月至今）：数字藏品平台数量快速增长，百度、网易、哔哩哔哩等大厂相继推出数字藏品平台，然而高速发展后，数字藏品市场热度冷却，反映出大众猎奇心理减退，开始理性消费。数字财富缩水，会让人们重新认识到实体经济的重要性，增加对实体经济的投入与重视，数字藏品的市场萎缩会减弱对于创新应用、培育新商业模式和科技创新的激励。监管部门可能会持更审慎态度，出台更严格规定，提高准入门槛，待实体经济恢复后，数字藏品预计将再次回暖。

从理论上来看，几乎所有的数字内容和实体资产都有潜力成为数字藏品，并通过确权进行独一无二的认证。目前，加密艺术和收藏品在数字藏品领域已经占据主导地位，其市场份额占据了整个市场的超过 80%。然而，其他领域如音乐、域名、游戏、身份标识等数字藏品市场仍然存在巨大的发展空间，正等待着进一步的开发和探索，正如图 5-2 所呈现的那样。这个领域充满了创新和潜力，为数字资产的新领域开辟了全新的前景，为数字经济的多元化发展提供了契机。因此，数字藏品的概念不仅是一种经济现象，更是一种文化现象，代表着数字时代的新趋势和可能性。理论上，大部分数字内容和实体资产均可确权为数字藏品。

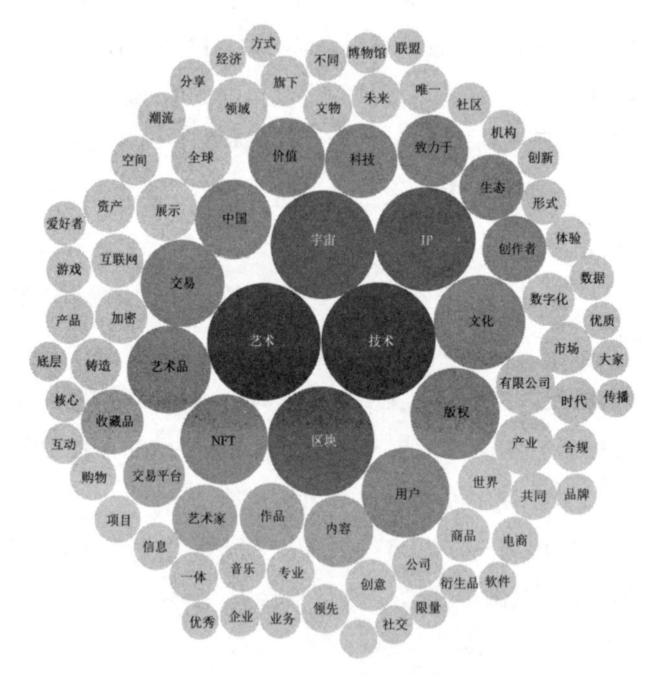

图 5-2　基于国内 30 家头部数字藏品平台的企业宣言的文本关键词共现

音乐：为每一张数字专辑提供独立标识，数字专辑与实体专辑一样具有收藏价值。

域名：通过创建 NFT 域名，所有者将终身拥有域名所有权，将其存储在区块链中。

游戏：游戏中的皮肤、角色、道具等资产均可作为数字资产转化。

身份标识：由于 NFT 具有不可分割的特征，因此可以成为某些社区的访问权限。

数字时刻：将重要的时刻定格成为数字资产。

可赎回实体商品：是一种与真实世界物品有直接映射关系的数字藏品，可用于兑换现实物品。

数字藏品的技术架构层包括云计算、公链、数据储存（如图 5-3 所示）。

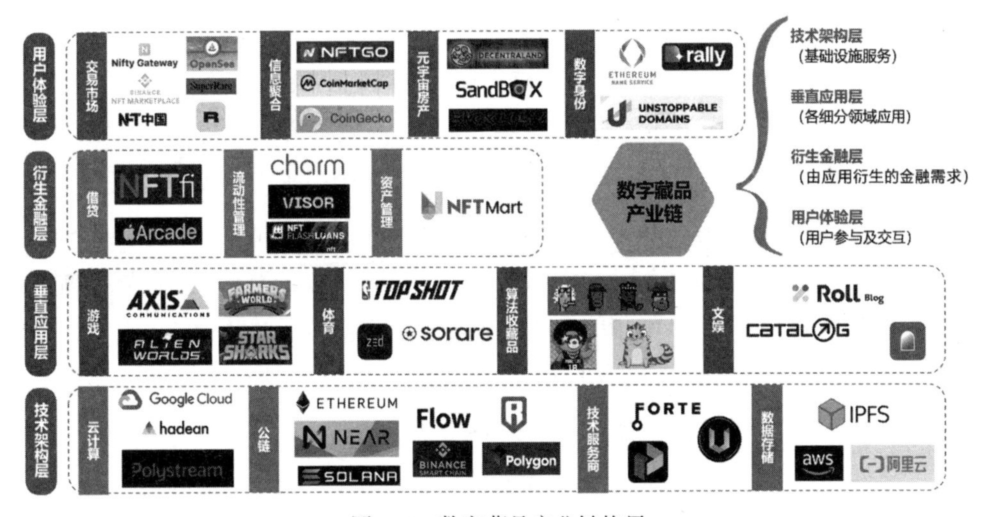

图 5-3　数字藏品产业链格局

云计算：为数字藏品提供了动态可拓展性和灵活性的重要支持。它为数字藏品的运作提供了所需的弹性，使其能够适应不断增长的需求和不断变化的环境。

公链：公链构成了数字藏品应用的基础生态系统。尽管以太坊目前仍占据数字藏品市场的 70% 以上份额，但由于其交易速度较慢和高交易费用的限制，越来越多的项目正在选择部署在新兴的公链上，如 Solona 和币安智能链（Binance Smart Chain）以更出色的交易体验和更快的响应速度，备受数字藏品发行者的欢迎。

数据储存：作为数字藏品发行的重要基础设施，数据储存发挥着关键作用。目前，大多数数字藏品选择将数据存储在 IPFS（星际文件系统）和亚马逊云上。IPFS 采用去中心化储存方式，将数据分布存储在多个节点上，具有高度的安全性和隐私保护性。而亚马逊云则采用中心化存储方式，提供高效率和低成本的存储解决方案。这两种数据储存方式各自具备优势，为数字藏品的发展提供了必要的支持。

从数字藏品的垂直应用看，基于数字藏品的创新应用呈现百花齐放之势。主要集中在游戏、艺术品、体育和文娱等领域。

2021 年，游戏数字藏品表现尤为突出。游戏中可实现虚拟资产数字化，用户可以在区块链上确权，重新定义了游戏参与方和发行方的关系。以《农民世界》（Farmers World）为例，该游戏将内置的土地和道具数字资产化，用户购买了相关资产后便获得了该资产的所有权，且可以通过区块链查看资产的唯一性。数字藏品在游戏领域的应用，打破了游戏参与方与发行方的经济关系，重新塑造了游戏的发行格局。艺术数字藏品同样在 2021 年吸引了大量关注及流量。从 Beeple（数字视觉艺术家）以约 6900 万美元销售了《Everydays：the First 5000 Days》点燃市场热情开始，到“加密朋克”（Cryptopunks）的交易记录屡屡刷新大众认知，整个市场被数字艺术藏品激活。艺术数字藏品基于价值储藏、人文价值认同、生产要素配置、社交货币等需求因素驱动，塑造了 2021 年价值百亿美元的市场，但 2022 年市场转冷遇到较大障碍。

从系统角度看，商品的价值在于为人带来的自由度。数字藏品满足了人们的审美、创新等需求。数字藏品的价值取决于其属性，如创作者、技术、审美等。同时价值也有主观性，会受持有者个人喜好的影响。在社会环境中，数字藏品的价值还受体制机制、市场、文化等多重因素影响。数字藏品价值具有主观性，受持有主体个人偏好影响，如个人信念、审美取向、投资兴趣等（如图 5-4 所示）。在社会环境中，数字藏品价值取决于外部环境，这种环境受体制机制、市场环境、社会文化、公众心理等多重因素影响。

数字藏品应用呈百花齐放之势，尤其在游戏和艺术领域。它基于人的精神需求和主观情感，同时也受制于复杂的社会环境。数字藏品为人带来更大自由度，但其价值判断也具有主观性和环境依赖性。

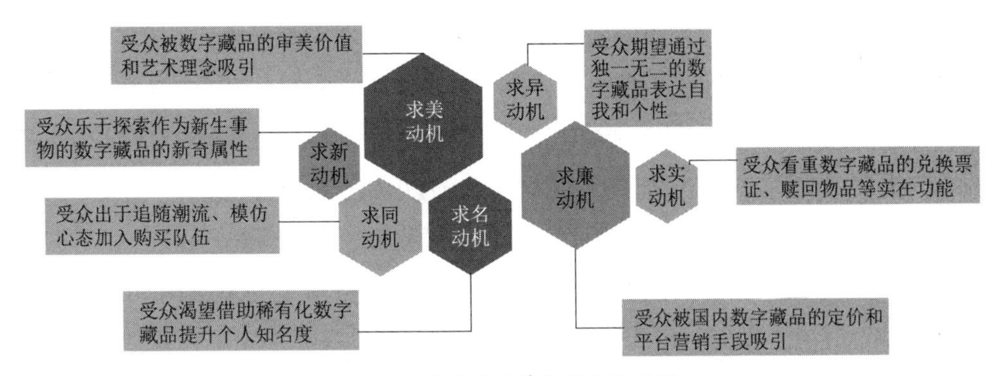

图 5-4　受众购买数字藏品的动机

（2）NFT

区块链作为元宇宙稳健运行的根本支柱，加速了资产数字化的进程，而 NFT 则有望在元宇宙中迎来加速的推广。NFT 本质上是一种储存在区块链上的数据，它们的记录无法被复制、替代或分割，因此成为验证特定数字资产真实性和所有权的唯一凭证。在元宇宙的背景下，NFT 充作数字资产的使用许可和所有权的明确证明，通常与特定的数字资产直接关联。

在元宇宙的领域中，NFT 作为所有权的确凿证据，引领着数字资产在虚拟世界中的流通，为建立元宇宙内的经济体系提供了显著的可行性。这个突破性概念不仅推动着数字资产的无缝交流，也彰显了元宇宙在数字经济领域的前沿地位，为我们描绘出一个更加繁荣和多元化的数字未来。

NFT 是一种与数字资产相关联的所有权证明，而加密货币和央行数字货币属于数字货币。这三者的区别在于可替代性。例如一张 100 元人民币可以替换掉另一张 100 元人民币，同样一个比特币也可以兑换一个比特币，但是 1 个 NFT 会随着它所关联的数字资产的价值变化而变化。购买数字货币像是依据汇率兑换不同国家的货币，而购买 NFT 则更像是购买有专属序列号的手机。这三者都基于区块链技术，区块链不仅可以防止伪造，而且方便追溯。不同的是，NFT 和加密货币是去中心化的，且它们的价值几乎完全由市场决定，波动较大。而央行数字货币则受政府监管，因此价值也相对稳定。中国是世界上第一个正式发行法定数字货币的国家。市场上的 NFT 可以分为六大类，分别是游戏 NFT、元宇宙 NFT、艺术 NFT、收藏品 NFT 及实用型 NFT，其中实用型 NFT 包括用于进入特定区域的许可证及可以在社交网络中使用的表情包、头像和个人身份等。NFT 随着其所代表数字资产的价值变化而变化，有唯一性。购买 NFT 更像购买有独特序列号的商品。相比之下，数字货币和法定货币具有可替代性。这三者都基于区块链技术，具有防伪和可追溯性。但是，NFT 和加密货币完全去中心化，价值主要由市场决定；而央行数字货币有政府监管，价值相对稳定。

NFT 分类广泛，包括游戏、艺术、金融、收藏品等。它早在 2012 年就已经出现。NFT 的快速发展有利于数字资产的完善。NFT 在元宇宙中作为规模庞大的数字资产的价值载体，可以预见它将成为构建元宇宙过程中的重要一环。开放公平的交易环境下，通过 NFT，每个人都可以参与到元宇宙的建设中，并基于贡献的价值而获得奖励。这使 P2E 的概念得以实现。元宇宙需要一个开放且公平的经济体系，NFT 是基于区块链的去中心化网络协议。此外，区块链固有的透明公开且可追溯的特性使得 NFT 成为构建数字金融体系的强有力的工具。NFT 还将在元宇宙的身份和社交体验中发挥不可或缺的作用。玩家可以使用 NFT 头像作为访问社区的“身份”，以进入元宇宙并在不同区域之间移动。在这种情况下，NFT 化身充当了我们现实生活中身份的延伸，我们可以自由地在元宇宙中策划和构建自己的虚拟身份或购买头像 NFT。创作或购买某些特定 NFT 的人群一定程度上有着相同的爱好，因此，NFT 可以帮助用户迅速找到兴趣相似的人，并构建自己的社群。此外，某些 NFT 持有者还享有独家权利，他们可以访问具有锁定内容甚至离线私人活动的封闭社区。这将极大提升参与者在元宇宙中的社交体验。

5.2.2 中国元宇宙经济发展的金融生态构建逻辑

NFR 只使用互链网，具有保护隐私和防止垄断的属性。它不会在网络上存储实际资产，只记录代表资产所有权的数字凭证。即使某条链发生问题，其他链还能继续运行。这采用了“数字凭证”的思路，即数字凭证仅代表资产所有权。另外，实名制使每个凭证独立，避免非法持有。具体来说，NFR 采用《数字货币或是数字凭证（中）：传统数字货币模型与国家货币体系的冲突》提出的交子数字凭证，即数字凭证不是实际资产，只代表实际资产的拥有权。由于采取实名制，每个数字凭证都是独立制定的。其他人拿走数字凭证，交易时智能合约会将资金自动转进合法拥有者，而不是持有数字凭证者。

本质上，NFT 和 NFR 都是对数字资产进行价值评估和流通实现。有观点认为，加密货币价值基准不稳定，作为流通货币存在问题。有学者认为，加密货币的价值没有基准，单一取决于市场的供求关系，未来区块链代币作为流通货币时的价值稳定性值得考虑。因此，在中国元宇宙经济中，合规数字货币（如数字人民币）既能满足价值流转又能符合合监管要求，采用此种方式更为合适。“NFR + 合规数字货币”可能成为中国实现数字资产流通和价值流转的合规路径。其中，数字资产可利用 NFR 进行价值评估和所有权的确认；数字流通可使用合规的数字货币而非代币进行点对点的交易。中国人民银行前行长周小川认为，“数字货币的技术路线可分为基于账户和不基于账户两种，也可分层并用而设法共存”。因此，在当前中国金融体制下，可构建商业银行账户支持数字货币的合规体系（如图 5-5 所示），并利用 NFR，将金融合规体系和监管机制植入元宇宙系统内，从而构建中国元宇宙经济发展的金融生态。

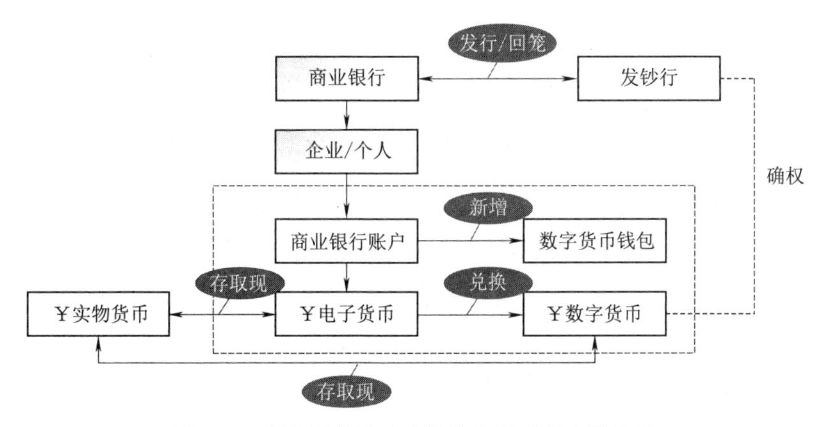

图 5-5　商业银行账户支持数字货币的合规体系

而 NFR 不使用数字代币或是相关协议，不使用公链系统，在元宇宙经济系统中有更大的合规空间。具体来说，NFR 确定数字资产的所有权，利用合规数字货币进行交易。在当前金融体系下，可通过商业银行账户支持数字货币，并利用 NFR 将监管机制植入元宇宙。数字货币钱包也可实现直接交易。NFR 不使用代币或公链，在中国更合规。因此，“NFR + 合规数字货币”为构建元宇宙金融生态提供了可行方案。

总之，中国要推动元宇宙经济的发展，不仅需要依托强有力的政府监管政策，还需建立强大的行业自律机制。其中，数字身份认证是至关重要的首要任务，而互链网认证身份则被视为最为可靠的机制。事实上，NFR 与元宇宙面临的核心挑战是相通的，即需要明确定义法律框架，并满足监管要求，同时积极开发法律科技和监管科技。这一过程应从元宇宙的研发阶段开始，通过科技手段将合规和监管机制嵌入元宇宙系统中。

商业活动在元宇宙中占据着重要位置。元宇宙内，各类商业活动如银行业务、股票交易、期货交易、买卖交易、跨境交易、支付、贷款和保险等均可进行。与现实世界一样，这些活动在元宇宙中仍需经历严格的身份认证、资金确认、资产确权、反洗钱措施，以及支付和结算流程，以确保合法合规。这种平稳过渡和适应性有助于元宇宙经济的稳健发展，为数字经济的未来铺平道路。

5.2.3 元宇宙与数字经济

国家统计局将数字经济分为五大类，其中核心产业包括数字产品制造业、数字产品服务业、数字技术应用业及数字要素驱动业，即狭义的数字经济。数字要素驱动业为数字化效率提升业，属于“产业数字化”，可以向更深的方向拓展。

元宇宙与数字经济正迎来一场深刻而令人振奋的交汇，这种融合既互补又创新。数字经济不仅关乎国家的整体发展战略，也关系到全球经济的发展。

在这个背景下，布局元宇宙成为一个新的战略赛道，可以为数字经济注入新的动力和优势。具体实施措施包括：首先，积极参与国际数字经济合作，以构建新的发展格局。我们应积极开展多边和双边数字治理合作，维护多边治理机制，同时提出中国元宇宙发展方案，以推动国际数字经济的共同繁荣。其次，我们需要加强关键核心技术的攻关，特别是数字孪生、XR、脑机交互、全息影像、AI 和区块链等与元宇宙相关的核心技术。这将为元宇宙的发展提供坚实的技术基础。第三，我们应加速新型基础设施的建设，包括综合智能信息基础设施和高性能计算基础设施，以满足元宇宙的需求。最后，我们需要推动数字经济与实体经济的深度融合。基于元宇宙的时空拓展性、人机融合性以及经济增值性，我们可以实现元宇宙与第一、第二和第三产业的深度融合，从而为数字经济赋能，实现更大的发展。

元宇宙将在数字经济的升级和一体化过程中发挥关键作用。在第一阶段，不同行业将制定各自的元宇宙发展计划，通过元宇宙的赋能，提高产业效率。在第二阶段，各产业链将打通元宇宙入口，形成上下游关系链，实现产业升级和整体产业链的发展。最终，在第三阶段，各产业链高度发展，产业元宇宙将成熟，实现元宇宙上的产业成熟和高度互联。这将为我们带来新的发展机遇和前景。

在全新的智能产业革命中，产业元宇宙已经崭露头角，将成为实体经济不可或缺的一部分。这一转变从数字智能汲取了现实社会的智慧，通过 AI 技术赋能实体经济，然后演化为虚拟和实际社会的共生共荣（如图 5-6 所示）。

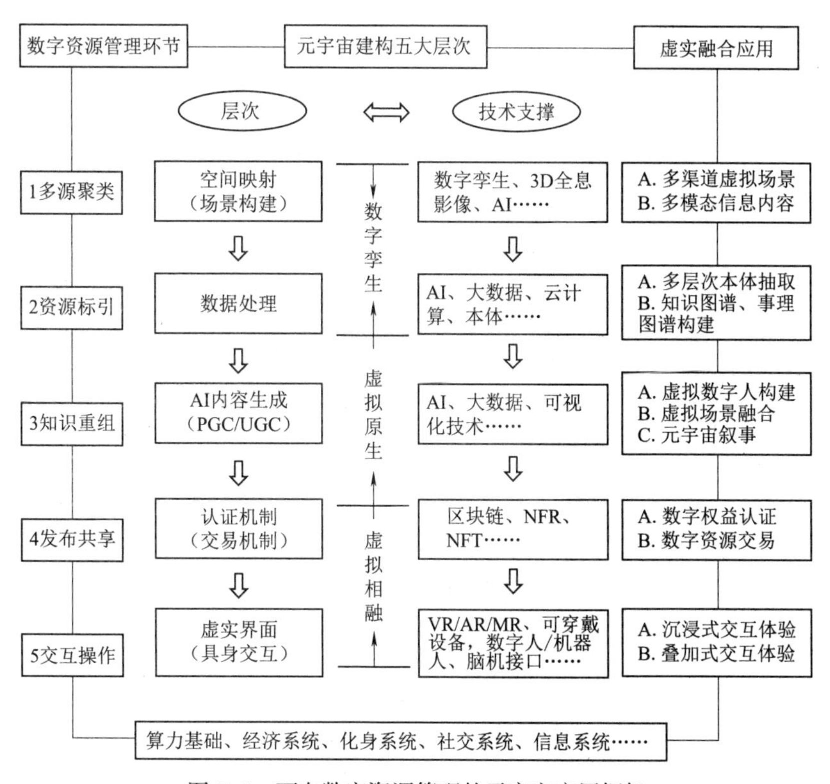

图 5-6　面向数字资源管理的元宇宙应用框架

元宇宙还孕育了多种新兴经济形态，包括单身经济、适老经济、焦虑经济、忙人经济、潮牌经济、颜值经济等。在单身经济方面，元宇宙为人们提供了更多元化的社交机会和选择，使独身群体逐渐成为重要的消费力量。

适老经济：值得关注的是，2021 年全国两会提出，“适老化”成为热门话题，政府工作报告首次提及了“老年人数字困境问题”。元宇宙时代涌现出的高仿机器人和虚拟数字人在一定程度上改善了老年人的生活品质，为适老经济的发展提供了有力支持。这标志着元宇宙不仅推动着经济的变革，也在社会问题的解决上发挥着积极作用。

焦虑经济：元宇宙的智能化设施能够以个性化方式满足人们的需求，这或许有望减轻用户的焦虑水平。然而，也有反对观点认为，元宇宙可能会导致更加快节奏和内卷化的生活方式，从而增加人们的生活压力。

忙人经济：元宇宙让人们无需离开家门，即可感知并体验整个世界，为繁忙的人们提供了职场和生活的便利。

潮牌经济：众多潮牌企业正在积极进军元宇宙，开启了虚拟潮牌交易的全新模式。

颜值经济：在元宇宙中，用户可以定制自己的虚拟形象或人设，这有望实现性别和颜值的平等。

元宇宙的商业和金融模式将决定未来资本增值的根本逻辑。相关的研究主要有两种模式：一种是将元宇宙内的商业和金融体系作为研究对象，分析其商业模式及对金融体系的影响；另一种是将元宇宙相关产业作为研究对象，评估其商业价值和未来预期收益。尽管元宇宙相关产业包括媒体、社交/游戏、电商/会展、教育体育文化、智能制造、政治/军事等多个领域，但研究元宇宙产业与投资的关键目标是分析其对资本的价值。此外，相关研究还具体探讨了元宇宙内的商业和金融服务领域。这些研究成果将有助于我们更好地理解未来数字经济的发展趋势和机遇。

5.2.4 元宇宙产业与投资

元宇宙相关产业已经得到了一定的发展，郭全中详细介绍并比较了这些发展[1]。各大投资机构纷纷将注意力聚焦在这些产业上，对其进行了多样化的研究和调查。即便是对市场规模的预测，各家估值差距甚大，从摩根士丹利的 4 万亿美元到光大证券的 5 千亿元人民币，且关于相关商业和金融运营模式的展望也各有千秋。由于对这一领域的多重理解，不同的研究文章和报告有时在投资机会的分析上存在较大差异。然而，在某些观点上却达成了一致共识。

元宇宙的未来前景虽能预测，但关于其短期发展的观点却各不相同。国信证券认为技术发展正快速推进，简化的元宇宙应用可能会在短期内出现。而摩根士丹利则持谨慎态度，对中国政府政策存在担忧，因此在选择可投资项目时相对保守。尽管多数研究者普遍认为元宇宙内容和服务提供商是较为有吸引力的投资对象，但不同研究机构对细分领域的看法各异。西部证券看好融合游戏和社交的领域，而德勤中国和摩根士丹利则认为 XR 设备的服务提供商具有良好前景。其他早期产业还包括虚拟数字人和 NFT 交易平台等领域。尽管对元宇宙商业模式的研究早已展开，从消费者和企业雇员的角度来看，相关研究相对较少，但同样具有重要价值。

金融领域作为人类资源配置的关键手段，将在元宇宙社会中经历巨大的变革。在金融体系的构建方面，《花旗银行报告 2021》和《金融元宇宙研究白皮书》根据元宇宙的拓扑结构，分析了 DeFi（去中心化金融）作为潜在方案的价值。萨拉涅米（Saraniemi）等对 DeFi 的主要技术基础——区块链技术进行了深入分析，研究了区块链技术在交易者、交易行为和交易资产等三个层面的数据不变性[2]，从而揭示了其信任度的具体来源。

另一部分研究着眼于更具体的元宇宙金融交易规律，维达尔 - 托马斯（Vidal-Tomás）分析了市场上 174 种 NFT，验证了这一市场的积极前景，但也指出其泡沫性、独立性投资表现与代币发行者业绩无关等特征[3]。

在金融服务领域，《金融元宇宙研究白皮书》指出元宇宙金融是金融服务全面的转变，在思维模式、服务理念、流程优化、操作系统、模型算法、接口、渠道和硬件八大方面都将带来全新的价值和逻辑，并对数字孪生技术驱动的保险和 XR 技术驱动的银行展开了具体分析。

5.3　元宇宙经济对现实社会的影响机理分析

基于“主体参与激励—主体关系联结—环境生态构建”的元宇宙经济发展逻辑及内在规律的分析，本书从“个体—关系—环境”三个维度出发，按照“战略意图—影响因素—影响过程—影响效应”的逻辑构建元宇宙经济对现实社会的影响机理模型（如图 5-7 所示）。

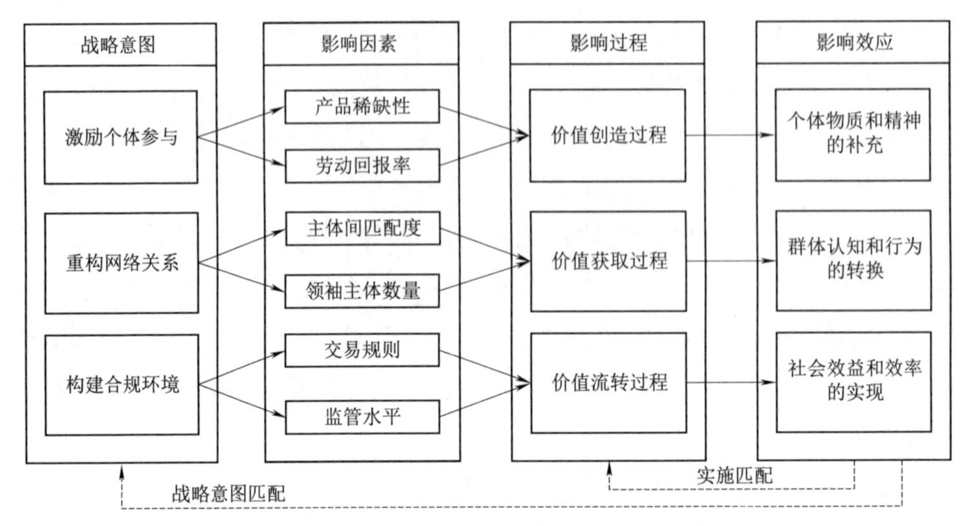

图 5-7 元宇宙经济对现实社会的影响机理模型

根据图 5-7，可以清晰地了解元宇宙经济对现实社会的影响机理。这一影响机理主要通过战略意图的设计、影响因素的驱动及影响过程的作用来实现。这一过程将产生一系列效应，从而促进社会整体效益和效率的提升。在战略意图设计方面，包括激励个体参与、重构网络关系及构建合规环境三个层面。只有在实现这些战略目标的情况下，元宇宙经济系统才能完善且可持续发展，实现元宇宙经济“以虚带实”的目标，并对现实社会产生积极影响。在这三个层面的战略意图下，元宇宙经济影响现实社会的途径有三个方面。在个体维度，基于激励个体参与战略意图，元宇宙经济系统中的产品稀缺性和劳动回报率驱动个体参与元宇宙经济活动并实现价值创造过程。这一价值创造过程使得个体在元宇宙经济活动中获得经济收入和情感满足，进而对现实社会产生影响，表现为个体的物质和精神的补充。在关系维度，基于重构网络关系的战略意图，元宇宙经济系统中主体匹配度和领袖主体数量影响合作网络关系链的形成和网络主体的协同能力。通过提升主体间的匹配度和增加领袖主体的数量，可以促进合作网络关系的优化，实现价值获取过程。这一过程也通过关联性促使人们形成特定观念，从而影响现实社会，甚至改变现实社会中的群体行为。在环境维度上，基于构建合规环境的战略意图，元宇宙经济系统中的数字资产交易规则和监管水平影响系统的价值流转效率和合规性。通过有效的合规价值流转过程，可以实现数字资产的确权、交换和流通，对现实的实体经济产生影响，表现为社会整体效益和效率的提升。

此外，元宇宙经济对现实社会的影响效应是对元宇宙经济系统发展水平的评价，具有反馈作用。通过反馈，元宇宙经济系统可以调整对个体、关系和环境维度的影响效应，同时也可以根据元宇宙经济发展的不同阶段特点，调整战略意图。

5.3.1　由虚返实的前提：虚拟数字人、机器人与自然人的虚实交互

元宇宙经济的核心在于实现虚拟和现实的互动，其中包括虚拟数字人、机器人以及自然人之间的互动。与互联网和移动设备不同，元宇宙经济体系将用户置于中心地位，但不需要用户亲自操作。相反，它通过 AI 感知技术将用户意图传输至底层系统，然后由底层系统主动调用并为用户提供服务。因此，人机互动方式的变革推动了元宇宙虚实相融的经济体系的形成。虚拟数字人、机器人以及自然人作为元宇宙经济的不同主体形态，它们之间的互动过程（如图 5–8 所示），描绘出了元宇宙经济的丰富多彩的面貌。

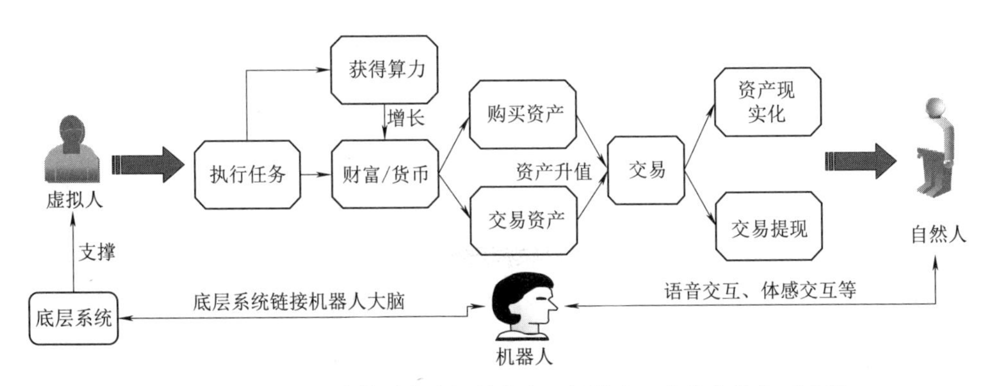

图 5–8　元宇宙经济体系中虚拟数字人、机器人、自然人的交互过程

与此同时，机器人与自然人之间的交互方式也占据着重要地位，主要通过语音交互、体感交互等技术实现。这种交互方式允许自然人和机器人在无需直接接触的情况下进行交互，然而也对实体机器人设备的智能性提出了更高的要求，需要这些机器人具备理解自然人用户意图的智慧大脑。

在元宇宙虚拟经济系统中，虚拟数字人扮演着主要的参与者角色。虚拟数字人通过执行任务和劳动获取算力，从而积累财富。这些财富可以用于购买数字资

产或进行数字资产交易，进而实现资产升值。通过这些交易，虚拟数字人可以将资产转化为现实世界中的实际价值，最终受益的对象是现实社会中的自然人。因此，虚拟数字人的最终目标是通过机器人理解自然人用户的意图和需求，在元宇宙经济活动中为自然人提供服务或创造经济价值。

5.3.2 由虚返实的核心：创造现实的经济价值

基于虚拟资本的增值方式，元宇宙虚拟经济系统的价值增值路径可以概括为两条关键途径：一是通过自我循环创造经济价值，二是为实体经济提供服务以创造经济价值（如图 5–9 所示）。

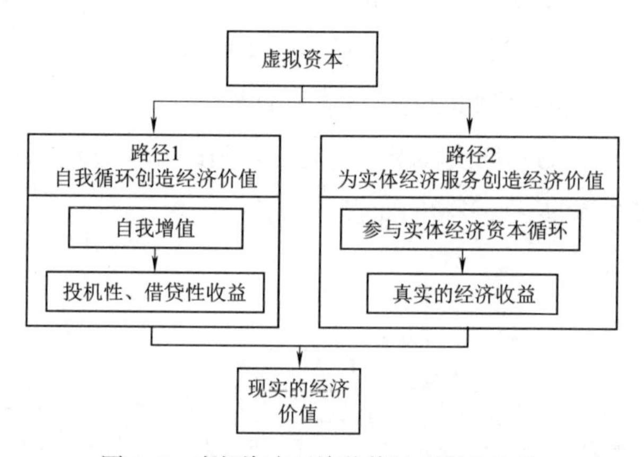

图 5–9 虚拟资本经济价值的现实化路径

在自我循环创造经济价值方面，元宇宙经济系统通过这一途径实现价值增值，而这一过程实际上是脱离了实体经济的生产环节。在这种情况下，资本的增值主要依赖于投机和借贷等金融手段，而非真正的产业资本，因此潜藏着引发金融危机的风险，其风险性较高。

而另一途径是为实体经济提供服务以创造经济价值。当元宇宙中的虚拟资本为实体经济提供服务时，其虚拟资本与实体经济系统的资本循环过程融为一体。也就是说，元宇宙虚拟资本的增值与实体经济中的物质生产和资产流通是相互关联的。因此，虚拟资本的积累不仅仅是虚拟资本的积累，也是现实资本的积累。元宇宙经济系统充当着实际资本积累的中介，为实体经济企业的各个生产阶段提供服务，从而提高了社会生产力，创造了实际经济价值，为现实社会创造了财富。

总结来说，实现元宇宙经济从虚拟到实际的相对安全路径是路径 2，即通过将元宇宙经济用于为现实社会提供服务并融入实体经济中。但要实现这一路径，需要依赖资产上链和下链的基础设施以及相关技术。通过将虚拟资产与实际资产相对应，以及利用虚拟资本的价值获取技术（例如捆绑、锁定、模仿的壁垒等），可以为实体经济提供服务，创造真实价值。虽然目前尚未出现真正有潜力成为超级资产上链下链基础设施的方案，但一旦出现，将成为数字化时代 Web3.0 的重要标志。

第6章
元宇宙产业生态

6.1 元宇宙产业版图

元宇宙代表着数字经济时代的全新社会生态，催生了强大的技术创新，对中国的创新科技水平和实力产生了深远的影响。在元宇宙产业中，企业的发展模式并不是单一的垄断，因为这一领域涵盖了多种业态，需要各个企业共同合作、共享资源、共同治理，以促进元宇宙生态系统的有序发展。元宇宙的生态地图由底层技术支持、前端设备平台和场景内容入口组成。

在技术支持方面,底层架构和后端基础设施至关重要。底层架构包括区块链、NFT、AI、网络和计算等核心技术，而后端基础设施则包括5G、GPU、云计算、交互技术、物联网、可视化和数字孪生等重要技术[1]。这些技术构建了元宇宙的技术基础，为其提供了可持续发展的动力。

元宇宙的发展远不仅是技术层面的进步，还包括前端设备平台和场景内容入口的创新。前端设备平台涵盖了VR头盔、AR设备、智能终端等，它们为用户提供了访问元宇宙的入口。同时，场景内容入口包括虚拟世界的创作、娱乐、教育、工作和社交等各种场景，为用户提供了多样化的体验。这种全方位的创新和合作有助于推动元宇宙的持续增长，塑造了数字经济的未来。

元宇宙产业目前呈现出五大特征。首先，这一产业与数字经济密切相关，涵盖了硬件、软件、内容和应用四个关键领域。一些重要的公司，如谷歌、苹果、马斯克的神经科技公司Neuralink及英伟达等，积极参与推动元宇宙产业的发展。其次，元宇宙的应用范围广泛，包括to B、to C和to G（面向政府客户）等三大方向，覆盖了企业、消费者和政府等不同场景。第三，元宇宙的“虚实融合”有助于实体产业的升级和转型。第四，元宇宙的经济规模巨大，金融、电商和游戏等领域高度融合。美国在全球元宇宙产业中起到引领作用，而日本、韩国等国家也积极投身元宇宙的布局。第五，元宇宙的主要交互平台将经历三次升级，从 XR 到全息投影再到脑机接口，从依赖设备到裸眼三维再到内嵌时空，不断演进的技术将塑造元宇宙的未来。

元宇宙产业包括六个重要板块，它们合力构成了元宇宙的多元要素。其中，人板块涵盖了虚拟数字人和人形机器人；货板块包括数字资产、数字藏品和 NFT 等；场板块包含丰富多样的元空间；器板块包括各类接入设备和支撑体系；境板块指的是将现实空间纳入元宇宙的过程；而艺板块包括文化数字化、技能数字化和艺术数字化等新技能。在此背景下，人形机器人已经在美国元宇宙大网剧《边缘世界》中得到广泛应用，为元宇宙的发展提供了新的机遇。

6.1.1 基础设施层

1. 通信基础设施

如果将元宇宙比作一个个体，那么通信基础设施就如同其生命的血液系统一样至关重要。这些基础设施支持着多种连接方式，包括光纤通信、5G/6G 移动通信、Wi-Fi 6 及工业互联网等，为元宇宙中各个元素之间的互联和互动提供了坚实的保障。未来，我们需要加速网络基础设施建设，为元宇宙应用发展打下坚实基础，以确保每个人都能充分享受元宇宙带来的乐趣。国家层面的规划也将引导电信运营商不断扩大 5G 网络的覆盖范围，加大相关基础设施建设，以促进更广泛的社会资源与 5G 设施的互联互通[2]。这一举措有助于推动元宇宙生态系统的健康发展。

2. 算力基础设施

元宇宙应用中，算力基础设施作为关键要素，依托数据中心和智能计算中心等，提供了大数据、云计算、边缘计算和分布式存储等支持能力，使得挖掘、分析和应用大规模数据成为可能，进一步驱动了虚拟数字人、虚拟课堂和虚拟搬动等应用的实现。随着 5G、云计算、大数据、AI 和全息显示等技术的融合应用，元宇宙的 to C 和 to B 应用对实时高效算力的需求不断提高。相关部门需进一步加强整体协调，推动数据中心向绿色、高效、集约化方向发展，以提升其运营效率。虚拟数字人算力是构建元宇宙的基础要素，实现时空互联网、体验互联网和价值互联网的关键。算力增长是实现元宇宙增长的先决条件，因此，算力网络的支撑至关重要。现在，骁龙 XR2 处理器性能比 2016 年的 XR 处理器高出 4.5 倍，但摩尔定律可能会放缓，未来的算力提升有望在光子和量子计算机领域实现。基于量子计算的算力突破是实现从初级元宇宙向极致元宇宙发展的途径。实现大规模数据处理和大规模计算的前提是量子计算技术、量子芯片和 AI 等技术的发展。量子装置技术的飞速发展，使得量子计算优越性逐渐提高。因此，实现具有广泛适用性的超高性能计算已成为量子计算领域中最重要的科学问题之一。

3. 新技术基础设施

区块链技术在元宇宙中扮演着不可或缺的核心角色，构筑着这一新型社会生态的经济系统。区块链由多个区块组成，每个区块包含了前一个区块的加密哈希值、时间戳和交易数据[3]，其主要目标是建立分布式数据记录账本。通过数字摘要技术，它对交易历史进行验证，并防止历史记录的删除，从而确保了交易历史的永久性。区块链技术允许多个参与者以去中心化和去信任的方式，共同维护一个分布式数据库（或账本），每个人都有机会竞争成为记账者。在数据不一致的情况下，系统会选择最快和最佳的记录，以确保账本的一致性和可靠性[4]。

2014 年，“区块链 2.0”成为指涉去中心化区块链数据库的术语。在开源程序环境和智能合约的应用帮助下，区块链在这一时期迅速发展，并在金融衍生品如期货、私募股权中快速扩展，而与电子化的结合，更使得各类资产文件如公证、知识产权等能在区块链上顺畅运行。

而“区块链 3.0”时代则标志着区块链应用的全面展开，将互联网从信息传递推进到价值传递的时代。这一时代将协助构建大规模的协作社会，涵盖金融、经济、政府、健康、科学、文化和艺术等领域。AI 技术在元宇宙中扮演着重要的驱动引擎的角色，元宇宙催生了与之紧密相关的 AI 的迅速发展。元宇宙的特点之一是产生大量且复杂的数据，这些数据可以被 AI 以非常高的速度读取和解析，帮助用户做出决策，并推动了 AI 与自动化技术的结合。元宇宙通过融合 VR 和 AI 技术，创造出更接近现实世界的可扩展虚拟环境。在设计 AI 芯片时，需要考虑其设计目标以及是否需要为特定的计算任务进行优化训练。云计算中的AI推理过程无需在设备上进行，这有助于节省功耗和成本。然而，由于数据存储在云服务器上，可能存在黑客攻击或不当处理导致的数据泄露风险。相比之下，边缘计算的芯片更为私密和安全，因为所有数据都存储在设备本地，并且通常是为特定用途而设计的。例如，用于面部识别的摄像头可能搭载了专门用于运行面部识别模型的芯片。然而，向设备添加额外的芯片可能会增加成本和功耗。目前市场上主要有以下三种人工智能芯片。

元宇宙的需求推动了AI的迅速发展，促使了依赖于元宇宙的AI技术的涌现。元宇宙的主要特征之一是将产生大量且复杂的数据，这促进了AI技术的快速发展。利用云计算技术，AI芯片被设计用于训练推理型的AI模型，这些模型最终会专为特定需求进行细化。它们功能强大，但运行成本较高，旨在快速进行训练。例如，NVIDIA的DGX-2系统，由16个NVIDIA V100 Tensor Core GPU组成，总计处理能力为2 PetaFLOPS（计量单位）。这些芯片通常用于训练需要大量数据和复杂模型的应用，例如脸书的图像识别。

基于云计算推理的AI芯片需要强大的处理能力进行推理时，这些芯片在设备上无法执行。它们用于处理创建模型所需的输入数据，通常应用于AI聊天机器人等服务中6。例如，高通的Cloud AI 100和阿里巴巴的环光800是用于处理大规模云数据的芯片。

基于边缘计算推理的AI芯片使用设备上的边缘芯片进行推理，可以规避网络不稳定性或延迟问题，并增强数据的隐私和安全性。它们通常比云计算推理更便宜和高效。例如，耐能的KL520和KL720芯片，以及英特尔的Movidius和谷歌的Coral TPU。这些芯片可以用于设备上的面部识别监控摄像头及语音助手等。所有这些不同类型的芯片及其不同的使用环境对于物联网未来的发展都至关重要，AI芯片领域也将迅速发展，以满足我们对技术日益依赖的需求。

6.1.2 核心层

在元宇宙领域，市场主流产品方面，国内企业尚未取得显著进步，而国外企业在时空生成技术方面已经展现了强大的竞争力。目前，美国的Unity Technology

和 Epic Games 等企业备受瞩目，它们的主流软件经过不断迭代和完善功能，在动画、影视渲染及物理和光影效果等方面展现出了超越其他竞争产品的卓越能力。不同的主要企业及其产品都具有独特特点，例如 Autodesk 公司的 3D Max 和 Maya 在不同应用领域有各自的专长，Epic Games 的虚幻引擎专注于高质量游戏渲染，Unity Technology 则专注于为 VR 和 AR 进行技术优化，事实上，超过 60% 的 VR 和 AR 内容都是基于 Unity Technology 开发的。此外，Roblox Studio 降低了进入元宇宙世界的门槛，有助于普通玩家发挥创意和创造性，而英伟达 Omniverse 平台则推动了元宇宙底层架构的不断完善[5]。

关于元宇宙的终端入口，VR 头显因其深度交互和实感体验而形成的吸引力独具特色，是实现多功能如计算、感知、互动和融合的关键装备。XR 技术是开启元宇宙的关键，它允许人们以虚拟形象进入虚拟世界，并进行更自然的交互。在 XR 技术出现之前，互联网社交只是一种简单的信息传递，无法将虚拟形象融入现实世界，也无法赋予人们自由的虚拟化身，因此缺乏真正的沉浸感。然而，随着 XR 技术的出现，情况发生了改变，AR 技术可以将虚拟形象带入现实世界，VR 技术允许人们以虚拟化身进入虚拟世界，而 MR 技术则将 AR 和 VR 结合，提供了一个既真实又虚幻的世界体验。当前，全球 VR 头显市场正经历快速增长，Meta 和微软分别占据着 VR 和 AR 终端市场的领先地位。截至 2023 年 3 月，Pico 作为字节跳动旗下的 VR 头显品牌，以 10% 的市场份额在全球排名第二。尽管如此，我国的 VR 头显设备市场仍不能与其他国家媲美，2021 年出货量不足百万台，2022 年出货量约为 110 万台。

在元宇宙中的交互体验方面，元宇宙的出现带来了更加沉浸的交互方式的革命。以模仿人类本能的自然交互技术为核心，这些技术是实现元宇宙的关键基础。全场景交互体验的核心在于多模态融合交互方式，它们可以将人的感觉和互动 100% 融入虚拟世界中，从而提升交互体验。当前的自然交互技术主要有动作捕捉、眼动追踪、语音交互、触觉交互和脑机接口等。这些技术在不断发展，随着元宇宙的成熟，它们将不断迭代并融合，为更真实的交互体验打下坚实的技术基础。

在交互技术领域，一些关键企业和主要产品包括：在语音交互领域，Nuance 作为全球最大的语音技术公司，凭借众多专利占据市场份额；在动作捕捉领域，

Xsens 的 MVN Animate 和 OptiTrack 的全身动作捕捉系统为创建台式应用动作捕捉工作室提供了解决方案；在眼动追踪领域，Adhawk Microsystems 是代表，主要推出小型眼动追踪传感器；在力反馈领域，OWO 的 VR 触觉背心和 Dexta 的 VR 交互手套 Dexm 备受瞩目；在脑机接口领域，2019 年 DARPA（美国国防部高级研究计划局）为了向美军提供高精度双向脑机接口系统，组建团队研发 N3 神经技术。随着元宇宙的发展，这些技术将继续演化和融合，为更加沉浸的虚拟世界体验铺平道路。

6.1.3 应用层

（1）消费端应用服务

虚拟数字人技术正在飞速发展，并被广泛应用于各种场景。2021 年，国内数字人技术经历了快速的发展，数字人的创建已经成为文娱产业的一股潮流趋势。随着各大互联网巨头进入数字人市场，已经形成了一个相对成熟的数字人商业模式。这些数字人可以分为两类：一类是偶像型数字人，通过代言、商演等方式来实现商业变现，例如柳夜熙、A-SOUL、AYAYI 等；另一类是品牌或企业为提升目标用户体验而打造的功能型数字人，例如央视网虚拟主持人小 C、花西子同名代言人花西子等[6]。

文娱产业迅速加入这一领域，而游戏行业则推动元宇宙进入了新的发展阶段。2021 年 3 月 Roblox 上市和 Epic Games 的关注，带动了元宇宙全球热潮，中国互联网公司也积极响应，提升对元宇宙的整体关注度。

（2）行业端应用服务

在工业元宇宙领域，数字孪生和智能工厂等技术为其带来了领先的优势。这一庞大的系统需要满足多个方面的新需求[7]，包括硬件层面的存储、计算、传输和感知等。VR、AR、MR 等技术运用于医疗元宇宙中，有助于医学影像呈现、手术辅助操作、医学知识教育、远程医疗服务、患者康复训练和新药研发创新等方面的发展。而在教育云宇宙领域，元宇宙的出现打破了空间限制，为线下和线上教育带来了创新。

（3）政府端应用服务

随着时间的推移，元宇宙的发展也将逐渐渗透到政府行政服务领域。为实现这一目标，可以采取多种并行措施。首先，可以建立元宇宙行政服务生态系统，利用高新数字技术来解决时间、空间和语言等方面的障碍，同时将服务范围扩展到行政服务的整个领域。其次，虚拟公共服务中心可以处理各领域的业务申请、咨询和商谈服务，或引入 AI 公务员，与真人公务员共同为民众提供专业、高效、智能的服务。总的来说，元宇宙的发展可以划分为三个阶段：短期内（例如 5 年）作为一种互联网应用，长期内（例如 10 年）演变成为一种新型互联网形态或互联网的迭代存在，20 年后可能成为人类社会的一种新形态。

6.2　元宇宙全球产业现状

元宇宙的出现为未来社会提供了一种新的生态图景，被认为是数字经济创新和产业链拓展的新领域，引起了文化、科技、资本和企业界的广泛关注。2022 年下半年，元宇宙发展相对缓慢。2023 年初，ChatGPT 概念股开始活跃并点燃资本的狂欢，然而元宇宙股票板块整体下滑。

美国被业内广泛看作元宇宙理念的开拓者，正处于投资风口，拥有非常前沿的技术、全球市场和健全的产业体系。中国在技术发展程度和产业健全程度上仅次于美国，资本相当活跃，同时也拥有广阔的国内市场。韩国缺乏元宇宙领域的巨头企业，但政府积极引领企业联盟，其偶像工业对元宇宙行业也具有强大的驱动力。日本同样缺乏巨头企业，但其 ACG（动画、漫画、游戏的总称）产业和二次元文化积累深厚，IP 资源丰富，因此相较于其他三国更有利于向元宇宙转型[8]。

6.2.1　中国企业布局元宇宙

除了前文提及的五大板块，互联网巨头们积极涉足元宇宙领域，构建了全面的生态链。腾讯已经展现出雄心勃勃的元宇宙布局，通过其旗下投资的 Roblox、Epic 和虚拟演出领袖 WAVE，与腾讯音乐娱乐集团合作。同时，腾讯旗下的天美工作室，开发了高水平的开放世界项目，类似于《头号玩家》中的绿洲，成为 SOUL App 的最大股东，该应用主打“年轻人社交元宇宙”。此外，字节跳动通过收购中国 VR 设备公司 Pico 以及投资类似于 Roblox 的企业乾坤发行，也在元宇宙领域积极探索。网易通过推出“河狸计划”原创游戏社区，提供简易游戏开发工具，并投资了SpatialOS云平台支持第三方构建大型虚拟世界的Improbable。国内互联网巨头的产业布局主要分为底层架构、后端基础设施、前端设备、场景内容和相关服务五大板块。

底层架构领域包括区块链、虚拟货币和NFT等领域，主要公司包括视觉中国、数字认证、东方电子、安妮股份、弘业股份、宝鹰股份、新国脉、昆仑万维等。后端基础设施领域涵盖了云计算、AI、5G和GPU等技术，科大讯飞在这方面发挥着引领作用。前端设备领域包括AR、VR和智能可穿戴设备等，平治信息、歌尔股份、韦尔股份、瑞芯微、京东方A、思瑞浦、乐鑫科技和力源信息等公司在这一领域占据一席之地。场景内容领域包括游戏、智慧医疗、智慧教育、工业设计等，其中科大讯飞、超图软件、宝通科技、百度希壤、网易瑶台、中文在线、易尚展示、芒果超媒等公司提供了多元化的服务。相关服务领域包括大富科技开发的国内首款3D动画编程工具Paracraft、盛天网络提供的VR/AR设备和内容的线下体验专区，以及开元教育推动元宇宙职业教育赛道等。

随着国内元宇宙概念的热度增加，国家正在加速推进融媒体建设，央媒和地方媒体纷纷引入虚拟主播，并推出各种元宇宙元素的综艺节目。此外，各大短视频平台也涌现出一批元宇宙博主，吸引大量粉丝。在AI领域，百度的百度大脑为创作者提供了丰富的“AI工具箱”，成为各行业智能化转型的技术基石。百度还与中国探月航天工程达成了战略合作伙伴关系，在深空探测领域开展航天技术和人工智能技术的相关合作[9]。

米哈游与上海交大医学院附属瑞金医院合作，成立了“瑞金医院脑病中心米哈游联合实验室”，专注于研发脑机接口技术和临床应用研究。尽管元宇宙目前仍处于概念阶段，但国内的相关技术生态系统正在逐渐完善，未来的领导者还未可知。

在XR产业布局方面，算力的突破至关重要。当前，AR和VR的算力大致与普通智能手机相当，难以支持更高级别的功能和技术。下一代设备将采用定制高端芯片或协处理器芯片，以实现超越个人电脑的超强算力。此外，AR和VR目前都面临着沉浸度不足的问题，从设备轻便性、视觉真实感等多个方面来看，它们距离真正的虚实共生还有一定的距离。沉浸连接是下一代设备的核心要素，对三维塑造提出了更高的技术要求。此外，AR目前主要应用于B端市场，C端市场的应用相对较少，主要集中在观影和信息提示等领域。VR 则更偏向于低频、高时长的场景，如游戏和影视等。因此，创新应用需要多方面的探索，VR 和 AR 需要跳出大屏移动设备的限制，广泛应用于现实生活场景，提供多功能的便捷服务，逐渐成为人们日常生活的不可或缺的部分。中国的互联网巨头在 XR 领域的战略布局已初见成效。腾讯已经建立了综合性的 XR 业务线，积极投资于软件、内容、系统、SDK 工具、硬件等各个环节，力图打造行业标杆的产品和体验。“骁龙元宇宙基金”是高通专门为了扶持 XR 体验相关的 AI 核心技术开发者和企业而设立的，资金规模达到 1 亿美元。字节跳动已注册了多个“PICO XR”商标，并在国际市场进行拓展，例如欧洲、日本和韩国。阿里达摩院推出了 XR 实验室，致力于探索各种互联网应用在“新显示”和“新交互”场景下的应用，以建立人类可以沉浸式体验的虚拟世界，并与现实世界融合互动。百度将搜索从传统的文本和图片交互转变为沉浸式的 AR、VR 和 3D 等全新体验，并发布了全新的社交平台“希壤”，在其中举办了国内首次的元宇宙线上会议。“希壤”社交平台采用莫比乌斯环星球状设计，结合中国山水、文化及历史元素进行城市设计和建设，打造独特的互动体验。在这个平台上，用户可以与虚拟角色互动，实现跨越虚拟与现实的多人互动空间。近年来，中国传统文化备受欢迎，武侠和仙侠等题材的游戏一直深受年轻人喜爱。国风元素的产品也备受国人欢迎。“仙剑元宇宙”等项目展示了国内在元宇宙领域的创新和思考。这些努力表明，中国的互联网巨头已经迈出了在元宇宙中扮演重要角色的第一步。

6.2.2　美国元宇宙行业现状

美国是元宇宙领域的领先先驱之一，其长期以来在技术领域的积累和布局使其在概念提出和技术储备方面相较于其他国家更具敏感性。值得注意的是，多家科技巨头也在元宇宙领域积极布局，其中 Roblox 的举措尤具代表性。在其首次公开招股说明书中，Roblox 不仅首次提及了“Metaverse”一词，还宣布了在元宇宙领域的雄心计划。另一家知名公司，脸书的 CEO 扎克伯格于 2021 年 10 月 28 日宣布公司更名为“Meta”，进一步凸显了元宇宙的重要性。此外，微软、Epic Games、Decentraland 等公司也纷纷发布了元宇宙的规划和技术路线，展示了他们在这一领域的雄心和发展方向（如图 6-1 所示）。

企业	Meta	PICO	苹果	谷歌	微软
技术	将开发全新的AI超级计算机RSC；为Codec Avatar2.0开发定制芯片	HyperSense振感手柄；50~500Hz的宽频线性马达；无极电动瞳距调整	micro-LED显示技术；低功率眼动追踪系统；基于iPhone提供VR体验；采用协处理器Bora芯片	LG Innotek摄像头模块；翻译、转录和导航的功能；通过照片快速渲染3D模型	将与高通联合打造AR芯片；VR触觉反馈手套专利
业务	2022年Q1元宇宙VR业务收入6.9亿美元；首家线下零售店在加州开业	在美国开展规模化招聘，组建美国团队；2022年9月24日，PICO 4和PICO 4 Pro正式发布；字节千万元投资李未可科技	招聘VR/AR UI框架工程师，强调下一代交互体验；苹果XR操作系统realityOS已申请商标；发布iMessage系统	收购Micro LED创企Raxium；投资桦汉科技	获美国陆军12万套HoloLensAR设备订单；与川崎重工合作制造机器人
业务趋势	打破用户圈层，致力于打造综合性的平台与设备	入局海外市场，重视营销，全方位联动出圈	打造自有系统，延续苹果生态护城河，iPhone或将成为重要的中介	关注AR眼镜业务	与外界合作频繁，获得企业、军方、车企订单，目标用户为一线工人
内容	计划在VR中投放广告；Quest store可先试后买	或将推出元宇宙社交App移动岛；计划在2023年初推出社交平台PICO Worlds；央视频VR上线PICO平台	与好莱坞导演合作有关头显设备的视频	将与政府合作通过AR展示世界文化遗产活动	删除AltspaceVR的社交中心；成立Vortex工作室推进元宇宙计划
内容趋势	重视内容的质量，通过严格的审核打造精品的内容生态，但平台抽成较高	全方位与字节生态联动，打造内容+社交的新模式	或将跨界可穿戴、汽车与健康领域	与多方合作，打造全方位的内容体验	布局元宇宙板块，保证内容的开放
软硬件趋势	产品面向B端发力，售价偏高，布局最前沿的软硬件	产品依旧关注C端，性价比高	产品保持高端，面向专业人士或极客群体	关注产品的实际应用，重回硬件端	产品关注B端，在工业、军事等方面布局
未来主线产品	Quest Pro 2022年10月上市 主打办公、社交 售价：1499.99美元 pancake光学组件 MR Passthrough 自动追踪手柄 Avatar面部表情	PICO 4和PICO 4 Pro 主打运动、健身、创造、娱乐 售价：2699元 pancake光学组件 Full-color passthrough 振感手柄	混合MR头显 生产力工具 虹膜识别 Pass through Mixed Reality 下半身追踪摄像头 2023年6月上市	Project Iris 最快2024年上市	HoloLens 3 重量小于90g，功率限制为2W 上市时间不明
2022行业大会	苹果WWDC（6.07）-特斯拉年度股东大会（8.05）-谷歌开发者大会（9.14）-Meta年度connect大会（10.11）-Pimax Frontier海外发布会（11.10）				

图 6–1　科技巨头的元宇宙布局

Roblox 作为全球最大的多人在线创作游戏，以其在 UGC 和社交生态方面的努力而闻名。该平台不仅是一款大型多人在线游戏，还将其游戏引入了教育创新领域。目前，Roblox 平台上的青少年开发者数量已超过 500 万，他们通过该平台创作各类 3D、VR 数字内容，并吸引了超过 1 亿的月活跃玩家参与其中。Roblox 的游戏种类多样，包括探索建设、角色扮演、射击、动作格斗、生存、竞速等，同时提供强大的自定义编辑功能和丰富的内容库，鼓励玩家积极参与数字内容的创作。此外，玩家可以通过他们制作的游戏赚取虚拟货币。

然而，2022 年，Meta 进行了大规模的裁员，主要原因是人们对全球经济的预期下降，以及 Meta 作为平台型公司不需要如此多的员工。Meta 在发展中面临两大问题：一方面，过于强调虚拟，忽视了硬件的发展，需要在“无尽向虚”的同时也要“无限向实”；另一方面，公司人员过剩，Meta 的研发效率较低，特别是在 Horizon World 项目中，约有 1900 名员工从事相关工作，而同样的工作量在中国只需要数百人即可完成。

总体而言，元宇宙的发展已经进入了上半场，软硬件技术都取得了突破性进展，销售量呈上升趋势。头部企业开始加大布局，大公司在硬件领域发力，而小型公司则共同推动内容生态的发展。美国在元宇宙领域已经初步形成了技术壁垒，核心竞争力体现在硬件、操作系统、后端和底层架构等方面，在全球元宇宙产业中处于领导地位。与此同时，美国的大学理论研究氛围浓厚，尤其在芯片制造和操作系统等文化领域，明显领先于中国。然而，中国在移动互联网领域，如短视频和直播，发展迅猛，结合自身强大的中低端制造业，已经具备了强大的元宇宙能力。

6.2.3 日本如何布局元宇宙

日本在元宇宙领域的战略布局引发广泛关注。在元宇宙概念兴起后，业内普遍认为，日本凭借其丰富的 ACG 产业基础和知识产权储备，逐渐将元宇宙的应用领域从游戏扩展到演出、会议等多个领域。元宇宙作为未来智慧城市的重要组成部分，对经济和社会产生的深远影响可能扩展到各个商业领域，其创造的价值也将随着时代和生活方式的变化而不断演变。然而，部分行业专家认为，在虚拟空间市场的布局上，相较于美国企业的积极态度，日本头部企业尚不明确在此方面的战略行动。

日本的虚拟商业公司 Cluster 成立于 2015 年，专注于 VR 虚拟场景多人互动聚会。该公司提供举办虚拟偶像大型 VR 演唱会、粉丝见面会、杂谈会、生日会和讲座等服务。例如，他们于 2020 年 11 月成功举办了“Virtual Tokyo Tower”演唱会，受到了“疫情特需”的推动，虚拟娱乐行业在 2020 年至 2022 年间蓬勃发展，Cluster 也因此受益。事实上，Cluster 与虚拟偶像“辉夜月”及日本连锁 livehouse 品牌 Zepp 于 2018 年合作，在全球范围内首次推出 VR 付费演唱会，成功吸引了约 5000 名观众，并获得了可观的门票收入。这使得 Cluster 成为日本“直播 +VR 技术 + 虚拟偶像 + 粉丝互动”商业模式的代表。

近年来，日本还成立了多个与元宇宙相关的协会和研究所，包括旨在推动元宇宙应用研究和规则完善的“元宇宙推进协议会”，由知名解剖学家养老孟司担任代表理事。此外，Cluster 在 2021 年 11 月成立了“元宇宙研究所”，旨在推动物理信息学和神经科学等领域与元宇宙的合作研究。还有 2021 年 12 月成立的“一般社团法人日本元宇宙协会”，旨在推动元宇宙技术在社会中的应用。

6.2.4 韩国政府如何布局元宇宙

韩国政府在元宇宙领域的战略布局同样备受关注。早在 1998 年，韩国政府提出了“文化立国”战略，将文化产业视为国家经济发展的关键支柱产业之一。通过宏观调控和引导，鼓励产业升级和创新，为本国文化产业提供支持，创造积极氛围，为文化作品的发展提供支持。韩国政府在元宇宙领域延续了这一政策，发展布局呈现“政府引领，偶像工业驱动”的特点。韩国信息通信产业振兴院在 2021 年 5 月 18 日携手 25 家机构和企业，共同创建了“元宇宙联盟”，旨在构建一个开放且融合现实与虚拟领域的元宇宙生态系统。许多知名的韩国企业都参与了这一联盟，包括现代汽车、盆唐首尔大学医院、AR 技术企业 NAVER Labs、MAXST、VIRNECT、RAONTECH，以及通信公司 SKT、KT、LGU+，电视台 KBS、MBC、SBS、EBS、MBN，综合型娱乐集团 KAKAO ENT、CJ E&M、Lotte World 等。除了元宇宙联盟外，韩国政府还成立了多个机构和协会，共同推动元宇宙技术的发展和应用。

韩国已经开始部署自己的元宇宙平台，计划于 2023 年前完成名为“Metaverse Seoul”（元宇宙首尔）的元宇宙平台的部署，这将是首个加入元宇宙的市政府。该项目计划投入 39 亿韩元（约合 2087 万元人民币），是市长吴世勋“首尔愿景 2030”计划的一部分。2023 年 1 月，韩国首尔正式开放了其公共元宇宙平台 Metaverse Seoul。作为亚洲积极布局元宇宙领域的国家之一，韩国的一些企业，如三星，在相关技术领域进行了多年的布局，成为元宇宙领域的主要参与者。三星在 VR 和 AR 领域有多项布局，包括推出了 Relumino Glass 等产品。此外，三星还发布了针对移动设备的下一代 RAM 产品 LPDDR5X RAM 芯片，该技术不仅可用于智能手机，还可用于服务器、汽车和元宇宙等领域。三星还致力于实现“在元宇宙办公”的愿景。随着第四次工业革命的来临，线上和线下的融合已经成为一种趋势，并且正在各行各业中发生。

6.3　元宇宙产业应用

对于商业实体来说，元宇宙可以提高效率、降低成本，甚至改变行业形态。宇宙的概念早在技术实现之前就已经出现，尽管当时技术尚不成熟，但学者们已经认识到元宇宙中的地理数据集可以在公共卫生、地图等领域进行应用，并指出元宇宙的即时性、整合性和沉浸感在相关应用中具有重要意义。然而，从技术层面讨论新技术中尚不存在的细节比分析应用模式更加困难。如今，在 AI 生成文本模型（如 ChatGPT 等）的支持下，元宇宙在各种应用领域的潜力得到了广泛认可。

6.3.1　党建元宇宙：守正创新，赓续精神

在元宇宙的应用领域中，党政元宇宙成为一种具有潜力的应用模式。通过在元宇宙中创建红色场景，提供丰富的内容解说和实时互动体验，创新党建工作模式，高效处理党建工作。这使得党员学习培训、党群工作服务及党的政策宣传等工作更具吸引力。要实现这一目标，可以构建元宇宙场景，例如全国烈士纪念馆、烈士陵园、革命博物馆和红色景区等，打造第一人称视角的身临其境体验。通过虚拟的红军讲解员讲述党史故事和发展历程，用户可以随时随地聆听，使故事更

加生动。通过创建集党史普及、理念塑造、行动规范和作风导航等功能于一体的党建元宇宙平台，可以加强党员的参与感，减少传统场馆和人员成本，以科技赋能党建工作。这也符合中共中央的要求，利用新技术、增强交互传播和沉浸式体验，扩大工作覆盖面和影响力，广泛传播正能量。通过元宇宙虚实融合的技术手段和方式，可以加强党政工作，提高政治忠诚，增强政治判断力、政治领悟力和政治执行力，如图 6–2 所示。

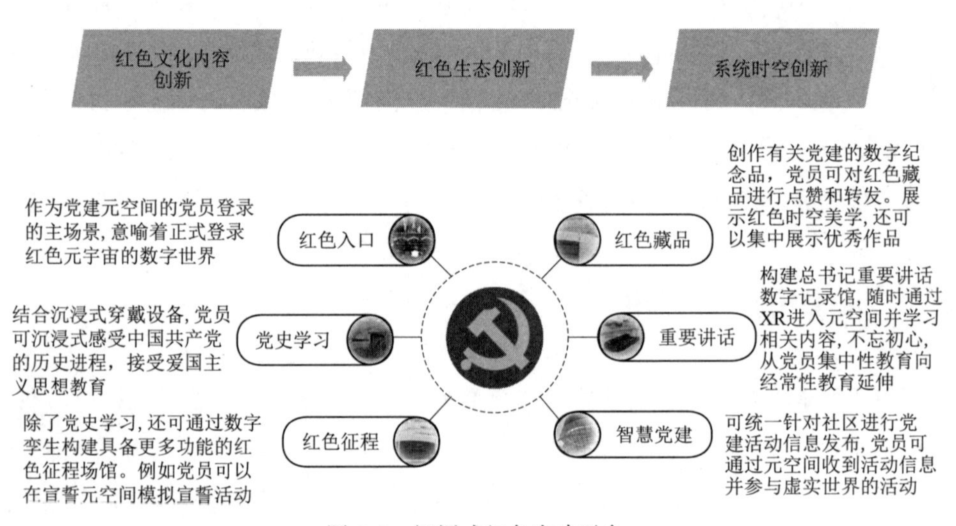

图 6–2　沉浸式红色党建平台

6.3.2　传媒元宇宙：数藏居首，影游主导

在全球传媒百强企业中，NFT 数字藏品和游戏元宇宙是前 20 位中的重点项目。其中，NFT 数字藏品占据领先地位，整体布局频次占比达 25.64%。在全球传媒产业中，游戏、影视、虚拟数字人和音乐元宇宙项目最为流行。虚拟数字人元宇宙被认为是“四全媒体”的最高形态，其可以更好地塑造情感效果，还原任意视角、场景和角色。其中，“四全”包括：全息对应三维和三元，全程对应永续和无尽时空流，全员是未来的普及度，全效是服务功能高度集成。作为未来的媒介，元宇宙意味着社会机制、结构和关系的联动变革。元宇宙研究成为中国本土传播学媒介研究的新议题，催生了很多新的研究领域，例如从交往、空间和媒

介等方面对元宇宙进行探讨。元宇宙的虚实融合特性使得具身传播成为用户参与的主要方式，数字技术的不断进步为其提供了更好的支持和条件，构建了更加真实的媒介场景。沉浸传播、体验传播和信任传播将作为研究的新场域。元宇宙的视频内容在两个方向上不断发展。首先是耗时减压型，用户在元宇宙中花费大量时间以求减轻压力，体验生活即浏览，浏览即存在；其次是流量增压型，由于多图层时空流信息密度过高，可能会给用户带来一定的焦虑和压力。根据内容发展理念，可以分为记录美好生活和记录真实生活。前者包括真实的、虚构的、美好的和幻想的场景，而后者则是对客观世界的真实描述。元宇宙的优势是从大屏幕到互动性再到深度沉浸的逐步升级。其效果增强依次为：2D 视频、单视角 3D 视频、多视角 3D 视频、互动视频、全视角互动视频（或时空流）。8K 视频已成为视频消费的新需求，4K 已经开始显露疲态。未来，元宇宙中的视频消费将对画质有更高清的要求。随着 5G 时代的到来，社交类 App 向着三维视频化的方向发展，二维化的沟通表达已经无法满足用户需求。VR、AR 设备远程播放视频，是一个较好的备选方案。视频中奇幻场景、互动仿真、动作舞蹈、拟态陪伴给人带来的冲击感最强。未来是形体视频表达的时代，拟态陪伴效应将在机器人社会中愈发凸显。

元宇宙的传播可能会带来诸多隐患。第一，观点遮蔽。固定的看法会导致信息的否定，从社交媒体和信息生态位等方面进行干扰，可能会导致个体对世界的认知不完整。例如，短视频中容颜姣好人群的比例较高，但在真实世界中并不是那么高。随着时间的推移，个体在许多议题上会形成刻板印象，即使看到信息，个体也可能不相信。第二，信息遮蔽。AI 代替人类选择信息，形成信息茧房。人类早期接触和选择信息的权力和自主权更大。但现在，AI 会自动推送信息，使人类变得更懒惰，逐渐养成不主动检索信息的习惯，导致信息茧房现象。第三，器官遮蔽。人类和外部信息环境之间存在多个设备的叠加层。随着设备的增多，人类器官逐渐被遮蔽。从人眼到望远镜再到手机，最初的“眼见为实”已经变成设备提供的信息不一定是真实的。VR、AR 等时空流信息含量和密度增加，信息难以穿透和理解，存在信息胶状体，信息可能会折射、歪曲和模糊。第四，交互遮蔽。随着 AI 和机器人的发展，人与权力、资本、平台的交互越来越多是与非人智能交互，这种交互遮蔽可能会最大化实现资本控制和平台控制。

6.3.3 游戏元宇宙：集成优化，融合连接

伟大的时代变革通常以一个先导产业的爆发性增长开始，不断产生示范效应，并反哺整个社会，推动社会向前迈进。元宇宙是互联网发展的下一个演进形态，如今各行各业都直接或间接地受到其影响。元宇宙具有以下五个显著特点：虚拟身份、强烈的社交属性、沉浸式体验、开放的自由创作和经济体系。那么，究竟是什么推动了元宇宙的诞生呢？或许，游戏正是元宇宙发展早期最具潜力的产品形态。我们可以看到，引爆元宇宙概念的公司中，很多与游戏有关。可以说，游戏是元宇宙的主要应用场景，推动了关键技术的发展，但元宇宙的门户远不仅限于游戏。与梦想、旅游和艺术活动一样，游戏也是我们超越现实的工具。游戏在人类生活中具有深远的意义，它已经在游戏世界中生动地展示和诠释了元宇宙的核心特征。尽管目前还没有一款游戏能够完全实现理想中的元宇宙状态，但游戏已经成为元宇宙的雏形，为其发展奠定了基础。

随着游戏行业的不断发展，元宇宙所需的技术和经济基础也得到了全面的提升。首先，游戏中建立了一个与现实世界相似的经济体系，确保了虚拟资产的保护，并允许虚拟资产在游戏中进行交易。其次，在游戏中，玩家具有双重身份，既是现实世界中的个体，又是游戏中的角色。在游戏中，每人独一份的虚拟身份是进入游戏世界的“准入许可”，具有一致性和强烈的代入感。玩家必须使用虚拟身份才能进入游戏世界。最后，一款优秀的游戏可能有多种不同类型、艺术风格和成本规模，但其核心要素在于“好玩”。能够让玩家保持高度参与的游戏通常被称为具有强烈沉浸感的游戏。游戏的互动性、信息量和沉浸感使其成为元宇宙中的主要内容和传播媒介。因此，游戏行业的发展将如何推动元宇宙和数字化的发展呢?

从经济的角度来看，市面上的每一款游戏都是“体验 + 消费”的组合体，而与元宇宙高度相关的游戏还具有“强交互性”的特点，以确保其价值链的循环。从元宇宙的本质来看，目前的游戏被视为一个个“虚拟经济体”，这些虚拟世界由技术构建，用户需要持有“消费通行证”才能畅通无阻。与传统货币系统无法支持的领域相比，具有元宇宙特征的游戏天然成为数字货币应用的场景。

元宇宙正经历爆炸式增长，在元宇宙的探索中，游戏业已成为最前沿的开拓者，并且数字货币的总交易量也在迅速上升。人机交互、AI、云计算及其他新兴技术的不断探索，为数字世界的进步和规模更大的元宇宙市场的发展奠定了坚实基础。这些可以看作技术和生产关系的外溢，引发了一系列相关产业的变革，最终影响到经济层面。在经济的激励下，区块链底层设计逐渐成熟，游戏成为一种“玩就能赚钱”的产业，数不清的小宇宙都充满了经济活力。

从应用场景来看，元宇宙的范围非常广泛，包括文化旅游、娱乐、工业和公共服务等领域都涵盖在内。然而，目前的元宇宙，特别是结合 NFT 技术的探索，主要集中在游戏领域，这是目前市场验证出的相对契合的发展路径。这种路径具有两个天然优势。首先，游戏是元宇宙的雏形，早期的元宇宙产品主要围绕着游戏产业，并积累了相当多的用户流量。虚实互动是元宇宙全面实现后的场景，这种场景中每个人都能获得应得的回报，用户在游戏中创造了有价值的事物，可以留在游戏中。其次，进入游戏的个体通常具有双重身份，既是游戏的消费者（即玩家），又是游戏的创作者（即主导用户）。他们可以通过发布自己的 NFT 来吸引受众关注自己的作品，在这种双重身份的加持下，市场潜力和价值的延展是巨大的。这两点优势解释了一个现象，即游戏玩家除了局限于游戏给出的体制和身份外，还可以自由创造，使整个体系更加开放，更像一个独立的宇宙。用户的高黏性和活跃度使其有可能随时突破次元壁，这也解释了为什么游戏企业在进入元宇宙领域时占据了主导地位。

从项目赛道来看，目前已落地多个元宇宙游戏平台，其中 Roblox 作为全球最大的多人在线创作游戏平台，通过提供多平台支持，为玩家创造了开发和创作数字内容的便利条件，并与朋友进行交流。虽然它尚未与 NFT 结合，但已经引发了游戏、技术和投资领域的巨大波动。恩金（Enjin）自 2009 年成立以来，从服务游戏玩家到 2017 年拓展至 NFT 领域，其 ENJ 代币具有铸造 NFT、交易及制作物品的多重功能。此外，恩金的游戏世界实现了区块链资产在多个游戏中的互通性。

总之，元宇宙游戏赛道仍然充满机遇，NFT 市值贡献量有望进一步增长。元宇宙是每个区块链从业者、科技研究机构和游戏玩家都值得密切关注的领域。从关联性的角度看，游戏与元宇宙之间的关系就像5G与游戏之间的关系一样，它们互相促进，相辅相成。将人类生活从现实世界转移到虚拟世界需要克服技术上的挑战和心理上的适应，游戏被广泛认为是元宇宙最快落地的形式之一，因为游戏所构建的虚拟空间可能是通往元宇宙的最便捷入口之一。

在电子游戏中，用户能够基于现实构建虚拟世界，游戏中的经济系统也能使用户进行自由交易，但元宇宙却并不等同于电子游戏和虚拟世界，元宇宙是虚实结合的存在。电子游戏存在既定的范式，以及引导性消费并且难以连通现实等问题。元宇宙看似有着与电子游戏相似的运行逻辑，但不存在运行范式。在元宇宙中，用户的探索不会被局限，同时用户的创作也能与现实世界相连通产生交互体验，并可借助区块链技术使每一个用户都能够对世界进行编辑。可以说，游戏是元宇宙搭建的数字社会的底层逻辑，游戏元宇宙以其倍增的沉浸感、革新的艺术风格、便携的终端设计，以及具有共创性、唯一性的商业模式，能够为用户提供更加沉浸、实时和多元的泛娱乐体验（如图6-3所示）。

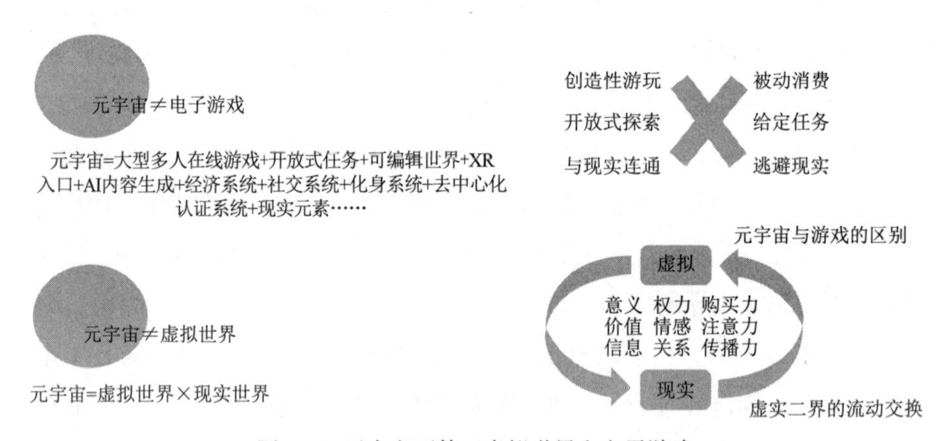

图6-3　元宇宙不等于虚拟世界和电子游戏

而在游戏的底层逻辑中，元宇宙进行了全方位的延伸。VR、AR、区块链等在技术层面为元宇宙提供远超沙盘电子游戏的沉浸式体验，并通过MR等技术充分融合虚拟与现实，打造出区别于游戏的互联网新形态。腾讯设备与平台部杨彦哲表示，把一个高度拟真的超3A游戏引入更多生产生活元素，建立经济、系统管理体系，最后就可能推动整个社会进入全真互联网时代。[10]

6.3.4　工业元宇宙：数智制造，降本增效

工业元宇宙以“数据驱动、泛在智能”为基础，搭建了全新的工业基础设施，为“产品、生产、流通”三大价值链赋予新的生命力，从而形成了崭新的工业生态系统。其核心使命是在“智能改造、关键优化、产业升级、强链补链”这四个关键方向上推动产业应用的发展，以实现“提质、降本、增效、求安、创制”这五大目标（详见图 6–4）。

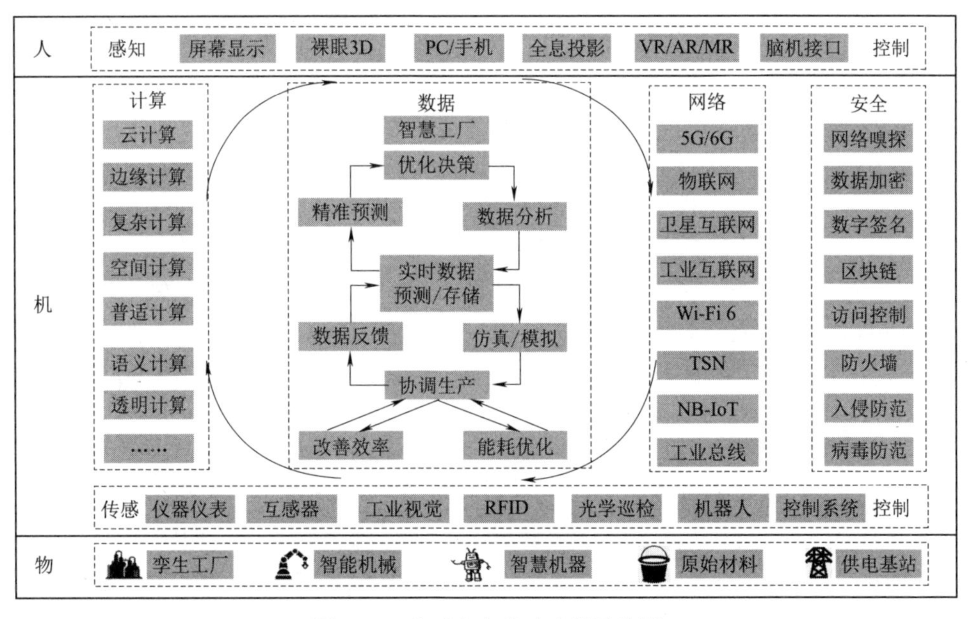

图 6–4 工业元宇宙基础建设链路图

工业元宇宙涵盖整个工业产业链，连接着产业链的各个环节。虚拟工业产品和服务具有可存储、可交易和高安全性的特点。元宇宙将给工业带来以下三个方面的变革。首先，管理方面的变革，模拟实际生产和供应链流程是优化组织结构的关键，但这要求企业领导层更迅速地做出决策，对传统 IT 系统形成挑战。其次，技术方面的赋能，可以帮助工业进行设计研发、制造模拟、应用检测与维护、问题解决及性能改进等方面的工作。这需要提升“西格玛水平”，提高生产合格率，推动精益化集约生产。此外，工业元宇宙可以带来融

合方面的增值，消费者可以通过 App 参观虚拟工厂制造并体验。构建工业元宇宙智库平台是未来发展的重要方向，该平台将整合专家智慧、知识库和 AI 系统，实现工业能源、资源和智源的协同增效。

工业元宇宙技术具备全面改革传统产业的潜力，可显著提升全要素生产效率，并推动传统产业实现升级转型。这一变革的核心目标在于实现智能生产，通过深度整合物联感知、AI、5G 等前沿技术于传统产业，从而实现协同研发、仿真设计、柔性供应链、大规模个性化定制和敏捷交付等多方面的优化。这一挑战的关键在于持续优化，工业元宇宙技术必须与具体行业场景相结合，以数据为驱动力，借助机理模型和动态模型的不断优化，以解决并持续改进行业和企业所面临的问题和困难。

园区集群也急需实现升级转型，工业元宇宙技术可以起到关键作用。通过整合地理信息、标识解析等技术，这一技术可以实现数据的集成和共享，加速产业资源要素在园区内的集聚，为园区内企业的数字化转型提供支持。双链协同平台运营则能够通过工业元宇宙、边缘计算、供应链协同等手段，实现传统产业全链条数据的畅通，从而优化配置技术、资金、服务等各种资源，削减企业运营成本，完善生产周期。产业数字化也将得到全面提升。多种技术，如 AI 和大数据，将被用于智能化规划库存成本与制造成本之间的关系，助力降低材料消耗、减少人力投入、减少物流损耗、实现低碳生产、构建无人化生产线、降低关键设备使用成本及减少备品备件库存等，从而提高生产效率（如图 6–5 所示）。这一新兴工业元宇宙技术，对于传统产业的发展具有革命性的潜力，将为企业提供更高效、更灵活和更可持续的生产方式，推动产业迈向数字化和智能化的未来。

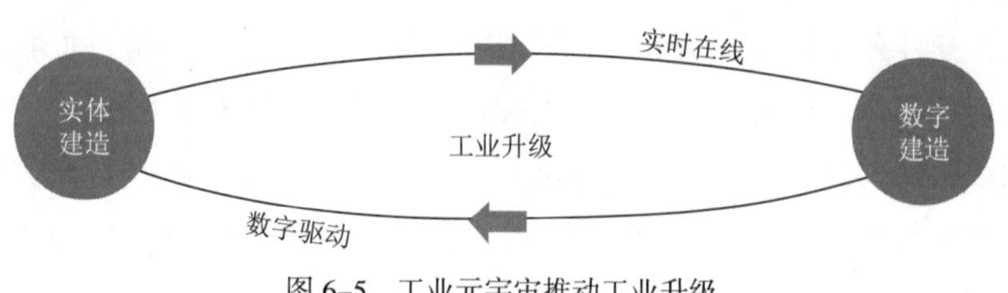

图 6–5　工业元宇宙推动工业升级

工业元宇宙可提高企业生产效率，实现对实体系统的建模、预测、优化、管理，双向打通工业系统中的人、货、场、器、境、艺的全面互联的关系。工业元宇宙的生产具体有以下特点：一是平台化设计，通过平台化仿真设计，降低样品生产损耗；二是个性化定制，按照用户需求定制化生产，提供高效服务；三是网络化协同，研发设计生产协同，形成新型高效分布式企业；四是产业资源集聚，优化产业链资源配置，提升产业集群竞争力。为了实现产品质量的提升和生产过程的追溯，需要将物理世界中的生产数据和质量信息透明化，实现三维实时可视化监控、联动智能排产和视觉检测等，从而实现生产更有序可控，品质检测更标准统一（如图 6-6 所示）。

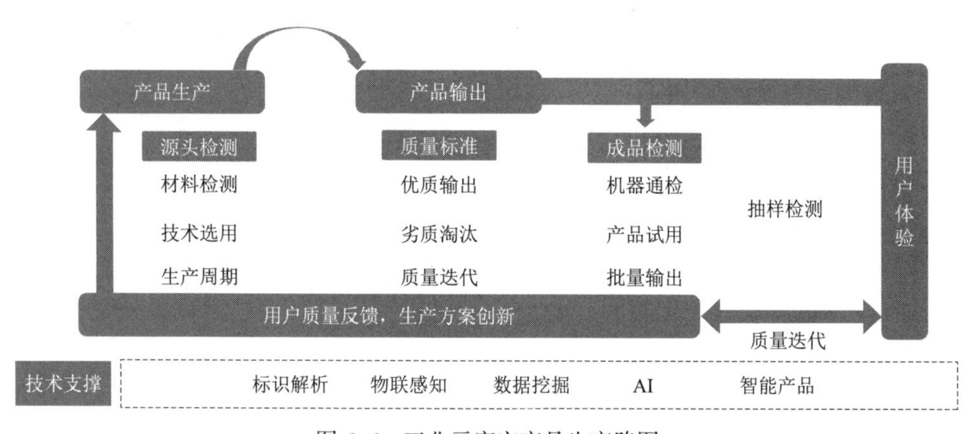

图 6-6　工业元宇宙产品生产路图

工业元宇宙的三大价值分别为元产品（产品全生命周期元化，体现协同、定制、创新）、元生产（传统黑箱生产透明化，体现感知、决策、优化）和元流通（实时协同式新链条，实现临场、在场、跨场），如图 6-7 所示。在保障工业生产安全方面，可以基于信息化基础设施和 AR、MR 等智能设备辅助工业生产制造，消除巡检盲区，守护安全“前置防线”，降低生产制造的危险，并加强保护信息数据的安全（如图 6-8 所示）。在人员安全方面，AI 可以代替人工巡检，实现安全监测无人化，大数据分析自动生成安全管理报表，降低成本，AR 防爆、VR 模拟、传感器增测等智能系统保障人身安全。

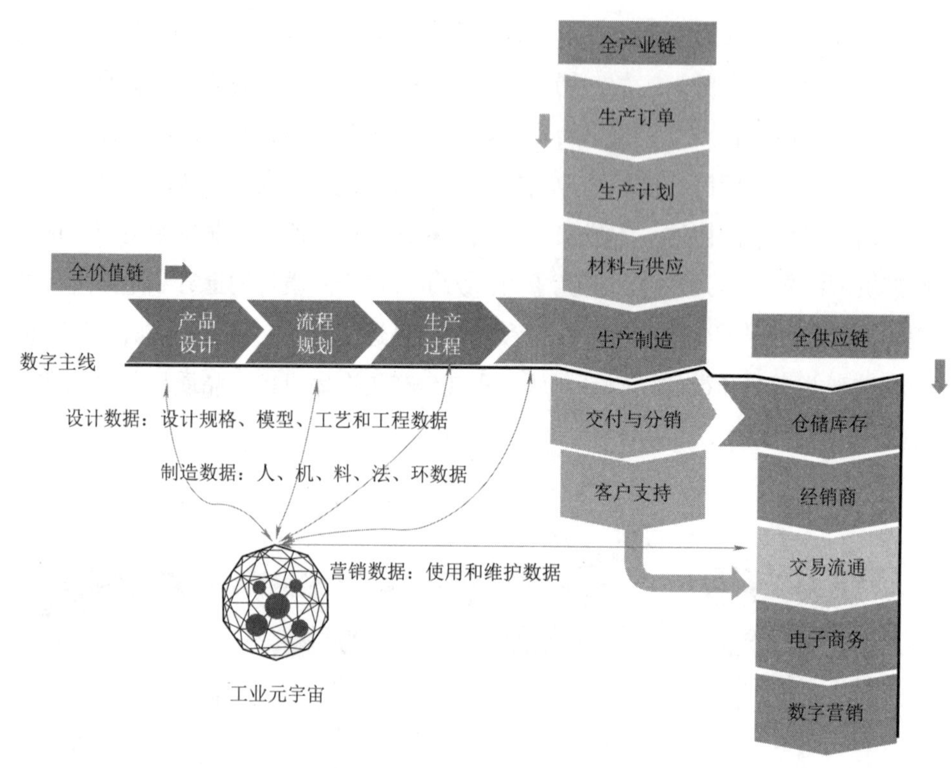

图 6–7　工业元宇宙生产链路图

图 6–8　创新产业交互模式

在生产安全方面，通过 AR 训练演练和风险可视化识别，建设安全生产系统体系，通过系统提醒与任务管理，实现人工与数字化的结合，可增强安全管理的可信赖度。

在信息安全方面，工业数据分类分级管理，包括安全存储、损坏测试、备份恢复、虚拟架构、日志记录等，明确数据作为生产要素的保护要求。

针对汽车元宇宙应用，首先 AR HUD（抬头显示系统）能够增强人类的动态空间感知能力。AR HUD 基于 AR 技术将虚拟信息与实景相结合，在不影响驾驶的前提下显示丰富的信息，实时展示周边环境和车辆信息，协助驾驶。其次，虚拟开发流程成为汽车设计的新范式。基于数字孪生的虚拟开发流程能够大大降低开发成本，设计师和工程师可以利用 VR 头显进入同一个虚拟场景进行开发和模拟。数字孪生技术允许工程师在各种模拟环境下对车辆进行虚拟测试，避免真实世界中的风险。

在通信领域，以中国三大运营商为例，中国电信凭借其资源优势构建了数算云网，以 5G 云网和强大的算力作为支持，打造了能够承载元宇宙的全新信息基础设施。通过广泛的融合，释放了云边侧资源的巨大潜力，形成了元宇宙中的“算力网络”，以满足超高频的互动、计算和连接需求。同时，区块链平台在助力元宇宙的发展方面也发挥了关键作用，尤其是区块链平台 CT Chain，为元宇宙的发展提供了有力支持。在虚实共生空间互联网信息消费平台方面，中国电信的天翼云图（Ecoverse）提供了引人入胜的沉浸式游览和消费体验。此外，新国脉正在建设融媒体云平台，以新型基础设施的形式支持元宇宙的发展，从而促进了融媒体新业态的崛起。中国移动的咪咕平台也正在构建通向元宇宙的路线图，以算力网络为动力，以游戏化引擎为驱动力，通过沉浸式媒体创造了虚实融合的元宇宙叙事逻辑，并在此基础上推出一系列数字化产品。

中国联通则专注于创建虚实相互衔接的新型基地。一方面，他们积极推动 VR 产业的发展，包括数字底座基础设施的建设、综合了“连接 + 算力 + 能力”的 5G 精品网络、千兆宽带网络，以及 5G 与 MR 融合应用，旨在成为国内一流的“产学研用”一体化 VR/AR 基地。另一方面，除了设立 5G 云 VR/AR、VR/AR 展示体验及运营管理“三中心”外，他们还构建了 VR 制作与版权交易、生态聚集、行业应用推广及内容分发“四平台”。这些平台提供了多功能服务，包括云创数字人创作系统、实时动捕技术、AI 数字人智能技术、数字人 IP 形象定制、数字人客服主播及线上数字人音乐会等。这些举措旨在积极推动元宇宙技术的发展，为用户提供更加多样化和沉浸式的体验。

6.3.5 医疗元宇宙：病症可视，名医普济

从模拟医学到医疗元宇宙，医疗行业正在经历技术变革。医生们现在能够使用图像扫描和模拟手术等新技术来更准确地制定治疗方案，通过沉浸式 VR 模拟培训，护士和医疗工作者可以提高临床推理和协作能力。同时，高分辨率计算相机能够透视皮肤，观测毛细血管。电子病历也推动了医疗机构的标准化和互联互通。医疗元宇宙的实现主要包括四个方面：第一，构建全息数字人，将生命体征、健康状态等机体信息转化为数字化表达；第二，搭建反馈与交互平台，让医生能够对全息数字人进行连续、动态的高精度监测及实时操作；第三，高精度虚拟模拟，医生能在术前真实模拟手术困难，做好充分准备，同时支持远程治疗，合理调配医疗资源；第四，提升全面健康，监测人体微生物、营养和心理等高级生命体征指标，以提升全面健康水平，并为寻找健康干预的生物学靶点提供数据基础。

从学术研究的角度来看，学者们已经开始探索元宇宙技术在医疗领域的应用。这包括利用 AR 技术辅助外科手术和进行远程手术等方面的研究。这些研究旨在通过应用元宇宙技术来改善现有的医疗服务，或者优化元宇宙医疗应用方案。例如，通过构建在线诊疗平台，元宇宙技术可以为患者提供更好的虚拟诊疗环境，从而降低因在线诊疗中无法面对面交流而产生的不适感。此外，还有研究关注 VR 技术在创伤后应激障碍、焦虑和恐惧相关障碍、神经系统疾病和疼痛管理等领域的应用，提出了整合更多创新疗法、强调心理益处、与游戏结合及引入设计研究等建议。在元宇宙中，残障人士可以获得更多感知和参与世界的机会，社会也将提高对残障人士的协助能力。元宇宙技术为残障人士带来了更多可能性，包括接入人体神经系统的电极、磁脉冲和超声波等 VR 设备，以帮助他们“看”到图像。高精度的声音输入设备可以帮助人们更好地感知周围世界的微小变化，而脑机接口设备可以实现对味道和气味的感知。在元宇宙中，未来医学将迎来远大的应用前景，医生可以利用全息技术更精确地观察神经和血管结构，提高手术的精准度。此外，医学生已经开始使用 VR 和 AR 等技术进行培训和手术操作，这

将提高临床治疗的效果。数字全息技术还可以实现对全身细胞级别的实时观察，模拟人体器官以提供准确的诊断和治疗依据，使治疗更加容易和高效。例如，在以色列的一项手术中，医生使用了 MRI（磁共振成像）、CT（电子计算机断层扫描）和血管造影扫描图像的 3D 模型，成功模拟出双胞胎的血管、脑膜、颅骨和皮肤，最终成功完成了手术。这些创新将进一步推动医疗领域走向精确医疗与人文医疗的完美结合。

6.3.6　教育元宇宙：实操具象，意真情绵

利用 AI 技术分析个体知识结构的缺陷，并进行个性化的知识引导，可以实现教育元宇宙的构建。教育元宇宙倡导开放性思考，注重教育过程而非单纯灌输知识。在研究元宇宙相关领域，教育元宇宙一直受到广泛关注和研究。教育元宇宙是一项引领知识创新的力量，为个体提供了在虚拟和现实世界中快速获取、实践和推广知识的机会。与其他领域不同，教育领域将元宇宙视为整体概念，积极探索其在教育中的应用。研究者们借鉴现有教育理论，提出了多种元宇宙下的教育行为概念模型，其中之一是教育元宇宙架构。该模型深入分析了数据管理等方面的挑战，并预测了元宇宙在教育领域的未来发展趋势。

大多数研究集中关注虚拟内容和元宇宙教育中的互动性、沉浸感，但也有学者提出了线上线下界限逐渐消失的混沌式教育模式，这一模式突破了传统研究局限，将焦点从元宇宙中虚拟教学内容的应用扩展到了教育的更广阔领域，并对此进行了深入分析。总体而言，教育元宇宙领域的研究主要集中在探讨元宇宙教育的优势，并分析和开发具体应用。与传统的面对面教育或视频教育相比，元宇宙教育具有独特的优势，为教学内容和工具提供了前所未有的可能性。元宇宙的互动性、沉浸性和多元性等特征已经在学科教育、非正式学习和职业培训等领域发挥了重要作用。同时，元宇宙也为哲学教育提供了游戏化的可行性，通过虚拟化身和社交网络加强了教育与社会的联系。元宇宙在终身学习和教师培训方面具有巨大潜力，其基于数据的教学系统可以根据学生的学习状态进行个性化调整，虚拟化身可用于评估学习效果。

此外，元宇宙提高了教育的公平性，尤其在应试教育中，通过提高学位评估的准确性，实现了更公正的教育。值得进一步研究的是，虚拟世界作为建构主

义学习空间的有效性。元宇宙最引人瞩目的作用之一是它对现有游戏化教学的升级。研究者们关注元宇宙游戏体验与学习动机之间的关系，明确了适用于教学载体的不同游戏类型，例如生存、迷宫、多选、竞速和逃生等。他们分析了游戏化教学的设计，发现不同类型的玩家在学习动机上没有统计学上的差异，因此强调了规则和策略环境在游戏开发中的关键性作用。许多基于元宇宙的教育游戏已经被开发出来，如一种故事驱动的 AR 逃生游戏，帮助学生学习化学，无需老师在场，也无需系统准备，这一系统已经被证明在提高学生学习动力方面取得了显著成效。这些创新将继续推动教育领域朝着更具效率和创造力的方向发展。

一些研究聚焦于元宇宙的虚拟教学内容和远程协作功能。例如，研究者描述了为沉浸式学习建立认知情感模型的过程，并研究了多媒体学习中的沉浸式原理。他们发现，接受 VR 内容的学生比接收二维内容的学生表现出更高的兴趣，体验到更多的在场感，VR 教学内容的短期和长期影响显著优于二维内容。另外，这些研究者关注教师如何设计 VR 增强型学习环境的过程，并通过情感分析和文本挖掘分析反馈信息，发现 VR 在教师准备和教学效果方面有积极的作用。另一些研究分析了虚拟世界在高等教育中移动端学习的价值，并为研发更具包容性和参与性的教学法开发了一个虚拟世界。此外，元宇宙平台 Vortex 被开发出来，其在协作远程学习和构建虚拟教学内容中的价值被进行了深入分析。有学者从学生的角度展开研究，分析了墨西哥一家私立教育机构中优秀高中生对 AR 数学课程的看法，并指出元宇宙技术在提升教学亲和力方面的重要价值。

除了传统的学校教育，一些学者利用斯马特（Smart）的元宇宙分类法，对 AR 类元宇宙在医学教育中的作用进行了分析。他们总结了元宇宙在教学中提供新的社交空间、更高的创作自由度、全新的体验和沉浸感等优势。此外，在飞机驾驶与维护的过程中，空间感也非常重要。一些研究人员开发了基于元宇宙的飞机维护模拟系统，并证实该系统相对于传统视频教学具有显著优势。在疫情期间，学者们还讨论了以深度学习语音交互模块增强的元宇宙平台作为退役模型替代品的无接触教学和低成本教学作用。

6.3.7　消费元宇宙：时空再造，跨场贸易

X2M 指的是各种消费形态的元宇宙化，其中包括实体零售元化（Mall to Meta）和元化场景零售化（Meta to Mall）。以 XR 为核心的实体零售元化引领消费体验新变革，元化场景零售化则推动销品贸元宇宙走向新的价值创造。元宇宙的双向 M2M 属性决定了二者缺一不可。X2M 的本质在于打破了传统人类社会消费交易的物理集聚属性，实现了时空再造，实现了信息的时空扩张和点面结合；M2X 将改变人类社会商业交换的本质。

X2M 的元化路径有几个方面。第一是打造新场景、组合新要素、创造新需求，典型行业如剧本杀、房地产、IP、文化、奢侈品。第二是创造新体验，注重沉浸式交互，典型行业如零售、娱乐、历史、文旅、科普。第三是形成新模型、新模拟，将实体变为可再现资源，典型行业如航天、地球、军事、农业、工业、碳排放、城市、招聘。第四是需要虚实结合，提升互动效能，典型行业如教育、党建、社交、办公。最后是信息处理的智能化、自主化，典型行业如招聘、运营商、监管、医疗。传统实体零售的“人—货—场”需要肉身在场才能体验消费模式，而现在转向为“智人—超货—虚场—灵境”虚实结合的沉浸式消费体验，将“底层逻辑 + 虚实场景逻辑 + 经济系统 + 社交系统”串联，以“Z 世代”为核心的零售元宇宙带来消费新模式（如图 6-9 所示）。

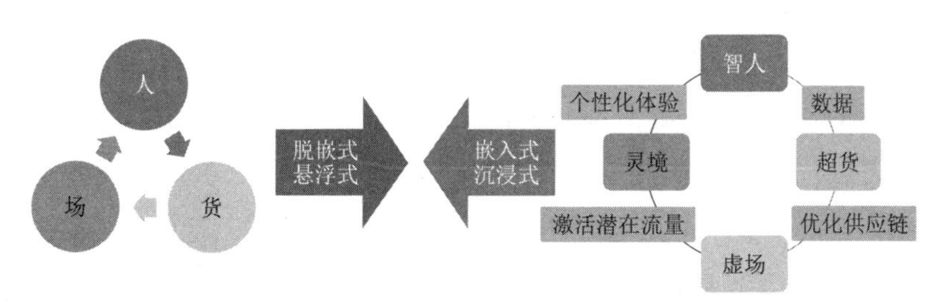

图 6-9　零售元宇宙链路图

虚拟数字人元宇宙正开启着电商和消费领域的“新寒武纪时代”，将购物方式引向三维化仿真。通过应用 3D 扫描等前沿技术，它成功模拟了购物场景的细节，将品牌店铺、文化旅游胜地、创意市集、虚拟数字人导购等元素融合在一起，

使消费者仿佛置身其中，能够详细观赏三维立体商品，甚至与商家进行“砍价”。与此同时，元宇宙电商也通过个性化互动、游戏返利等创新环节，正在重新塑造人们的购物体验、产品选择习惯及社交方式。

虚拟数字人元宇宙具备多项引人注目的功能。首先，它提供了个性化互动体验，允许卖家以更具个性化的方式与顾客互动，全方位展示产品信息和品牌故事，使顾客能够全方位审查产品，比较不同产品的性能，从而提升品牌忠诚度。其次，它实现了场景的精准匹配，通过实景再现展示产品在不同自然环境、工作场景和生活场景中的多样状态，帮助消费者选择最适合自己需求的产品，实现所见即所得。再次，它将娱乐与购物融为一体，重新定义了社交方式，让消费者以虚拟数字人的形象与朋友一同在元宇宙实景空间中选购商品和探索场所。最后，它通过品牌合作激发购买欲望，商家可以通过游戏设置来奖励消费者，让他们在娱乐氛围中享受购物，并获得返利券。未来，零售的前沿趋势将主要依赖于 AR、VR 等元宇宙核心技术。AR 购物将通过虚拟“图层”点亮现实世界，为消费者提供丰富的交互和视觉体验，进一步推动元宇宙的发展。例如 TUMI 途明推出 360 度虚拟商店，具有 AR 叠加层。购物者可提前体验将实物大小的产品放在家中的效果。抖音推出了 Landmark AR 技术，用户扫描城市地标后，可为其添加“动态”浮层，创造“超现实”的观看体验。VR 虚拟商店现可提供随时随地的消费体验，例如 Obsess 于 2021 年 7 月与护肤品牌 Dermalogica 合作，推出了一个沉浸式 VR 商店，还原实体店般的导航体验。Obsess 创始人兼 CEO 尼哈·辛格（Neha Singh）表示，Obsess 旨在使用“更具吸引力、更具视觉效果、更具品牌化”的产品展示方式，使消费者能在虚拟商店体验到如同在社交媒体或实体店中发现心仪产品的乐趣，并为客户提供“有机和自然的方式”来了解产品。另外，韩国乐天公司在 CES 2022 消费电子展上展示了元宇宙平台“LOTTE Metaverse”，用户足不出户就能使用 VR 在该平台购买实际商品、看电影、听音乐会。

元宇宙会将资产数字化，奢侈品元宇宙是一个将奢侈品数字化后再返回实体化的过程。用户在虚拟世界中高频次地使用某品牌，会在一定程度上增强其在现实世界中消费该品牌的可能性。元宇宙中的奢侈品具备更强的炫耀展示属性，因为虚拟数字人的社交场景更多，与现实生活中的人相比出场将更频繁，这是一个循环往复的过程。奢侈品和限量款的独特性与 NFT 的永久保护和唯一性之间互通，消费者能便捷地鉴别真伪。奢侈品入局 NFT 后，对年轻群体更具吸引力。现实世界中文化品牌的塑造与推广受到数字世界的流量影响。Roblox 品牌合作副总裁克里斯蒂娜·伍顿（Christina Wootton）曾表示，“品牌可以在元宇宙中突破创造力的界限，并提供现实生活中不可复制的体验”。例如，古驰在 Roblox 平台开放了 Gucci Garden（古驰花园）空间，启动了艺术花园体验的虚拟活动。Roblox 用户能以 1.2 至 9 美元的超值价格，独家获取限量版古驰配饰，为其平台上的虚拟角色增添独特魅力。在这个艺术花园中，用户可以看到同空间的其他人并与之互动。

作为崭新的亚文化现象，元宇宙与潮牌互惠共生。购买潮牌是年轻人参与构建元宇宙的一种独特方式。欧美国际品牌在元宇宙创新中具有先发优势。如耐克与 Roblox 共同建立耐克元宇宙 NIKELAND，并收购了定位高端数字服装的初创公司 RTFKT 工作室。这是耐克向数字化转型、扩大元宇宙版图的又一次迈步。阿迪达斯通过“元宇宙”销售活动赚取了超过 2200 万美元。American Eagle（美国牛仔品牌）、Bitmoji（一款个人化表情符号应用）和 Snapchat（“阅后即焚”照片分享应用）共同推出了 2021 年秋季返校活动“Future Together, Jeans Forever”，发布了 AE 数字服装系列。

6.3.8　营销元宇宙：巅峰借势，品效合一

在元宇宙中，品牌的营销策略具有多种形式。首先，核心策略是依托已有的受众群体，强化核心业务，将目标受众定位在已有的用户基础上，强化核心业务的发展。其次，低成本入局策略逐步迭代升级，即在初始阶段降低营销成本，积累经验后逐渐增加投入。第三种策略是把握主题方向，提前评估潜在风险，在制定营销策略时考虑新的道德问题，根据元宇宙的特点预测受众的心理和行为，制定相应的风险预案。尽管元宇宙营销具有独特性，但仍需要遵循现有的规则和伦理。

在元宇宙应用中，广告具备产品活体化、展示空间扩张化和营销内容道具化的特点，包括原生广告、精准广告和营销广告。用户不再仅仅是“观看广告产品”，而是可以“试用广告产品”；任何空间都可以成为广告投放的媒介；用户与广告的互动方式更加精准和高效。具体应用包括：一是虚拟试穿，允许消费者在品牌的 VR 和 AR 场景中试穿服装和饰品，根据自己的需求进行换装和定制；

二是虚拟试驾，用户可以在元宇宙展厅中选择车辆进行试驾，直观体验车型和性能；三是虚拟装修，用户可以根据房型快速查看装修效果、家具布局及居住的便利程度，有助于更好地做出消费决策。此外，元宇宙提供了多样化的广告位置，广告可以出现在元宇宙的各个角落，包括建筑、人物和影视情节中。眼动仪追踪、高分辨率显示屏和角度摄像头等技术能够精准识别和追踪用户的眼球和视线，实时监测用户对广告的反应。肢体交互允许广告根据用户的动作和体态进行调整，从而改变广告内容和呈现方式，包括整体颜色或设计风格的调整。游戏中的品牌植入让广告内容可以融入元宇宙的影视和游戏中，成为一种独特的品牌冠名形式。内容与虚拟道具的结合使用户在玩游戏时能够与品牌广告互动，获取独特的道具和游戏皮肤。

顶级明星为了迎合年轻受众，通过数字化身份举办虚拟演唱会，构建了多元化的营销矩阵，但这种泡沫繁荣趋势可能存在崩溃的潜在风险。例如，2021 年 8 月，爱莉安娜·格兰德在堡垒之夜举办 RiftTour 虚拟演唱会，吸引了 7800 万玩家。同年 11 月，贾斯汀·比伯也在 Wave 平台呈现了一场元宇宙演唱会，与来自世界各地的粉丝以互动演唱会的形式建立联系。此外，周杰伦好友推出的“PhantaBear”数字藏品 /NFT 头像作品在短短 40 分钟内全部售出，总收入约为 6200 万元。

IP 在元宇宙中的使用途径包括下面几种：地图设定中的时空要素、提供货币体系、提供人物形象、打造完整的 IP 虚拟乐园。IP 元宇宙的构建基础是跨媒介叙事，即庞大框架，故事可开发可拓展；充足留白，故事具备连续性和多样性；个性定制，基于不同媒体的特性，对针对性的内容进行改编及升级。例如中文在线的海量 IP+ 版权保护布局元宇宙。中文在线以原创平台、知名作家、版权机构为正版数字内容来源，经过 20 年积累，累积数字内容资源超 500 万种，网络原创驻站作者 430 万名与 600 余家版权机构合作，签约知名作家、畅销书作者 2000 余位[11]。中文在线实行 IP 多元运营，涵盖了音频、动画、漫画、影视、微短剧等形式的内容。

房地产行业在元宇宙技术中扮演着重要的角色。以如视科技为例，该公司在三维实景重建和 VR 领域积累了多年的技术经验，为贝壳打造了一款引人注目的 VR 看房产品。他们自主研发了一款激光 VR 扫描仪——伽罗华，该扫描仪通过彩色摄像头和激光雷达技术，实现了高精度的数据采集，大大减少了误差。此外，如视科技还推出了适用于小型空间（300 平方米以下）的轻量级采集设备——REALSEE G1 智能手机云台。这一创新将传统的二维房屋图片转化为具有深度感知的三维数据，有效减少了深度估算误差，适用于主流智能手机。元宇宙技术在房地产领域中为用户的看房和购房体验带来了翻天覆地的升级。这一升级主要体现在以下几个方面：首先，元宇宙技术使用户能够超越地域的限制，轻松体验世界各地的数字房产。用户可以在元宇宙中漫游，自由地查看各种房产，无论地理位置如何。其次，虚拟讲解成为可能，用户可以通过与虚拟数字人顾问的互动获得专业的房产讲解服务。这种个性化的咨询方式为购房者提供了更多信息和信心。最后，数字装修方面，用户可以在线进行 DIY 模拟，根据自己的偏好和需求创建个性化的装修方案。这一功能不仅提高了用户参与度，还帮助他们更好地做出购房决策。

除了以上提到的方面，元宇宙技术还为居住安全提供了升级版的保障。智能控制系统可以监测和控制水、温度、声音和光线等参数，以创建更健康的居住环境。与此同时，实时监控预警风险因素，保障住户安全。

由于元宇宙平台的生命周期具有周期性，虚拟房产的价值潜伏着高风险。因此，在元宇宙中需要通过最大限度地减少虚拟房产的稀缺性，并警惕虚拟房地产背后的高价炒作风险。去中心化平台的国外虚拟房地产允许用户共建，但风险较高。国内应强调平台责任，监管建设者行为，以确保虚拟房产健康运行。

6.3.9　办公元宇宙：临场互动，高效共创

实现虚拟办公主要涵盖两个核心方面：首先，提供度身定制的虚拟办公空间，旨在高度还原实际工作场景，从而增强用户的在场感，提高会议效率。其次，打造度身定制的虚拟产业园区，形成完整的产业生态闭环，发挥产业集群效应，并优化上下游之间的协同机制，以提高整个产业链的运作效率。

在未来劳动力市场中，具有真实体验需求的工作将需要人类亲自参与，而无需真实体验的工作则可以由虚拟数字人或机器人代劳，从而实现劳动力结构的优化，减轻人类的工作负担。对于发达国家而言，这一趋势可以成功应对劳动力短缺挑战，实现生产效率的显著提高。然而，这也会对发展中国家的产业升级带来

影响，尤其在工业生产领域，机器人和虚拟数字人的广泛应用可能会取代低成本劳动力，减少发达国家对发展中国家工厂的依赖。

机器人的出色计算能力、体能和操作精度使其能够在现实世界中扮演越来越多的角色，导致了许多职业的自动化和“非人化”。这种趋势涵盖了许多领域，包括家务等体力劳动。与此同时，随着AI技术的不断发展，现实世界中的大部分脑力劳动也可能被AI替代，包括基础商业咨询和旅游向导等。高度智能化的AI有望为人类需求提供更完美的解决方案。

虚拟数字人在虚拟世界中发挥其体力和脑力劳动优势，为社会提供服务。虚拟数字人可能会在众多职位上取代人类，例如职业主播有望被几乎完美的虚拟数字人替代。当机器人胜任重劳力任务时，结合虚拟数字人的服务，人类的生产力将迎来前所未有的解放，这是文明的崭新阶段。这一趋势有望重塑未来的劳动力市场。

6.3.10　文艺元宇宙：经典复生，传承创新

数字孪生技术已经为古老的平遥南大街注入了新的活力，通过精确建模古代建筑，扩展了游客的社交空间，提高了互动性，还引入了虚拟NPC角色，为旅行体验增色不少。元宇宙则将进一步推动文旅资源的数字化，将虚拟数字人服务化，并加强文化场景的虚实交互。其中，虚拟数字人的应用范围广泛，包括景区来宾接待、个性化讲解、精准营销揽客、打造景区特色IP、人流监控引导、节日主题装扮和游览打卡等。

文旅资源数字化建设具有三个关键层面。一是外层建设，即物体和人的建设，以实现人与场景的互动，虚拟数字人与虚拟数字人之间的互动，以及虚拟数字人与虚拟场景之间的互动。二是中层建设，着重强调内容的重要性，以虚拟场景为基础，不断扩展知识产权的边界。同时，明确景区的发展理念，制定创新的旅游规划，促进可持续发展。三是内层建设，专注于规范、产业化和商业化元宇宙旅游的新业态，不断完善相关政策、法规和监管措施。

数字化技术已经让中国传统建筑在数字领域中得以生动再现，连接虚拟与现实世界。元宇宙将孕育大量新的消费场景，对线下实体经济具有广泛的影响。数字光年与知名的古建筑团队合作，以1∶1的比例构建了唐长安城的数字建筑模

型。早期用户可以参与城市规划和建设，通过虚实互动全面感受历史风貌。

元宇宙技术早在 2008 年就被应用于城市规划和设计领域，尽管发展进展缓慢，但学者们认为它具备潜力成为城市规划的重要工具，并证实了数字孪生、游戏引擎和 AR 技术在城市规划中的应用价值。

随着元宇宙受到越来越多的关注，人们开始关注其在图书馆、档案管理等领域的作用。一些学者通过研究区块链技术在这些领域的应用，结合元宇宙的特性，探讨了元宇宙对数据资源保存和相关机构管理的潜在影响。研究者们关注复杂数据结构知识的重新构建、知识图谱的虚拟重建、元宇宙下新的互动方式的设计及知识和价值转化过程的重新定义等方面，推测了元宇宙在这一领域的应用潜力、运作机制和风险。

未来，文学艺术的元宇宙将呈现出创新和开放的趋势。元宇宙将为想象力创造更大的空间，建立内容储备和创作平台，并完善元宇宙内容生态。通过有机结合，探索立体、沉浸、融合的多维感知内容形式，包括虚拟数字人、数字藏品和 IP 元宇宙三大主要形态，从而迎来更加深度化的文化体验。

随着关系的递进，用户不仅仅是体验元宇宙，而是加入到元宇宙改造、创造过程中。在元宇宙中进行艺术创作具有很多优势：创作门槛降低，艺术家不再需要考虑重力、物质、材料等现实情况，例如 Roblox 上建立的 Gucci Garden 体验空间，可以打造一个持续永久的品牌存在空间。由于人机融合、时空智能等新型场景的加入，元宇宙中的场景也变得更加丰富多样。例如，Midjourney AI 绘画工具自 2022 年 5 月推出 Beta 版以来，只需输入所想到的文字，就可以通过 AI 产出相应的图片，仅需大约一分钟的时间。数字资产和文化创作也被紧密绑定在一起，艺术家可以通过数字藏品的 NFT 机制获得更有保障的收益。AI 可以创作最优解、次优解等内容，正在大量创作人类原本未曾涉及的领域，因此艺术创作将不再成为难题，而艺术的筛选将成为重点。

元宇宙创作从艺术品到数字藏品，稀缺性的地位不仅没有下降，反而提高了。元宇宙和 AI 技术正在革新艺术界。它们不仅通过个性化的价值奖励激发艺术家的创作灵感，而且拓展了人类的审美领域，丰富了艺术生态。在权益保护方面，数字艺术品的确权更加简单，且创作者能通过累进制收益模式获得更稳固的财富和权益保障。此外，元宇宙中的艺术作品更易于获取和保藏，与传统艺术收藏相比，它们降低了流动风险和保养成本，使艺术品的交易更为便捷，长期价值得以保持，从而促进了艺术品的传播和保值。同时，各种技术和商业化方向，如虚拟数字人、VR/AR、Web 3.0 和 AI 等，都将得到全新的探索和研究，加速元宇宙技术的商业化进程。

6.3.11　航天元宇宙：太空拟真，异星探索

地球生态系统目前已面临难以满足人类过度发展需求的挑战。这种情况体现在人口激增、环境污染加剧、地球负荷能力下降及生物多样性锐减等多个问题上。元宇宙的基础设施利用计算机模拟能力，有助于政府制定政策并高效动员社会资源。在元宇宙的孪生基座内，模拟真实世界的成本大幅降低。航天元宇宙可划分为两个关键维度：一是模拟航天环境，二是提供星际征服体验。借助 VR 技术，我们能够逼真地模拟太空环境，帮助航天员更好地了解和适应太空环境，提高工作的安全性和准确性。此外，通过从火星车传回的 VR 数据，我们可以模拟火星的环境，无需实际登陆星球，便可在元宇宙中体验星际征服的兴奋。

随着技术的终极进化，机器人可能会具备长寿不衰的特性。外部特殊材质结构将能够经受住恶劣环境的考验，核能将确保其长时间运行，多备份系统机制将使机器人能够在受损情况下切换核心代码和功能，从而不间断地工作。如果未来地球资源枯竭，机器人有望承担人类大规模复兴任务。高度发展的智能机器人可以按照预设的程序运行，迁移到外星球，改善原有的生态环境，实现自然运转，有助于人类在大灾难之后重建家园。元宇宙的能源来源于真实宇宙，真实宇宙的计算能力、算法和操作者将决定元宇宙发展的方向和深度。宇宙在诞生后具有高度的对称性，但随着时间的推移，对称性逐渐减少。元宇宙的出现将改变每个个体所在的空间，最终在极致元宇宙中，每个个体都将独一无二，对称性降至最低。熵增递减理论表明宇宙的发展是熵增的，而生命的演化是熵减的。元宇宙能够在有限的时空内减少熵的增加。在这一领域，我们需要区分真实宇宙、元宇宙、多元宇宙、高维宇宙、瞬息全宇宙和极致元宇宙。

真实宇宙经历了奇点宇宙、物质宇宙、生命宇宙和人类宇宙这四个发展阶段。从宇宙大爆炸开始，首先出现了奇点宇宙（零点），然后逐渐形成物质宇宙，接

着诞生生命宇宙，最终，人类的出现标志着人类宇宙的产生。人类所存在的真实宇宙是一个三维空间宇宙。

元宇宙从一元宇宙开始，逐渐发展成多元宇宙，然后跨越元宇宙，最终演化为超元宇宙。元宇宙的发展取决于真实宇宙的支撑。多元宇宙是多个平行的真实宇宙和元宇宙的集合。高维宇宙是指比三维宇宙更高维度的宇宙。瞬息全宇宙中的主体能够在瞬息间快速转换，穿梭于不同宇宙，意识和活动得以具象化。

在极致元宇宙中，能源、计算能力、算法和自然人的意识存留等问题可能会找到解决方案。通过核聚变、量子计算、AI 觉醒、脑机接口等支撑技术，人类或许能够实现超远距离传输。量子隐形传态可利用量子纠缠将量子信息传递到遥远的地方，通过测量与人体纠缠的物质数据，并将其传递到其他地方来构建物质分子。通过四个步骤，即扫描元化打包、时空隧道传输、由虚返实解码以及智能建构重塑，可以低成本高效率地将人传送到光年之外。这一过程将物体的关键信号元宇宙化，通过时空通道传递意识包裹，使肉身留在原地，而意识和特征却能跨越时空。对自然人的定义在简化情况下可能仅需 DNA 和大脑微观神经网络的对应。科学文学方式的探讨还涵盖了灵魂是否可以脱离物质存在、大脑意识是否可被复制并上传到云端等问题。

从科学普及的角度看，元宇宙研究需要推动科学的全面演进，激发科学兴趣，展示科学现象，揭示科学真理，激发科学创新和探索，架起科研工作者和普通大众之间的桥梁，实现以人为中心的人因工程智能进化。人因工程进化涵盖了多个层面。从太空视角来看，星链等卫星互联网在天空中存在，个体可以随时随地连接到网络。在低空，无人机等智能飞行设备充斥着天空，飞行器眼镜也能连接到元宇宙。在地面上，无人驾驶汽车和机器狗等智能辅助工具开始普及。在家庭中，人形机器人、扩展现实等元宇宙产品开始进入生活，减轻了人类的体力和认知负担，数字货币也得到广泛应用。在个体层面，生物传感芯片、基因编辑技术、脑机接口等高度智能化的技术已经嵌入人体。

6.3.12　军事元宇宙：人机协同，强兵能战

美国的军事元宇宙战略始于 2018 年。2018 年，微软与美国军方签订了价

值48亿美元的合同，负责开发IVAS（集成视觉增强系统）的初版。随后，这一系统经历了美军的连续测试。到2021年，该系统已从最初的原型阶段演变到可生产和部署的阶段。2021年3月，微软签署了一项大约220亿美元的合同，承诺向军方提供12万个基于HoloLens技术的定制头戴设备，这些设备融合了HoloLens的MR技术和其他功能，如热成像、传感器、GPS和夜视，可以大幅提高士兵的作战效率。微软还提供了支持这些AR设备的云服务和边缘计算服务。

然而，到了2022年4月，IVAS项目遇到了困难，微软未能获得美国陆军的一半合同款项，这导致美国国防部讨论是否暂停向微软拨付约3.94亿美元的合同款项。与此同时，美国国防部提出了一个名为“超级蜂群”的计划，计划未来将使用大规模的低成本无人机编队，以在战场上实现压倒性优势。这些无人机编队将比以往规模更大，具备更高的自主性，能够根据收集到的信息自主做出决策，实现互联互通，确保目标不被重复攻击。无人机与沉浸式视频接口相结合，立即成为元宇宙的重要组成部分。为了在未来战争中占据优势地位，各国纷纷布局军事元宇宙（如图6-10所示）。

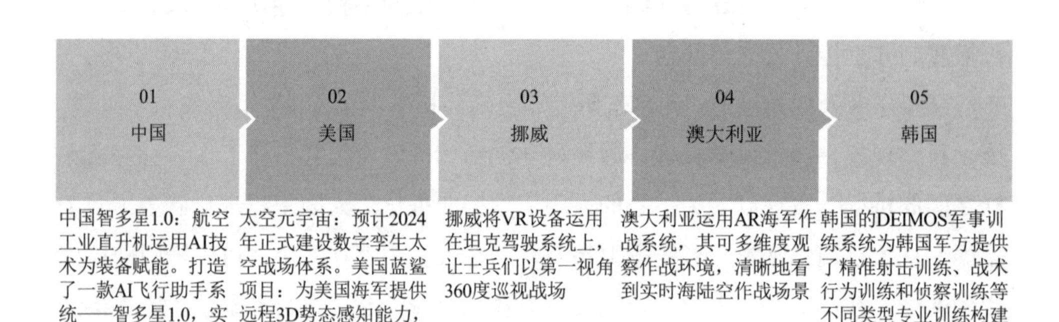

图6-10　各国军事元宇宙布局

军事元宇宙的战略方向包括以下几个方面：首先是AI增强，通过AI技术对战场情况进行标注和敌友感知；其次是协同作战，与无人化设备协同联动；再次是战场感知与解读，利用无人化设备、卫星互联网等设备快速感知战场情况，并通过AI技术进行研判；最后是战场命令传达，士兵能够在战场上第一时间获得指挥部的作战指示。这些战略措施旨在提高军事元宇宙的战斗效率和战场反应速度（如图 6-11 所示）。

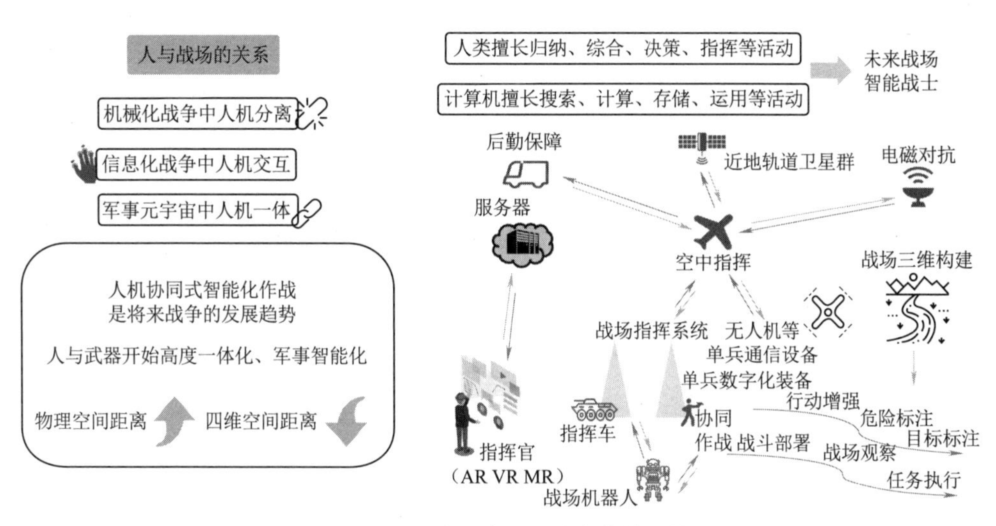

图 6-11　军事元宇宙的未来作战图景

6.3.13　农业元宇宙：模拟种养，增产提质

农业元宇宙可以实现以下三方面的优势。其一，虚实联动，结合 AI 分析与人机互动，农场管理系统通过虚拟管家进行数据分析和风险预警。高仿人机器人根据指令执行实际操作，实现远程监控和全场景控制功能。农产品全流程品控溯源，“一物一标识”农产品—孪生数字资产，农产品生产销售链条呈现“农场种植—药残抽检—专业生产—冷链物流—市场销售”样式，全面进行信息追溯。其二，拓展时间，数字孪生技术，尤其是虚拟植物和动物模型的应用是精确收集生长数据和量化生产管理的关键工具，可有效缩短农业研发周期和降低成本。此外，利用这些模型模拟动物反应，有助于更有效地进行品种改良和环境适应性调整。同时，结合 AI 技术和大数据分析，这些模型在动植物的整个生命周期都对病虫害进行有效监控，成为提升农业生产效率的关键策略。其三，拓展空间，消费者将亲身参与农业生产的每一步，完整观察产品的原产地实景以及农场的各种活动，一旦购买完成，即可全程跟踪从采摘到物流配送的整个过程。

通过打造元宇宙农场的休闲活动，消费者可以深入体验从土地耕作到作物收割的所有乐趣。

在各行各业的元宇宙化进程中，林草作为重要的自然资源，具有典型的应用场景和丰富的数字资产开发潜力（如图 6–12 所示）。中国林科院目前已从林草资源虚拟仿真、森林三维建模、智慧监管等方面布局元宇宙应用。林草生物灾害监测运用互联网、物联网、GIS（地理信息系统）、大数据等技术实现对于林草区域全方位的监控。整体应用架构：无人机、虫情测报系统、森林环境监测系统、远程图像监控系统、远程诊断终端。“蚂蚁森林”可被视为林草元宇宙由虚向实的初级应用形态，用户从虚拟世界出发，走向现实的环保行为。通过绿色出行和循环再利用等低碳方式积累绿色能量，用户在达到一定量后，可在亟须生态恢复的区域种植一棵真正的树木。

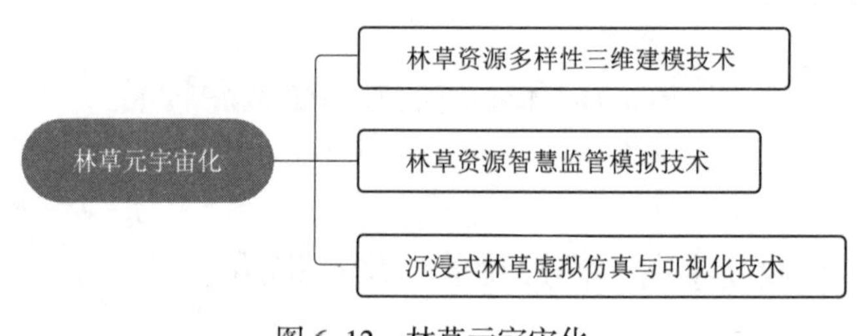

图 6–12　林草元宇宙化

6.3.14　社交元宇宙：场景沉浸，多元交互

社交元宇宙是一个由游戏、影音、办公会议等元素组成的综合概念，甚至包括虚拟房地产和各种数字经济要素。这种沉浸式虚拟数字生活使用户能够根据自身需求定制虚拟和实际身份，提供更丰富的情感和行动体验，以获得数字世界的归属感。虚拟资产的密切绑定使用户可以进入不同的元宇宙场景，与不同领域和背景的人交往，从而塑造理想的自我形象。在元宇宙中，真假边界变得模糊不清，人们可以在现实世界和虚拟世界之间自由穿梭，实现虚拟和现实的无缝衔接。在社交元宇宙中，社交关系具有多层次的特点，包括强关系、弱关系、匿名关系和职业关系等。不仅如此，元宇宙的多维时空和多人机协作让社交关系更复杂。这样的社交多样性加强了在线社交的依赖，可能削弱现实社交。它促进了人机融合，

并推动了传统社交向基于区块链的群体自治演变。

元宇宙中的社交关系有以下两个特点。其一，个体社交结构多元化。微信代表着紧密的“强关系”,链接亲朋好友,线上线下互通;微博则象征着较松散的“弱关系”，人际连接更加易变；陌陌和Soul等平台展现了基于匿名的社交，追求虚拟身份的新奇体验;BOSS直聘、脉脉等则专注于“职业关系”，依据工作需求建立联系。其二，在元宇宙的多维时空和多人机互动中，这些社交层面将变得更加复杂。强关系、弱关系、匿名关系、职业关系等依旧重要。元宇宙加剧了在线社交依赖，可能减弱现实社交，推动人机融合，并导致传统社交关系向基于区块链的群体自治转变。

Soul的社交元宇宙就是兴趣图谱和关系沉淀。2021年3月，Soul宣布打造以其为核心的“社交元宇宙”。5月,公司在美股招股书中重申此愿景,其中,“捏脸师”定制头像功能成为Soul平台创作者经济的一环，用户能够无压力地自由表达观点。Soul App作为目前最接近元宇宙定义的手机应用，有以下四个特点：共鸣源于共同的兴趣；共建立足于责任心；共享强调互助共赢，非单打独斗；共生营造梦想交融，元宇宙和谐而独特。

娱乐元宇宙是社交元宇宙的一个细分领域，包括各种奇观化和富有幻想色彩的文化工业内容产品，以及与之相关的青年消费文化，在一定程度上将以“Z世代”为主要消费群体[12]。在娱乐元宇宙中，用户可以重新定义自己的生活，拥有虚拟数字人角色，实现多感官交互的体验。虚拟数字人和高仿人机器人成为用户在元宇宙中的陪伴角色。用户可以根据自己的想象塑造虚拟形象，甚至创造出现实世界中不存在的样貌和造型。虚实共生是这一领域的特点，用户可以使用在元宇宙中获取的金币来购买现实装备，实现虚拟和现实的融合。此外，娱乐元宇宙还推动了社交和文化体验的变革，使用户能够在不同场景中实现互动和沉浸式体验。娱乐元宇宙领域将继续引领文化工业的发展，吸引年轻消费者，为创业者提供新的商机。

剧本杀元宇宙反映了新生代“体验经济”盛行。受科技特效、角色装扮、主持人的影响，剧本杀中的真实游戏体验和社交互动，成为吸引和保持用户兴趣的关键。剧本杀元宇宙封闭式固定结局向多支线开放式结局转变实景和元宇宙场景相结合，提高沉浸式临场感成为剧本杀行业最大的竞争壁垒。

6.4 元宇宙产业革命的多维视角

6.4.1 技术变革视角

随着5G的商业化应用和6G新技术的兴起，伴随着AI、AR、区块链、云服务、大数据等多种前沿技术的不断成熟和创新迭代，元宇宙的概念已经开始显现并逐渐实现。元宇宙的发展离不开现实技术的成熟，它将为未来互联网的发展带来新的特征和可能性，虽然我们不能准确预测下一阶段互联网的形态，但可以肯定的是，元宇宙必将成为下一个时代的显著特征，受到广泛关注和讨论。元宇宙是一个综合性概念，它以独特的平台形式承载着包括区块链、AI、物联网、大数据等多项前沿科技，只有元宇宙才能够实现这样的多元整合。在元宇宙中，人们可以通过VR或AR等技术踏入虚拟世界，构建自己的虚拟身份、社交圈，甚至通过购买虚拟资产如虚拟房地产、虚拟艺术品和虚拟凭证等，建立完整的虚拟经济生态。前沿科技支持着元宇宙的不断发展，并伴随着大量的投资和创业机会的涌现。在元宇宙中，对于虚拟人物的智能和情感表现提出了更高的要求，远远超越了传统游戏中的NPC，这些NPC通常只是机械地复述预定的对话，无法提供沉浸式体验。人们期望在元宇宙中获得更丰富的体验，这要求虚拟世界中的NPC具备更高的智能和情感。

以AR和VR为代表的虚拟现实技术，有望打破现实世界和虚拟世界之间的界限，为用户提供多感官交互的生活体验。这一技术将为游戏、购物、艺术等领域提供前所未有的机会。在元宇宙时代，AR和VR等虚拟现实技术将有助于各行业解决各种挑战。例如，在电商领域，虚拟现实技术正在彻底改变产品展示方式，通过多维度展示产品特点，打破了传统的二维展示模式，提高了用户的购买意愿，为用户带来全新的沉浸式购物体验。

VR和AR领域有大量的技术研发和应用机会，包括VR技术的跨平台应用、多人联动和硬件开发，其中分辨率、刷新率和角分辨率的提高都具有强烈的市场需求。AR技术则是元宇宙互动的关键，Micro LED、光栅波导、实时高精度定位和手势识别等技术领域的发展将为AR应用提供核心支持和发展方向。

未来，元宇宙游戏将通过更成熟的场景渲染、动作捕捉、运动传感器等技术提供更加沉浸式的游戏体验。社交场景的建设也是元宇宙发展的一个关键领域，多元社交场景和角色的设计、现实世界和虚拟数字人格的共存和分离、多维时空中的社交关系和人机共生机制都具有巨大的发展潜力。

此外，元宇宙并不仅局限于当前已经崭露头角的领域，未来还将有更多细分领域涌现，特别是在与传统行业的融合中，将出现新产业、新服务和新模式，对于中小企业和创业者来说，元宇宙市场是一个崭新的蓝海。当多项科技条件满足元宇宙发展的需要时，元宇宙的增长空间将远远超过现在的百倍甚至千倍。因此，元宇宙的建设不是某个巨头或少数公司的任务，而是一个需要全社会乃至全球人共同参与的广泛概念。元宇宙领域的创业和投资机会仍然巨大，包括底层技术、相关软件技术、媒体载体、内容创作、终端应用、智能制造和高精度地图等领域。选择合适的应用场景将是商业化成功的关键，流量的实现和变现也是至关重要的。

6.4.2　资本发展视角

未来元宇宙的发展焦点主要涵盖以下基础设施领域:5G 和 6G 网络体系架构、自主芯片设计、云计算与边缘计算、AI 增强中心、工业互联网平台、区块链引擎和游戏引擎。内容生态方面，则主要划分为面向 C 端和 B 端的应用。C 端应用起初聚焦于游戏社交领域，为用户创造崭新的休闲娱乐方式。而 B 端应用则包括科研、工业制造、医疗、教育等多个领域。元宇宙领域涵盖了多个热点领域，由于市场前景广泛，应用场景多样，资金大量流入，元宇宙再次成为投资者关注的焦点。VR/AR 产业、计算能力、AI 等方向的领军企业被认为是未来 10 年内有望增长 5 到 10 倍的潜力股。受脸书更名为 Meta 的影响，自 2021 年 11 月以来，投资者对元宇宙概念的 A 股上市公司表现出浓厚兴趣，许多上市公司的交易活跃度大幅提升，股价迅速上涨。然而，也出现了涨停和集体上涨的市场现象，短期内市场情绪过热。

截至 2023 年 9 月，元宇宙概念股共计有 99 家上市公司，其中 12 家在上海证券交易所交易，而另外 87 家在深圳证券交易所交易。这些公司主要集中在文化传媒、游戏、互联网服务、光学光电子、软件开发、消费电子和通信服务等行业。

总体而言，元宇宙概念股可以大致分为技术设备和内容提供两大板块，每个板块都有其独特的特点。在元宇宙二级市场的趋势分析方面，有三个特征或标准值得关注。

首先，股价波动受到消息面的巨大影响。目前，元宇宙概念仍处于发展初期，公司的业务实质并没有发生太大变化，因此，影响股价波动的因素主要来自外部消息，而非公司业绩。消息源头主要包括美国技术发展的动态、中美博弈的动态及中国的技术应用进展和政策变化。随着国内外技术不断推陈出新和政策利好持续，元宇宙概念股的长期趋势将保持向上。

其次，股市泡沫逐渐得到释放。数据表明，与内容相关的板块目前是主要增长点，但在前期大幅上涨后，一些伪元宇宙概念股在业绩不佳或出现突发事件后，泡沫已经破裂。这导致一轮新的洗牌，资本市场逐渐趋向理性，减少了投机性投资。

最后，资本可能更加追捧五大板块，包括底层技术、相关软件技术、媒体载体、内容创作和终端制造。此外，高端智能制造和高精度地图等产业也将迎来迅猛发展。

6.4.3 能源体系视角

当前，元宇宙正以游戏和会议等场景为切入点，积极探索实际应用。然而，在一个完整的元宇宙中，能源领域无疑将成为不可或缺的一部分，尽管我们的想象力目前难以涵盖其全部潜力。可以肯定的是，支持元宇宙发展的数字和互联网技术将逐渐落实到实际中，AR、VR、数字孪生等技术在工业仿真和能源管理等领域将发挥重要作用。

以数字孪生技术为例，它能够充分利用精细的物理模型、智能传感器数据及运维历史等多种数据资源，整合多学科、多物理量、多尺度和多概率的仿真过程，从而在虚拟环境中实现对智慧能源系统的精确映射；数字孪生实例反映了智能设备的全生命周期，能够实时更新和动态演化，从而实现对智慧能源系统的真实模拟[13]。例如，结合数字孪生技术和数值天气预报，可以在线模拟极端气象条件下的综合能源系统故障和恢复，提供最佳的隔离故障和恢复供能方案。此外，还可以在云端利用数字孪生技术进行强化学习训练，获取综合能源系统的最佳调度运行策略，然后将其部署到实际系统中，不断改进综合能源的开发和利用效率。截至到 2023 年 6 月，国内已经出现了多家公司（如森垚能源科技有限公司等）在数字孪生、VR、AI 等技术领域研发数字化能源管理产品。

随着各种技术的成熟，未来的能源管理将不再仅仅局限于 3D 可视化展示。人们将能够以虚拟形象的方式亲身体验，进行各种感官上的交互，仿佛置身其中。在复杂的项目系统中，可以迅速而准确地定位虚拟场景中的实际对象，无论是开关还是接口，从而实现人与虚拟环境的互动。这将实现更安全、高效、深入、精细和智能的运营管理，实现工业元宇宙的能源互联网。目前，能源互联网有三种理解：一是通信视角下的设备互联，以华为等公司为典型；二是软件视角的数据优化管理，代表如 Opower；三是跨国范围的广域电网互联，以国家电网等为例。

能源互联网呈现技术解决策略，旨在优化可再生能源的使用。能源是现代社会发展的基础，为了应对能源危机，各国都在积极研究新的能源技术，特别是太阳能、风能、生物能等可再生能源。可再生能源具有取之不竭、清洁环保等特点，因此备受全球关注。然而，可再生能源存在着地理分散、生产不连续、波动性、不可控等特点，传统的电力网络管理方式难以满足可再生能源大规模利用的需求。为了克服这些问题，有效利用可再生能源的方式是分布式的“就地收集，就地存储，就地使用”[14]。然而，分布式发电接入并不能完全解决可再生能源对主电网的电能质量、故障检测和隔离等的影响。只有通过信息共享，用信息流控制能量流，才能有效传输和共享可再生能源，克服其不稳定性，实现高效利用。

6.4.4　产业优化视角

在传统移动端产业逐渐趋于成熟的背景下，市场内卷竞争愈发激烈，细节功能与细分应用的竞争呈现白热化态势。元宇宙作为媒体产业的一次革命，强调“概念先行，产业随后”的发展模式。尽管目前元宇宙仍然处于初期发展阶段，存在核心产品少、性能不稳定等问题，与“虚实共生”“虚实相融”的理想元宇宙相去甚远，但这并没有减弱相关企业和投资者的热情。许多投资机构和互联网巨头纷纷加大对元宇宙的投资，涵盖基础技术建设、终端设备研发及产业链建设等多个领域，为元宇宙产业的发展布下了雄心勃勃的蓝图。值得注意的是，不同设备端口对接入元宇宙应用的门槛和适配程度各不相同。手机移动端，当具备开放世界属性、大量虚拟数字人及数字孪生技术时，可被视为“准元宇宙应用”。而 VR 或 AR 设备，则根据其是否具备社交性、开放性、经济性、分身性等特征，被分为“标准版元宇宙应用”或“低配版元宇宙应用”。若这些设备还具备触觉、温度感等多种感官体验，则可被归为“高配版元宇宙应用”。基于脑机接口的元宇宙应用则属于“高级先进版”，而基于数字永生技术的元宇宙则是技术前景下的超高形态。总体来看，当前元宇宙产业的关键发展趋势包括注重底层技术支持、不同设备间逐渐普及及受设备限制而呈螺旋式上升的趋势。元宇宙产业的发展在很大程度上依赖于底层技术支持，包括网络环境、虚实界面、数据处理、认证机制和内容生产等五大要素，它们构成了元宇宙技术的基石。在这些要素中，网络环境依赖于 5G 技术和物联网等基础建设，虚实界面对 XR、机器人和脑机接口等技术有着高要求，数据处理需要强大的云计算支持，认证机制则借助了分布式存储的区块链技术，而内容生产主要依赖于 AI 和数字孪生技术的发展。

VR 和 AR 作为元宇宙的核心技术，展现出不同的发展路径。VR 技术的发展着重在虚拟世界内提供高度仿真的视觉、触觉和听觉体验，以构建虚拟生活场景。而 AR 技术的进步则意味着将虚拟元素映射到现实世界中，例如《宝可梦 GO》《ZEPETO》和《ARia’s Legacy》等应用通过 AR 技术将虚拟元素融入真实世界，同时诸如裸眼 3D 和全息投影等技术则通过小规模虚拟效果提升人们在现实世界中的体验。尽管多种元宇宙相关技术积累着社会期望，但这些技术发展成熟的时间仍然不确定。元宇宙的资本投机、技术发展不确定性及公众与专家之间的认知差异，都导致了元宇宙产业目前的舆论泡沫。VR 和 AR 技术的突破、虚实界面的发展及脑机接口技术的产品化等问题都将影响整个产业的发展方向。

元宇宙的推广和在各种终端的应用程度，依赖于这些设备的普及率。手机是目前普及最广泛的设备，而 VR 和 AR 技术仍在发展中，脑机接口技术则面临更大的挑战。因此，当前元宇宙产业的发展主要依赖于手机和 VR、AR 设备等端口的用户流量。然而，VR 设备的厚重和缺乏用户黏性，以及 VR 内容生产的高成本和门槛，都对其大众化产业化构成了障碍。与此同时，不同国家的文化背景和监管要求也影响着元宇宙产业的发展路径。中国本土元宇宙生态的搭建在市场规模和前景方面具备巨大潜力，但要实现全球化开放生态仍然面临挑战。

第 7 章
技术的可供性

7.1 物境：情境和意境

对宇宙的探索与理解是人类永恒的追求。在古代中国，对于宇宙的认知和解读已经非常深入。战国时期的《尸子》便提到“上下四方曰宇，往古来今曰宙”，为我们揭示了宇宙概念的古老根源。在数千年的华夏文明沉淀中，诸多古代思考者实际上已经对宇宙有了相当深入的哲学洞见。

其中，庄子的“物化”观点是一个非常具有代表性的例子。这种思考，深度探寻了人与宇宙的关系，试图打破个体与宇宙之间的界限，追求与宇宙的统一。他的经典故事“庄周梦蝶”则更进一步地阐述了这一观点，揭示出一个界限模糊的世界。“蝴蝶”不再是外在的“物”，而与庄子共同组成一个世界，彼我同化，物我界限消解，现实即梦境，梦境也是现实，让人对真实与幻觉产生了深深的思考。

《吟窗杂录》卷四收录《王昌龄诗格》：“诗有三境：一曰物境，二曰情境，三曰意境。”[1] 从某种角度看，古代中国的哲学家们对于宇宙的探索和现代对于元宇宙的思考具有相似之处。元宇宙不仅仅是一个虚拟的概念，更是对真实世界的延伸和再创造。为了使元宇宙成为现实，沉浸式内容的创建与发展成为关键。无论是娱乐还是生产力方向，它们都将指引元宇宙的未来发展，成为连接人与宇宙、真实与虚拟的桥梁。

7.1.1 Vision Pro 的冲击

Apple 公司在 2023 年推出了名为“Vision Pro”的 VR 和 AR 设备，其目标是通过硬件创新和软件优化，为用户提供更加沉浸式和无缝的虚拟体验。

Vision Pro 利用了先进的传感器和图像处理技术，提供了高分辨率和低延迟的视觉体验。该技术还集成了 SLAM（同时定位和映射）技术，使设备能够准确理解和交互其周围的环境。

VR 和 AR 技术有巨大的潜力改变教育系统。通过 Vision Pro，学生和教师可以在一个交互式和沉浸式的虚拟环境中进行学习和教学。这种技术可以使学生更好地理解复杂的概念，并为远程学习提供更丰富的体验。

VR 技术已经在游戏和娱乐领域得到了广泛应用。通过 Vision Pro，玩家可以享受到更真实、更震撼的游戏体验。随着技术的不断进步，未来可能会有更多创新的游戏和娱乐应用出现。

VR 和 AR 技术也在工业领域得到了应用。例如，它们可以用于产品设计、模拟训练和远程维修等。通过 Vision Pro，企业可以在虚拟环境中测试和优化产品设计，从而节省成本并提高效率。

Vision Pro 可能会为社交互动开辟新的可能。人们可以在虚拟空间中以全新的方式进行交互和社交，从而拓展了社交网络的边界。

7.1.2 交互革命

元宇宙对交互方式的要求和现实世界截然不同。近年来，众多交互技术如近眼交互、瞳孔识别和手势识别得到了长足的发展，技术支持下的元宇宙为我们提供了更加沉浸式、直观和高效的交互体验。

近眼交互主要基于头戴式显示设备，如 VR 和 AR 眼镜。麻省理工学院的石井裕教授提出“Tangible Bits”（可触比特）的观点，表示将数字信息与我们的物理环境相结合是实现沉浸式交互的关键。在元宇宙中，近眼交互为我们提供了一个仿佛真实的、第一人称的视角，从而实现真正的沉浸体验。

瞳孔识别技术可以实时追踪用户的眼球运动。根据菲茨定律，当我们的注意力集中在一个特定的物体上时，我们的眼球移动会相对减慢。通过瞳孔识别，元宇宙可以实时捕捉到用户的注意力并对其作出反应，例如展示相关信息或启动某些互动元素。

如今，手势识别已经不仅仅局限于传统的触摸屏。在元宇宙中，用户可以通过自然的手势来移动、旋转或操纵虚拟物体，提供了一种更为有机和流畅的交互体验。

交易的本质可归结为“交互”与“交割”的有机结合。其中，交互方式不仅塑造了交易的模式,还影响着交易的频次和规模。古代的《琵琶行》描述商人“商人重利轻别离，前月浮梁买茶去”，批判其为了利益而漠视家庭情感，这可以理解为当时交互方式的局限性导致的远行贸易。而在现代，电商的崛起使得全球购物不再需跋涉千里，仅需动动手指即可。

元宇宙为我们展示了交互的又一次革命，这不仅改变了人与人之间的连接方式，而且预示着未来的社会结构——一种“机器人为主导”的现实和“虚拟数字人工智能服务”的时代。

交互与交易的边界逐渐模糊。这一转变从苹果到 Meta 等公司的技术革命可见一斑。元宇宙的出现，特别是与先进的交互技术的结合，预示着未来交易模式的重大变革。

唐・诺曼（Don Norman），一个著名的设计思维专家，提到“用户中心设计”的重要性。简化交互过程可以直接导致交易的增加。苹果的成功很大程度上是因为它简化了用户与其产品之间的交互，从 iPod 到 iPhone 再到 Apple Pay，我们看到交互和交易越来越紧密地结合在一起。

Meta 的愿景是建立一个完全沉浸式的虚拟环境，其中交互和交易是无缝的。雪莉・特克尔（Sherry Turkle）的研究显示，随着技术的发展，人们越来越希望获得立即的反馈和奖励。元宇宙通过实时交互满足了这一需求，并开启了新的交易机会，例如虚拟物品的买卖、数字土地的投资等。

苹果的交易模式更侧重于实物产品和服务，而 Meta 则注重虚拟产品和元宇宙经济。尼葛洛庞蒂在其著作中提到，随着数字化的发展，物质和信息之间的界限将变得模糊。这意味着在元宇宙中，交互和交易将进一步融合，形成一种全新的经济模式。

元宇宙不仅改变了交互方式，还为交易创造了新的机会。与现实世界的交易相比，元宇宙中的交易更为流畅、快速。正如杰里米・拜伦森（Jeremy Bailenson）的研究所示，虚拟环境中的人们更愿意进行交互和交易，因为他们感到更为自由、没有束缚。

7.2 封闭与开放生态

元宇宙一词由“元”和“宇宙”组成，暗示了其超越传统宇宙的特质。但它更多地代表着互联网的下一阶段——一个不受物理世界局限的综合性虚拟空间。这是一个汇聚了所有虚拟世界、增强现实和互联网体验的地方，其潜力足以重塑我们的社交、经济甚至文明形态。

电影《头号玩家》为我们描绘了一个元宇宙的未来蓝图，其中现实与虚拟界限变得模糊，而人类的每一次互动都成为可能。游戏产业的巨头如 Roblox 不再只是游戏制造者，而是为创作者提供平台，使其无限想象变为可行之事。2021 年，Roblox 的上市不仅证明了其商业模式的成功，更是将元宇宙的概念正式推向了金融市场的前台。

此外，其他行业领军者也已嗅到了元宇宙带来的机会。《堡垒之夜》背后的 Epic Games 以其颠覆性的游戏体验获得了巨额投资，旨在进一步探索元宇宙的无限可能。脸书的首席执行官马克·扎克伯格也宣布了他对元宇宙的长远承诺。而在东方，巨头如字节跳动和腾讯都已为元宇宙的兴起做好了准备。

但值得注意的是，元宇宙真正的大规模爆发需要技术持续进步。硬件的适配性、电池寿命和用户体验都是关键因素。只有当这些硬件设备成为每家每户的标配，元宇宙才能真正达到其发展的拐点，开启一个新的时代。

元宇宙，作为一个广泛的产业生态，可细分为七大关键领域：体验、发现平台、创作者经济、空间计算、去中心化、人机交互和基础设施。

体验是元宇宙的生命线，包括游戏、社交应用和音乐平台等，为用户提供沉浸式的体验。发现平台决定了用户如何寻找和接触这些体验，是它们的发掘窗口。创作者经济鼓励和赋能个体创造者，涵盖设计工具、动画技术及货币化手段。空间计算作为技术核心，整合 3D 引擎、手势技术、空间映射及 AI。去中心化将生态系统转向无需权限、分散和民主化的模式，确保公平与自由。人机交互从移动设备到 VR 和 AR，以及更先进的触觉技术和智能眼镜，定义了与元宇宙的连接方式。基础设施涉及半导体、材料科学、云技术和电信，确保稳定、实时和多设备接入。

元宇宙的持续发展离不开内容的丰富和多样。AIGC 与 UGC 的结合是其中的关键突破，因为它们不仅要提供沉浸式体验，还需供应大量内容满足用户需求。Sandbox 编辑器便是此趋势的佼佼者，将游戏内资产到游戏模式的创造权交给了用户，最大化地利用了群众的创造潜力。

但必须强调，元宇宙的 AIGC 和 UGC 应当是更大理念的一部分。元宇宙不仅仅是 3D 动画或某一特定风格，它代表着工具和技术的无缝结合，并为创作者提供无尽的创意自由。这是一个既固定又流动的宇宙，无限的可能性掌握在每一个人手中。

元宇宙作为一种并存的虚拟世界，为人们构建了一个既受现实世界影响又能超越物理界限的空间。在这里，人们可以自由地实践和探索，挑战一些在实际环境中难以实现的想象。

例如，新冠疫情为传统的毕业典礼设置了障碍，但加利福尼亚大学伯克利分校的学生们并未止步。他们在《我的世界》这一平台上，重塑了母校的景观，实现了一个既真实又富有创意的虚拟毕业典礼。这样的做法不仅成功维系了学生间的联系，还为教育领域展现了全新的可能性。

社交领域也随之迎来了一次变革。尽管现有的社交平台已满足了人们基本的沟通需求，但与元宇宙相比，其体验仍显得有些单薄。社交元宇宙展现新动能，呈现新模式、新业态、新赛道，吸引用户进入元宇宙，实现自在社交，具备虚拟化身、社交资产、沉浸场景、经济体系、包容性等特征，将推动个人价值和创造力释放，实现高效价值流转，为用户带来更丰富、更沉浸的互动体验。以《动物森林》为例，它不仅是一个游戏，更是一个允许玩家深度参与和自主创造的空间。它完美地体现了元宇宙中的 AIGC 和 UGC 理念。甚至在政治领域，《动物森林》也被赋予了新的意义。美国总统拜登曾利用游戏中的“拜登岛”进行竞选宣传，巧妙地融合了虚拟与现实，拉近了与选民的距离。

此外，元宇宙还为人们打开了一扇窗，看到了技术、文化和社会互动的新方向，它不仅是一个虚拟的世界，更是连接现实与未来的桥梁，带领我们走向前所未有的体验与探索。

随着元宇宙概念的流行，娱乐产业也在经历着翻天覆地的变化。例如，当说唱歌手纳斯小子于 2019 年在 Roblox 上举办演唱会，接着特拉维斯 · 斯科特在 2020 年选择《堡垒之夜》作为其演唱会舞台时，我们见证了艺术与技术的紧密结合。这种结合超越了传统的艺术表现，为观众呈现出沉浸式、立体的艺术享受，仿佛让人在虚拟世界中感受到了更为真实的存在。

游戏产业也在这场变革中起到了推波助澜的作用。一个完整的元宇宙游戏需要具备三个显著特点：AIGC 和 UGC 平台为用户提供了自由创作的空间，允许用户生成和分享自己的内容；沉浸式的社交交互能够增强用户之间的互动和参与度；独立的经济系统则为内容的创造者和消费者提供了公平的交易和激励机制。例如，《动物森林》便赋予了玩家广泛的创作和社交权力。而虽然游戏如《塞尔达》和《原神》展现了开放世界的壮观，但它们还需进一步拥抱用户创作的元宇宙特性。这些游戏的发展轨迹似乎都在指向一个广阔无垠的元宇宙未来。

当我们探讨新技术的进化，不得不提到 Gartner 公司于 1995 年提出的“技术成熟曲线”。这一理论将技术的成熟过程划分为五个阶段：科技初始的激励期、期望的高峰、泡沫的低谷、平稳的上升和实质的生产高峰。元宇宙正是在这一成熟曲线上曲折前行，它的崛起无疑将对人类文明产生深远影响。正如电影《头号玩家》所描述的，“在‘绿洲’的世界，唯一限制你的便是你的想象”。这句话不仅是对元宇宙的最佳诠释，也为我们揭示了未来的无限可能性。

元宇宙，在其形成与发展过程中呈现出封闭与开放两种明显的发展路径。这两种路径不仅影响元宇宙的构建和使用，还涉及其与社会、经济和文化的交互模式。

封闭的元宇宙，如某些大公司构建的专属平台，通常是高度集中化和商业化的。它们由单一实体或集团控制，提供定制的体验，并通常围绕某一品牌或 IP 进行建设。在封闭的元宇宙中，平台拥有并控制用户的数据和数字资产。在这种模式下，用户的创意表达和交互可能受到限制。封闭的元宇宙可能限制或不允许跨平台的互操作性，导致创新的瓶颈，因为其生态系统缺乏多样性，而创新往往来源于多样性。

与封闭的元宇宙相对的是开放的元宇宙，它鼓励用户自由地创作和交互，提供去中心化的体验。开放的元宇宙，如 Decentraland 或 CryptoVoxels 平台，任何人都可以在上面创建、交易和社交。在开放的元宇宙中，用户对自己的数据和数字资产拥有所有权，可以自由地在不同的平台和应用之间移动。开放的元宇宙通常更加鼓励创新和竞争，因为它们提供了一个公平、透明的平台，让所有人都可以参与并贡献。开放的元宇宙可以更好地满足人们对自主、创意和交互的需求，为人类提供更丰富的虚拟体验。

从技术和经济的角度看，封闭的元宇宙可能更容易获得短期的商业成功，因为它们可以通过商业化操作来获得利润。然而，这种模式可能会限制用户的自由和创意，从而影响其长期的发展和吸引力。相反，开放的元宇宙可能在短期内面临更多的挑战，如技术难题和盈利模型的探索。但从长远看，它们提供的自由创作的空间可能会吸引更多的用户和开发者，从而带来更持久和广泛的影响。

7.3　设计与架构

元宇宙的构想源自对一种无缝、自由及高度互动的数字宇宙的渴望。在元宇宙中，人们能够通过不同的数字设备如台式机、平板电脑和移动设备，实现身份的持续和转换，继而探索、互动和创造。要实现这样一个宏伟的愿景，元宇宙的设计必须依赖于四个核心技术特质：真实性、泛在性、互操作性和可扩展性。

真实性：真实性是元宇宙打造沉浸式体验的基石。它要求元宇宙能够提供一种足够逼真的虚拟空间，使用户能够无缝地沉浸其中。通过高度逼真的视觉、听觉和触觉反馈，元宇宙为用户提供了一种超越现实的沉浸式体验。

泛在性：泛在性确保了元宇宙的虚拟空间能够通过所有现有的数字设备访问。无论用户是通过台式机、平板电脑还是移动设备接入，他们的虚拟身份都能得到保留并在整个元宇宙中无缝转换。

互操作性：互操作性是指元宇宙中的不同虚拟空间和数字资产能够按照共同的标准和协议进行交互和共享。这种标准化和互操作性确保了用户能够在不同的虚拟环境中实时转换和持续的沉浸式体验。

可扩展性：随着大量用户的涌入，元宇宙的服务器架构必须具备可扩展性以保持系统效率和用户体验。通过有效的服务器架构和分布式计算技术，元宇宙能够支撑大规模的用户并发访问和交互。

为了支撑这四个核心特质，元宇宙的技术架构涵盖了多个前沿技术领域。首先，5G和6G网络技术的高速、低延时特点为元宇宙信息传输提供基础。其次，Web 3.0的区块链技术为元宇宙的身份验证、数字资产和交易提供了安全和信任的保障。再次，AI和机器学习技术为元宇宙的智能交互和自适应学习提供了强大的支撑。最后，XR（包括 VR、AR 和 MR）技术、大数据和云计算等为元宇宙的虚拟世界建构、数据分析和处理提供了强有力的技术支持。

元宇宙的构建不仅仅是一个概念的拓展，更是一种全新维度的探索。在这个无边界的宇宙中，技术成为实现梦想的基石。元宇宙的技术支柱分为底层架构和后端基建两大块，每一块都是元宇宙发展不可或缺的支撑。

底层架构是元宇宙的基础，包括区块链、NFT、AI、网络和运算等技术。区块链技术为数据交换提供了安全、透明的平台，为虚拟空间中的交互和交易打下了坚实的基础。NFT 则为虚拟空间中的独一无二的资产和身份提供了证明，使得每一个虚拟的物品和身份都具有不可替代的价值。AI 技术赋予了元宇宙智慧，为虚拟世界中的交互和自适应提供了可能。网络和运算技术则为元宇宙提供了高速、高效的信息传输和处理能力，使得大规模、实时的交互成为可能。

后端基建则是元宇宙实现的后盾，包括 5G、GPU、云化、交互技术、物联网、可视化和数字孪生等技术。5G 和 6G 技术为虚拟空间提供了高速、低延迟的连接，使得信息的传输几乎无时无刻，为实时交互提供了保障。GPU 和云化技术为庞大复杂的虚拟空间提供了强大的运算和存储能力。交互技术、物联网和可视化技术则为虚拟空间提供了丰富多彩的交互可能，使得虚拟空间不再是冰冷的代码，而是充满了生机和可能。数字孪生技术则为现实世界和虚拟世界之间的连接提供了一个新的维度，使得两者能够无缝连接。

在这个虚拟宇宙的门户，前端设备平台扮演了至关重要的角色，包括虚拟主机、AI 计算实体、AR 和 VR、智能可穿戴、触觉产品、声控产品、神经设备等。这些设备不仅仅是用户进入元宇宙的入口，更是他们在虚拟空间中交互、感知和体验的工具。通过智能眼镜、传感器等可穿戴设备，用户能够感受到虚拟空间的真实和丰富，包括图像、声音甚至是气味的处理，使得虚拟数字人之间的交流变得如同现实世界一样自然。

元宇宙的不断发展和壮大，将会带来用户体验需求的提升，这反过来又会推动技术的发展。无论是社交场景的丰富，还是行业技术的进步，都将促进产品的迭代和商业模式的创新。虽然元宇宙的发展仍处于初级阶段，底层技术和应用场景还有很大的发展空间，但正是这种无限的可能，使得元宇宙成为一个具有革命性意义的概念。元宇宙被认为是与移动互联网一般的概念，它不仅仅是一个新的技术阶段，更是一个全新的社会发展阶段。

7.4　衣食住行与劳动范式

元宇宙的概念及其技术实现，正在逐步对人类生活的各个方面产生深远的影响。衣、食、住、行，这四个方面是人类生活的基本需求，元宇宙通过数字化、虚拟化和智能化的技术，为这些基本需求赋予了全新的维度和可能。

在服装方面，元宇宙将引领一个新时代的时尚革命。纺织面料和服装设计将与智能技术相结合，生产的不仅仅是传统意义上的服装，而是具备多功能、智能互动的机器人服装。这类服装不仅能提供装饰和拟真度，而且能成为实现特定功能的工具。元宇宙时装周可能会成为一个全新的时尚盛事，人们在其中可以尽情体验虚拟试穿和购物的快感，同时也会产生新的虚拟商品，如虚拟鞋服、游戏皮肤等，成为数字藏品的新领域。

在食物领域，味觉和嗅觉的感官仿真技术将为人们提供前所未有的体验。虚拟厂房游览、虚拟食物制作和虚拟游戏娱乐等应用，将使人们能够在元宇宙中体验到食物的制作和享受，打开一个全新的感官世界。

在居住方面，元宇宙通过 1∶1 的仿真技术，为人们提供了与现实世界完全相匹配的虚拟空间。在这些虚拟空间中，建筑的用途和需求可以得到极致的满足。虚拟城市、虚拟乐园甚至虚拟世界造梦师，将成为元宇宙中的新职业，为人们提供无限可能的居住和娱乐体验。

在出行方面，元宇宙将为人们提供太空授课、实景教学、虚拟的汽车展厅和试驾体验。通过高度仿真的虚拟试驾，人们可以在购车前获得几乎真实的驾驶体验，极大地提高购车的信心和满意度。

元宇宙技术的成熟，预示着一个新的数字劳动范式的来临。在元宇宙的推动下，物理世界的时空将与虚拟空间的时空紧密结合。物理时空中产生的大量数据和知识，将成为元宇宙虚拟时空中数字加工的劳动对象，进而转化为虚拟数据产品。

数据产品的产生，将为物质产品的生产和交换提供新的服务途径。首先，它可以服务于物质产品的生产，通过技术的力量，优化生产过程，节约人力物力成本。例如，在一些高危工作环境中，技术可以搜集环境数据，为劳动者提供高沉浸度的虚拟时空，劳动者可以在虚拟时空中不断尝试，直至找到最优的操作方式，然后由工业机器人在物理时空中执行。其次，数据产品还可以服务于物质产品的交换，提高交换效率，减少流通费用。例如，在服装行业，元宇宙技术可以为消费者提供沉浸式的试穿服务，模拟上身效果，实现按需定制，降低成本，缩短创作周期，提高购买效率，同时大量减少退换货的可能，从而为整个行业带来效率的提升和变革。

元宇宙的价值，不仅仅体现在它自身的虚拟空间和数字产品，更体现在它为现实世界的物质产品生产和交换所提供的新的可能和服务。只有当元宇宙能够为现实世界的生产和交换提供明确的使用价值时，它才能真正转化为现实生产力，形成一个新的数字劳动范式，为社会的进步和发展提供新的动力和可能。

7.5　开源与开放

在现实世界中，数据的多样性和广泛分布是不可否认的事实，它们遍布各个角落。只有通过数据要素的互通和整合，才能真正发掘其潜在的价值。这正是开源社区存在的主要原因之一。在互联网时代，数据的商业价值得到了广泛的认识和挖掘，然而，这也催生了“数据垄断”的现象。一些早早认识到数据价值并开始积累数据的互联网企业，逐渐在数据红利的时代中崭露头角，成为市场的主导力量。与此同时，隐私计算和联邦学习等尖端技术，也往往掌握在这些市场寡头的手中。

开源社区的存在为打破数据和技术的孤岛提供了可能，它为充分开发和利用数据资源铺平了道路，有利于构建一个安全可靠的数据交易平台，既能保障数据交易过程中的数据安全，又能尊重数据主体的权益。开源社区倡导每个人分享对开源软件的改进，而在 Apache 协议许可下的软件，无需开放源代码，仅需提及源代码出处即可，这不仅可用于商业，而且任何人都可以自由修改原有的软件，并将修改后的软件申请商标和专利。开源社区允许在开源软件的基础上开发个人的商用软件，对于那些逐渐成为重要基础设施的开源软件，如互联网协议、操作系统、Linux 等，也会吸引更多的关注和投入。有些用户甚至会进行捐赠，许多长期依赖维基百科学习和检索的读者基于期望这个工具越来越好用的愿望，就会定期捐款支持。借助开源的编程框架，大量的应用开发公司可以使用现成的数据库，无需从头开始，这也降低了 AI 应用的使用门槛。

在元宇宙中，万事万物需要相容相生，因此技术和平台需要通过制定协议和标准进行开源处理，相关的代码将被进行各种程度的模式化，以满足不同需求用户的使用。在这一前提下，所有人可以协同参与创造，全民 AIGC 和 UGC 的时代降临。

共享性是元宇宙不可或缺的一大特征，每一个大小不同的主体都可以进行数据的共享。这项工程还强调主体参与和完善的信任体系，用户通过发挥主体性和参与性，在开放协同的环境中能够在多元空间和无限时间中获得更加广泛的体验，自身也能创造出更多的独特体验。在用户自驱创作的背景下，元宇宙空间由针对现实世界的数字孪生，发展为融合了想象和愿望的虚实相融世界，譬如人们在元宇宙里可以建造一个现实中不存在的 2 万米的山峰，并借助虚拟数字人而获得虚拟空间中爬 2 万米高的山的感受。

从元宇宙的建构角度，它实际上是由多个包含了人类众多感性的需求和欲望的数字世界构筑而成的。这一生态系统工程的复杂性和广泛性，注定无法由单独或者少数几家公司承担，因此需要构建去中心化的平权式的共享开放机制。例如，玩家在游戏中不仅能够享受游戏道具带来的乐趣，更能基于自己的喜好来创造游戏物件，并且在游戏中使用。用户甚至可以在游戏中向其他玩家拍卖自己创造的物件，以获得代币收入，并在现实中流通。例如，游戏《魔兽争霸 III》中附带的地图编辑器 WE（WarCraft World Editor）拥有非常强大的功能，并且编辑器的学习和使用成本不高，一般玩家很快就能够轻松掌握，玩家只需要发挥自己的创造力，便可以在编辑器中创造一个自己理想中的世界。

除了人类在元宇宙中的行为活动，AI 成为元宇宙中与人类同等重要的组成部分。在开源社区内，不仅有人类玩家的创作，AI 也会与人类共同创造想象中的事物，共同构建不依赖于现实的虚拟世界。过去 60 年，AI 不断从感知向认知层面升级。在元宇宙时代，随着物理世界被充分数字化，AI 的重要性将更加凸显。它不仅需要底层架构和数字基建的支撑，也需要丰富的内容和场景来推动其发展。因此，AI 将在元宇宙中发挥核心作用，替代或辅助人类进行建设工作，成为元宇宙中的关键生产要素。例如，2022 年 4 月，一位用户利用 Disco

Diffusion 这一 AI 绘图工具，输入“星空下的向日葵花海”，于是多幅融合了凡·高《星空》《向日葵》风格的画作被产出，与凡·高的真迹相得益彰。Disco Diffusion 基于 CLIP 图像生成技术，在 Google Colab（云端运行的笔记本环境）云端环境中运行，用户只需稳定的网络连接，即可低门槛使用。

AI 发展的三大核心要素是数据、算法和算力，其中，数据是 AI 发展的重要驱动力，算法是驱动 AI 不断进化的核心力量，而算力则是确保 AI 技术顺利运行的关键保障。在开源社区内，内容的迭代是无休止的，不断有新生创作产生，并通过数字化的形式永久保存下来；然而，这需要在强大算力的支撑下才能完成。创作者主导的元宇宙空间是永续的、持续运行的，当发展到一定阶段时，或许只有量子级别的算力才能满足元宇宙升级的需求。从这一意义上讲，当元宇宙浪潮袭来时，中小企业往往因缺乏高度集成的技术、顶尖人才和巨额资本投入，而难以在元宇宙赛道上崭露头角。因此，展望元宇宙的未来，是否仍会从去中心化的和谐自治发展为有垄断寡头统治的等级市场，这一问题的答案现今仍不得而知。毕竟，根据帕累托法则，约 20% 的个体掌握着约 80% 的财富和资源是人类社会的不变规律。

7.6 技术可供与情感茧房

技术可供性是一个复杂而多维的概念，它被多数学者从关系和行为的视角进行探讨。在关系主导属性的影响下，技术可供性强调技术对象与目标导向的参与者间产生的行为的关联性[2]。这种特定的生成机制使技术可供性成为一个动态的概念，其实现行为可分解为个体和组织层面，通过个人的迭代实现多种可供性，不断汇聚成为组织层面的可供性，进而推动组织目标的实现。技术可供性不属于自然环境，也不属于人工环境，更非感知的主体，而是相互作用的产物。它成功地融合了技术决定论和社会建构论，消解了关于技术对象设计的偏见。

解读技术可供性，主体、情境和结果这三个核心构念不可或缺。广义上，情境指某一时间内事情发展或个体行为活动的状态、事物发展的趋势或即时条件。具体而言，它成为技术可供性两大主体的互动环境，是个体对环境的体验、倾向、期待和认知。情境能激发用户的行动潜力，而用户行为则在个人和技术所处的环境之间展现。情境刺激技术可供性的产生，并影响主体间的互动，进而持续影响迭代过程的具体结果。[3] 总的来看，技术可供性是技术对象和行为属性互动的产物，行为主体有目的地与技术主体进行互动。

数字技术的兴起不仅改变了技术在人类社会中的地位，也使技术的可供性成为学者关注的焦点。简而言之，技术可供性可视为行为主体和技术主体间互动产生的可能性，其中行为主体带着目的与技术主体产生互动，利用技术可供性采取行动以实现目标。

展望元宇宙的未来，大量的用户可能会因为寻求精神抚慰而进入元宇宙，沉浸于虚拟世界的享受和技术的便利中，甚至可能形成个体层面的“茧房”。人们倾向于接受与自我认同相一致的信息，从而固化个人的认知，陷入某种循环往复的状态。线上社交与人际互动也会呈现类似的模式，人们对网络中的主体产生的情感大多具有投射性，从而产生情感的“茧房”。未来可能会有更多用户愿意对虚拟数字人物投射感情，这种现象作为技术影响的一种表现，其利弊得失仍需在未来的发展中得到验证和探讨。

人们在面对威胁或负面情感时，可能会选择避免或撤退以保护自己。这种自我保护机制可能会导致个体创建一个情感的“茧房”，以避免面对现实的痛苦。

情感茧房可能是个体寻求安全感和舒适感的一种方式。在这个“茧房”里，个体可以得到暂时的安慰和放松。有时，个体可能会选择逃避现实的困难和压力，通过创建一个情感茧房来暂时逃避现实的挑战。个体可能由于缺乏必要的应对技能或资源而选择撤退到情感茧房中。这可能是一种短期的应对策略，但长期来看可能不利于个体的心理健康和社交关系。在情感茧房中，个体可能会通过自我安慰和自我安抚来处理负面情感和压力。社交回避可能也会导致个体创建情感茧房。例如，害羞或社交焦虑的个体可能会选择避免社交场合，转而在情感茧房中寻找安慰。

在探讨高拟真度和沉浸感的 VR 体验和与虚拟人或网友直播交互所引发的情感茧房时，有几个重要的概念和学术理论得以应用。VR 技术的核心价值之一在于能够产生“存在感”，使用户在虚拟空间中感受到高度的拟真感。该技术能够操纵和调节用户的情感反应，而且在许多应用场景中，例如培训、教育、健康和研究等领域,已经开始采用涵盖虚拟人类的沉浸式 VR 技术。通过 VR 和直播交互，个体可能会更倾向于与有共同兴趣和观念的人交流，而忽略了现实世界中的多元交流和不同的观点，这可能会限制个体的社会认知和情感发展。

有些研究已经展示了 VR 如何影响情感调节和社会互动。例如，有研究指出，通过虚拟身体所有权的错觉，可以调节情感反应。另外，VR 为研究和理解亲密关系提供了新的工具和方法。VR 和直播交互提供了一个新的、丰富多彩的社交空间，但同时也可能导致个体过度沉浸于虚拟世界，忽略现实世界中的交流和经验，从而形成情感茧房。

7.7 无标度网络

在探讨现实世界中的复杂网络，例如互联网和社会网络时，一个核心特点即是其节点连接数的分布通常遵循幂律，揭示了所谓的“无标度网络”（Scale-free Network）特性。在此类网络中，大部分节点只有少量的连接，而极少数的节点则拥有大量的连接，这些连接丰富的节点被称为枢纽节点。

在社交网络的背景下，比如在微博这样的社交平台上，大多数用户的粉丝数量较少，而少数被验证的用户，通常被称为“大 V”，拥有大量的粉丝，从而在信息传播中占据了重要的位置。类似地，在万维网中，大多数网站只有少量的外部链接，而少数门户网站则拥有众多的外部链接，构成了网络中的枢纽节点。如果将节点比喻为个体，将节点的连接度比喻为个体的被关注度，那么这种现象反映了现实社会中的名人效应，即大多数人相对默默无闻，而少数人则拥有较高的名气和影响力。

无标度网络展现出了两面性，即独特的鲁棒性和脆弱性。其鲁棒性体现在网络对随机干扰的强大抵抗力。由于枢纽节点的数量相对较少，随机的错误或故障不太可能影响到这些枢纽节点，使得网络能够在随机干扰下保持其结构和功能。然而，这种网络的脆弱性在于，一旦枢纽节点受到有针对性的攻击，网络的结构和功能将会受到严重的影响。

随着时间的推移，新的节点会不断加入网络，而这些新节点往往更倾向于与已有的连接丰富的节点建立连接。这种现象可从社会学的同质性原理得到解释，即相似的个体更有可能相互连接。新节点在选择与哪些节点建立连接时，可能会通过某种优化机制，在名气和相似性之间寻找平衡，从而形成偏好链接。

无标度网络的特点对信息传播和影响力传播有重要影响。在元宇宙或 VR 环境中，枢纽节点（例如具有大量关注者的虚拟个体或组织）可能在信息传播和影响力传播中扮演关键角色。

整体上看，无标度网络的特性为我们理解和分析现实世界中的复杂网络提供了有力的框架。它揭示了网络中个体的连接模式和信息传播机制，为研究网络的稳定性和脆弱性提供了理论基础，同时也为网络的优化和安全防护提供了重要的参考。

7.8　节点与嵌套

在物理现实中，“嵌套”这一概念经常被应用于通过嵌入相互套合的方式增强物体的固定性和稳定性。在这个过程中，嵌入物和被嵌入物之间需要存在一个精准的接口，以确保二者之间的适配和稳定关系的长期维持。

在数字媒介传播的领域，“节点”这个词得到了新的内涵拓展。美国学者吉姆·巴尼斯特（Jim Banister）创造了一个新词“humanode”，由“human（人类）”和“node（节点）”组合而成，旨在定义互联网媒介下以人为传播主体的节点。[4] 在数字媒介的环境下，节点不仅指代网络上的设备，更指向通过数字互动媒介接收和发送信息的媒介用户。网络用户在网状媒体平台上是信息接发和传播的重要力量，他们依据个人信息传播喜好，遵循网络传播规律，主动参与到网络内容生产的各个环节中。

这种以节点为传播主体的传播形式被称为节点传播。节点是用户与其展示信息的结合体，在双向传播媒介中，每个用户都构成节点。网络用户不仅可以通过互联网发布和分享自己的想法，还能浏览和关注他人所表述的内容。在虚拟空间中，用户倾向于关注自己感兴趣的内容，甚至可能形成“信息茧房”，即只关注和接收符合个人喜好和观念的信息，避免接触不同或相反的观点和信息。

节点信息呈现了嵌套式传播的特点。关注虚拟角色时，相关信息会逐渐展现，不断累积。我们对被关注对象信息价值的评估，是基于整体信息价值。当信息被嵌入某个信息平台时，平台的筛选机制能够在一定程度上保证信息的价值。简而言之，我们对某个阶段某个个体的深刻认知需要通过追根溯源来实现，而节点信息的扩展过程也是这个信息单元不断丰富和累积的过程。每个节点在信息呈现方式上都构成了一种全息结构，显示出节点信息的嵌套式传播普遍存在的特点。

在互联网构建的虚拟空间中，每个人都能找到自己想要的信息，自觉关注自己感兴趣的信息。当两个进行社交互动的人产生了“关注”或“被关注”的关系后，他们就在社会网络意义上形成了“连接”关系。每个用户都会在虚拟空间中形成自己的社交圈子，并通过直接连接或借助其他用户的桥梁作用间接连接，扩展自己的社交圈子范围。用户在社会网络中获取信息时，会不同程度地嵌入到某个特定的社交圈子中，这种嵌入可以是用户主动寻求的，也可以是被动的。然而，无论嵌入的方式如何，每个用户都将身处不同的社交圈子中，随着圈子扩大，社会网络也得以拓展。

影片《盗梦空间》中的“梦中梦”或“多层梦境”概念，其实就是梦的嵌套，可以作为元宇宙空间嵌套的一个已知科幻案例。在《盗梦空间》中，角色可以进入梦中的梦，每层梦境的时间流逝都更为缓慢。这种“梦中梦”现象使角色能在现实世界的短时间内在梦境世界中经历比较长的时间。虽然嵌套梦境的想法很吸引人，但没有科学证据支持影片中多层梦境与时间膨胀之间的表现。睡眠和梦境中的时间感知是一个复杂的现象，尽管它可能会有些扭曲，但影片中的时间膨胀概念并不符合现实世界的睡眠科学。影片中的时间膨胀让人联想到爱因斯坦的相对论效应，即物体以相对速度运动时时间会减慢。但是，这个概念目前为止不适用于梦境领域。影片中有一种名为 PASIV 的技术，使角色能共享梦境，这虽然有趣，但现实世界中的共享梦境技术仍然是推测性的。现代梦境科学的研究，如麻省理工学院的 Dormio 项目，直接与个人的梦境大脑交互，尽管它不支持《盗梦空间》中描述的梦中梦或共享梦境。

嵌套元宇宙可以被理解为一个元宇宙内部存在另一个元宇宙的情况。这种结构类似于《盗梦空间》中的梦中梦概念，每个元宇宙层都可以被视为一个独立的虚拟世界，但它们之间可能存在某种连接或交互。

对于元宇宙的嵌套实现，技术是一个重要的因素。当前，VR 和 AR 技术正在不断发展，但要达到元宇宙嵌套元宇宙的技术水平可能还需要更多的创新和发展。

在嵌套元宇宙的情境中，用户可能会经历与《盗梦空间》中类似的时间和空间感知变化。然而，与电影中的时间膨胀不同，元宇宙的时间和空间感知可能更多地依赖于技术和设计，而非物理法则。元宇宙的嵌套可能会带来新的交互和连接方式。用户可能可以在不同层次的元宇宙之间自由切换，每个元宇宙可能会有其独特的规则和体验。

嵌套元宇宙可能会引发关于现实、意识和存在的哲学和心理学讨论。例如，用户可能会开始质疑什么是“真实”，以及我们如何理解和体验不同层次的现实。元宇宙的嵌套还可能会带来新的法律和伦理问题，例如虚拟财产的所有权、虚拟身份的管理及虚拟环境中的行为规范等。

嵌套元宇宙可能会产生新的经济模型和商业机会，例如跨元宇宙的交易、虚拟商品和服务的销售，以及基于不同元宇宙层次的广告和营销活动。

7.9　社交恐惧与新型孤独

虚拟现实被视为人类文明的一种基础冲动，它在某种程度上代表了人们在现实生活中所缺失的需求的补偿。虚拟社交平台的出现突破了传统社交中时空的限制，但同时也被指责为“异化”了人们原本的社交特质。人们都有情感需求，基于这种需求，人们在网络上寻找陌生人的帮助和倾诉以摆脱孤独感，但这往往会导致更加的孤独，而现实中人们的社交能力也随之退化。这种退化被视为过度依赖网络社交的一个明显弊端。

古斯塔夫・勒庞在《乌合之众》中阐述了群体心理的影响，指出在群体中，人们的思想和感情容易被暗示和相互传染，从而汇聚成一个共同的思维方向。在这种集体社会情境中，人们往往会受到环境的影响而产生相同的心理反应，习惯于群体生活的个体可能会失去独自思考和处事的能力。在社交媒体上频繁的人际交流与现实中的关系冷漠和空虚感形成了鲜明的对比，突显了现代社会中人们面临的社交困境。

虚拟社交的兴起简化了社交流程，降低了社交的门槛，人们不再需要进行诸如洗头、化妆等烦琐的准备工作。长此以往，社交的仪式感却随之缺失。当人们逐渐习惯于通过文字、语音和表情包在线交流时，面对面社交的能力便逐渐退化。虚拟社交为人们提供了掩盖真实想法和感受的空间，使得交流变得更加符号化，缺乏了真诚和深度。电子媒介的虚拟空间阻隔了人与人之间的直接交流，进一步加剧了孤独感的滋生。随着面对面交流能力的退化，越来越多的人出现“社交恐惧”的现象，他们在现实生活中感到无法适应，反而更加依赖虚拟社交。这种依赖让人们在网络上建立了众多社交联系，但在现实生活中却变得更加孤独，突显了虚拟社交的双面性。虚拟社交不仅改变了人们的交流方式，同时也在悄无声息中改变了人们的心理状态和社交习惯，对现代社交造成了深远的影响。

虚拟互动在补偿现实社交缺陷及随后对个人心理健康影响的现象是多种因素复杂交织的结果。一些研究强调，社交媒体允许人们保持社交关系，这可以是应对孤独和压力的一种方式。然而，其他研究发现社交媒体使用较多与较差的心理健康及更高的孤独感有关。对虚拟社交互动质量的研究，包括在线游戏、约会和社交媒体使用，显示它们可以与现实关系具有相似的意义、亲密度和稳定性。

使用社交媒体来补偿现实世界中不足的社交技能已经与随时间增加的孤独感相关联，过度使用社交媒体和互联网与更高的孤独感有关。孤独感可能驱使个体在社交媒体上花费更多时间，尽管社交媒体在缓解孤独感和心理压力方面的效果尚不清楚。在线社交网络的崛起模糊了虚拟和现实世界社交的界限，根据现有文献，仍难以明确虚拟社交互动对孤独感的影响。

孤独和社交恐惧症拥有不同的认知—行为和神经学模式。与社交恐惧症患者中常见的社交回避不同，高孤独感的个体对消极反馈的反应不同，社交因素会减轻消极反馈的影响。

在虚拟空间中探讨集体行为与古斯塔夫·勒庞关于群体心理的理论呼应，说明了团体动态的隐含和传染性如何引导个人的思想和情感朝着共同的方向。在数字领域，这种集体行为可能使个人从其固有的社交属性中异化，培养了对虚拟互动的依赖，从而削弱了现实生活中的社交技能。

解决这个悖论需要深刻理解虚拟和现实世界社交互动之间的相互影响，并制定促进健康社交参与的干预措施，涵盖这两个领域。

7.10 网络与社区

元宇宙被视为连接现实世界与虚拟世界的革命性桥梁，预示着超越现实世界的、更高维度的新世界的诞生。它为未来社会勾勒出了一种愿景，并展现了未来媒介的新形态。元宇宙的出现，打破了现实空间对人类社会实践的固有束缚，为我们提供了一个全新的、无限扩展的虚拟世界，赋予人们选择进入不受现实约束的虚拟空间的自由。在元宇宙中，人们能够重新选择自己的年龄、性别、家庭和职业等，并按照自定的角色在虚拟世界中体验不同寻常的人生。因此，无论个体的年龄、职业或身体条件如何，他们在元宇宙中都能享有数字世界的平等机会。元宇宙为受现实世界限制的人类提供了极大的解放，使人类能够在一个或多个虚拟世界中发挥能力、创造价值，享受多重的生命体验。

网络效应是数字平台生态系统的核心驱动力，其在元宇宙的发展中展现出无可比拟的重要性。随着元宇宙的不断壮大和多元化，网络效应不仅催生了新的交互模式，还为数字经济注入了前所未有的活力。

元宇宙的基础设施促成了一个巨大的数字生态系统，每一个新加入的用户和内容创作者都在为这个生态系统增值。通过网络效应，元宇宙的价值得以指数级的放大，形成了一个正反馈的增长循环。在这个循环中，每一个新的交互和连接都在为整个系统创造更多的价值，进而吸引更多的用户和创作者加入，形成了一个自我强化的生态。

与网络效应相关的基本法则之一是梅特卡夫的法则，该法则指出网络的价值与系统连接用户数量的平方成正比。这条法则强调了随着更多用户成为其一部分的网络的指数增长潜力。在元宇宙的环境中，梅特卡夫法则得到了淋漓尽致的体现。每一个新的连接不仅仅是增加了一个节点，而是为整个网络增加了更为丰富的多样性和可能性。这种指数级的增长展现了网络效应在连接效应和规律中的核心地位。

跨网络效应是指当另一个相关产品或服务的使用增加时，一个产品或服务的价值增加。例如，移动应用的增长可以增加底层移动操作系统的价值，反之亦然。元宇宙的发展促使不同平台之间的交互和连接成为可能，形成了跨网络效应。例如，一个游戏平台的增长可能会带动其关联的社交平台和市场平台的增长，反之亦然，为整个元宇宙的生态创造了更多的价值。

多家寄宿和单家寄宿的概念是指用户与数字平台互动的行为。多家寄宿是指用户同时与多个平台互动，而单家寄宿是指用户只与一个平台互动。用户可以在元宇宙中自由选择加入不同的平台和社区，而这些平台和社区也在相互竞争和合作中推动了网络效应的发展，为用户提供了更多元的体验。

元宇宙的出现重新定义了市场的边界和规则，网络效应的强化循环使得一些领先的平台能够获得市场的主导地位，但同时也为小型创新者提供了展示和成长的平台。

随着元宇宙中的网络效应日益显著，如何确保公平竞争和防止市场垄断成为一个重要的议题。这也促使了对数字经济中监管和政策制定的深刻反思。

7.10.1 平台与行为

近一个世纪以来，虚拟世界展现出爆炸式的发展。随着 VR 技术的成熟，人类已能利用数字技术构建出超越现实的虚拟世界，通过可穿戴设备增强了对虚拟世界的感官体验，实现了身临其境的实时交互。随着 AI 和 VR 技术的进步，虚拟世界功能日益丰富，虚拟和现实两个世界的连接也日渐紧密。

谈及虚拟世界，总会与现实世界相提并论。因为未来的虚拟世界中，人类参与的所有活动的动机和价值判断，都是基于现实经验的积累。现实世界的生活通过数字虚拟成像技术和网络技术被映射到虚拟世界中，人们可以在网络上进行社交、交易、文化创作等，几乎所有现实世界的活动都能在虚拟世界中找到表现形式，其内容表达逻辑和形式或源于或超越现实世界。因此，在虚实交互设备构建的虚拟世界中，人们可以在参与感和沉浸感中获得现实世界所缺失的补偿。

在游戏《第二人生》中，华裔女教师爱林·格雷夫低价购买虚拟土地，设计三维建筑和风景，并通过出租和销售交易获得收入。随后，林登实验室推出了《第二人生》专用通用货币——林登币，与美元直接兑换。爱林·格雷夫通过虚拟世界创造的价值转换为现实财富，她所获得的游戏币变成了真金白银，赚得了“虚拟世界的洛克菲勒”的美誉。

不同元宇宙平台可能会提供不同级别的交互性。一些平台可能专注于提供高度沉浸式和交互式体验，而其他平台可能更倾向于社交交互和内容共享。

某些元宇宙平台可能拥有更发达的虚拟商品市场和经济系统，这对于平台的吸引力和用户黏性至关重要。不同平台可能会提供不同级别的内容创建和共享工具，这可能会影响用户如何与平台交互及他们在平台上花费的时间。

7.10.2　连接多个虚拟社区空间

笔者在《虚拟社区与虚拟时空隧道》一文中，提出了独特的三度空间概念及一系列原则，旨在根本探讨跨多个元宇宙应用的互操作性问题。[5] 文章精细划分了空间的三个层次：一度空间、二度空间和三度空间。一度空间是现实世界的空间，而二度空间和三度空间则属于虚拟领域。每个空间都拥有相对独立和封闭的环境。

一度空间，即现实世界空间，是人类现今所处的现实物质世界，数量唯一，在这个空间中，主体是自然人。这是我们每天生活、工作和社交的物质空间，它的约束和限制形成了我们对于更多可能性的渴望。

二度空间，指的是虚拟社区空间，是以一度空间为模型，由网络服务提供商（ISP）以服务器和计算机程序为基础构建出的虚拟网络空间。这可以简单理解为我们常熟悉的网络游戏空间和网络中的一般社交虚拟社区。在这个空间中，虚拟社区成为现实社交的延伸和补充，为人们提供了新的社交场域和体验。

三度空间，即虚拟个人空间，也叫作虚拟自我空间，是以一度空间和二度空间为模型构建的虚拟空间，是被个体独立拥有的封闭空间。在这个空间中，主要权力由所属个体支配，个体可以按照个人意志自由更改、设置角色。这为个体提供了一个自我表达和自我探索的平台，使得个人能够在这个空间中自由发挥，实现自我价值的追求。

在元宇宙这个虚拟空间里，个体可以为自己设置多重身份，在不同的虚拟空间中扮演不同的角色。不同于现实空间中的多重社会身份，元宇宙中的虚拟化多重身份在各个虚拟空间中是相对割裂的。虚拟个人空间是最小的单一虚拟空间，在这里，使用者是整个空间的支配者，可以按照自己的意愿自由地对角色的属性等进行设置，避免了现实生活空间中“多重身份”交织的困扰。

个体会因为各种原因加入各种各样的虚拟社区，以形成在元宇宙这个虚拟空间中的身份实践，进而促成虚拟社区的形成。在这种情况下，虚拟个人空间之间的互动构成了更大的虚拟社区空间，每个虚拟社区空间包含着若干个相对独立且封闭的虚拟个人空间。

虚拟社区空间是以现实空间为基础构建的，不同的虚拟社区空间的属性、规模和功能因其建立的目的而异。在每个虚拟社区空间中，所有的个体都有着某种相似或者相同的属性和特征，以保证单个虚拟空间的建构基础。但是，虚拟社区中的个人也具有个体自主意识，显示为元宇宙中的不同个体会加入不同的虚拟社区，而在同一虚拟社区中的表现存在异质化。

个体是虚拟社区建构的基础单位，个体在不同虚拟社区间的流动性活动使得个人成为社区间互动交流的桥梁。另外，不同的虚拟社区基于拓展的需求，会形成一定的关联。这样，虚拟社区空间与个人之间、虚拟社区空间与虚拟社区空间之间的互动催生了一个更大的虚拟社区空间，这个虚拟社区空间包含着各种不同属性和类型的虚拟空间，更大、更复杂、更多元，促进了虚拟空间中多元、多维空间的人性化交互。

通过这三度空间的划分和分析，我们可以更好地理解元宇宙中的空间结构和个体的行为模式，为探索元宇宙的发展和应用提供了理论基础和思考方向。

7.10.3 虚拟社区互联互通

在探讨虚拟社区的互联互通映射时，我们主要讨论的是不同空间下主体和环境的属性、事件和方法的对应关系。这种映射可以细分为纵向映射和横向映射。纵向映射主要是指一度空间与二度空间、二度空间与三度空间、一度空间与三度空间等异度空间之间的映射关系。而横向映射则是指在二度空间与二度空间、三度空间与三度空间等同度异构空间之间的映射关系。通过这种映射关系，货币、属性、环境、事件等信息能够在异度空间和同度异构空间之间相互映射，实现信息的跳转和虚拟时空的穿梭。

每个虚拟空间的价值由一个特定的价值参数来衡量，该价值参数包括价值基数和价值增量两部分。价值基数是在每个空间建立之初由管理系统赋予的值，而价值增量则由空间的活跃程度来决定。空间的活跃程度可以通过多种指标来衡量，例如空间创建的时长、参与空间的用户人数、用户在线时间及空间数据更新的频率等。空间活跃程度越高，其价值增量就越高，进而得到的价值参数值也越高。根据上述映射规则，价值参数高的空间在转换时具有更高的等级和权限。

为了让元宇宙中的多维时空具有较高的空间价值，需要实现其与人类现实生活空间及现今互联网空间的关联建构，将这一空间的建构基础设立在已有空间上。

这种关联建构能够减少空间的陌生化问题，降低空间实践的门槛，从而吸引更多的人参与进来，增强元宇宙的空间活跃值。

虚拟社区互联互通的映射在多个领域都有广泛的应用场景，例如游戏、社交、会展和教育等。例如，在游戏领域，如果游戏服务商提供了两款不同主题的游戏，用户可以直接使用已注册的账号，将自己的角色带入到另一款游戏中，创造出新的戏剧性效果。在社交领域，用户可以将自己注册的某个社交账号中的资源带入其他的虚拟社区中去。在会展领域，主办方可以将线下的活动虚拟化，参与者可以注册账号进入虚拟社区，参与虚拟化的活动。而在教育领域，可以实现用户在一个电子学习虚拟环境中的属性、方法、事件、好友等信息迁移至另一个电子学习虚拟环境中。

通过这些实践，虚拟社区互联互通的映射模型为未来时空应用及进一步的发展提供了坚实的基础和信心。这种映射不仅丰富了虚拟空间的多维度体验，也为用户提供了更多的可能性和选择，推动了虚拟社区向更为开放、互联和多元的方向发展。

7.11　中心化与去中心化

在元宇宙环境中，通过中国和美国的不同视角反映出的中心化和去中心化的概念，可以通过治理、经济模型和技术框架的多个方面来剖析。

中心化元宇宙的特点是由单一实体控制所有方面，包括通过托管平台和传统金融服务处理的付款。另一方面，去中心化元宇宙在分布式网络上运行，并具有去中心化的所有权结构，通常由区块链技术促成。在这样的设置中，交易是公开可见且不可逆转的，促进了透明度和减少了争议，但近几年的实践可以看出，同时也增大了风险。

在中国，元宇宙一般以中心化的方式进行监管，反映了更广泛的治理模型，旨在确保安全，同时可能在受控的参数内促进一定程度的创新。

与中国不同，美国有通过去中心化方法促进创新的历史，通常由私营企业和社区合作推动。然而，去中心化的结构中可能存在中心化，例如，某些主导平台或公司可能会对去中心化的元宇宙环境产生重要影响，创建一种在广泛的去中心化框架内的中心化控制。

美国和中国对元宇宙的不同方法反映了它们更广泛的社会和治理模型。美国的模型鼓励创新和个人企业，通常以更大的碎片化和较少的协调控制为代价。中国的模型则旨在保持一定程度的中心化控制，以确保稳定性和协调发展。

“中心化的去中心化”和“去中心化的中心化”反映了数字领域中发展和安全的相互作用。前者包含了受控环境和去中心化活动的空间，而后者体现了一个带有中心控制元素的生态系统。这些动态塑造了元宇宙的演变、治理和用户体验，呼应了更广泛的社会政治文化，如安全、自由和创新。

总的来说，中国和美国元宇宙领域中的中心化的去中心化与去中心化的中心化二分法，揭示了技术创新、经济模型和治理框架的复杂相互作用。每种方法都有其自身的优势、挑战和对数字交互及元宇宙演变未来的影响。

第 8 章

元宇宙与媒体转型

8.1 传统媒体的生态

中国媒体的演进不仅仅是技术的演变，更是社会与信息交流方式的转变的反映。我们可将其划分为四个主要阶段，以呈现从传统媒体到新媒体的过渡和融合。

媒体 1.0 时代（1958—1997 年），电视、广播和纸质媒体的主导时期。在此阶段，虽然 1958 年北京电视台（后成为中央电视台）开播，但电视的普及程度直至 1990 年才逐渐加深。这个时期的媒体主要是国家用来传递信息给民众的重要渠道，以新闻和通讯信息为主，形成了以电视台、广播台和报社为主要传播主体的传播格局，实现了单向、一对多的信息传递。电视被公认为 20 世纪的重要发明之一，它的出现为人们提供了一个全新的信息获取和交流平台。

媒体 2.0 时代（1998—2009 年），互联网引入和普及。在这个阶段，美国的互联网热潮在 20 世纪 90 年代逐渐吹向中国，诸如新浪、网易和腾讯等国内互联网巨头应运而生。互联网门户、电视、广播和报纸成为主要的媒体形式，同时互联网的普及降低了信息获取的成本，增加了传播渠道，为信息的多元传播提供了可能。

媒体 3.0 时代（2009—2021 年），新浪微博的推出象征着互联网新媒体的崛起。在此阶段，广播电视、互联网门户、社交媒体及户外媒体成为主流传播渠道。与前两个时期相比，传统媒体和新媒体的融合成为显著特点。传播模式也从单向一对多转变为多样化的传播模式，包括一对多、多对多的交互式传播，受众不仅仅是信息的接收者，更是内容的创作者。PGC、UGC、PUGC（专业用户和普通用户合作生产内容）、AIGC等新型内容生产模式应运而生。《人民日报》的“中央厨房”模式则是媒体融合的典型例子，它将创作中心比作“厨房”，根据不同媒体平台的特点，将内容进行优势互补的分发，为其他媒体提供了媒体融合的参考模式。此外，由于传播模式的变革和受众的精细化内容需求，“Z世代”成为互联网的主力用户群体，催生了诸多细分的圈层文化和青年亚文化，例如国风、说唱和街舞等小众文化走向更大的媒体舞台，得到了更多人的关注和喜爱。

媒体4.0时代（2021年至今），一个全新的元宇宙和AIGC大众传播纪元开启，开始步入AIGC和元宇宙时代。2021年元宇宙热潮，2022年11月30日出现的ChatGPT 3.5，都是媒体界划时代的大事。与元宇宙的概念相比，过去的所有传播形式可以统称为传统媒体。

从传播模式来看，元宇宙的传播模式相较于前三个媒体时代最显著的特点是三维化和智能化的体现。

在受众角色的转变中，元宇宙赋予了受众更多元的身份和功能。首先，受众在虚拟世界实现了现实世界的数字孪生，所有现实世界的内容在虚拟世界都能找到其对应的虚拟形态。其次，受众不再仅仅是内容的旁观者或创作者，他们还可以成为媒体组织的一部分，甚至在元宇宙世界中通过各种方式获得收益。

在媒介组织的转型中，元宇宙为媒介组织提供了数字化转型的可能，元宇宙的时空摆脱了现实世界的物理限制，反转了传统媒体追求高度模拟真实世界的评价标准。在元宇宙中，异空间虚构的能力成为传媒行业新的进化方向。例如，AIGC和ChatGPT等技术可为元宇宙中的传媒组织提供强大的内容生成和交流工具，推动媒体生态在元宇宙体系下的创新发展。

在文化与亚文化的表达上，元宇宙为所有文化和亚文化提供了一个全新的展示和发展平台。与过去受到时间、空间和地域限制的文化不同，新闻、数字藏品、音乐典藏和IP娱乐等都能在元宇宙中找到新的表达方式和发展空间。

全程媒体、全员媒体、全效媒体和全息媒体是信息传播和媒体领域中的热门概念。通过ChatGPT等先进的语言模型，媒体内容的制作和传播可以实现从创意到发布的全过程自动化，实现真正的全程媒体。在元宇宙中，媒体的生产和消费可以跨越现实和虚拟的界限，形成从虚拟世界到现实世界的全程媒体生态。

通过降低内容创建的门槛，ChatGPT 使得每个人都能成为媒体的生产者，实现全员媒体。元宇宙通过提供开放和自由的平台，使得所有参与者都可以成为媒体的生产和传播者，实现全员媒体的理念。

通过智能化的分析和优化，ChatGPT 可以帮助媒体实现内容的全效传播，提高传播效率和效果。元宇宙通过构建高度互动和个性化的媒体体验，使得媒体的传播和交流更为高效和全效。

ChatGPT 可以通过自然语言处理和深度学习技术，帮助构建全息媒体，实现多维度、多层次的信息传播和交互。元宇宙通过提供三维、虚拟的媒体空间，实现了全息媒体的多维度交互和体验。

8.2　新型互联网应用和社会形态

元宇宙作为新型社会形态的体现，通过边界模糊的时空拓展、高度沉浸的感官延伸及人机融合的思想迭代，为传媒产业的革命性变革铺垫了道路。在这一变革中，AI 和大模型的技术进步成为支撑元宇宙产业螺旋式上升、集聚性扩散及梯度化发展的关键技术底座。这不仅重塑了传媒行业的时空观，而且为各个分支领域带来了升级的机会。

具体来说，新闻的采编发环节在 AI 和大模型的助力下，得以升级。通过智能化的内容分析、生成和编辑，大模型如 ChatGPT 可以帮助传媒行业实现更高效、更精准的信息传播。同时，广电行业在这个新的时空维度中，得以把握内容与设备的先机，将传统的内容创作与元宇宙的高度互动空间相结合，开创出新的传播模式。借助 AI 技术，广电行业能够实现对元宇宙内内容的智能化制作和分发，进而优化内容的质量和传播效果。

社交平台在元宇宙的背景下，需更为重视时空创意思维的培养和应用。通过 AI 和大模型的技术支持，社交平台可以实现更为丰富和多元的时空交互体验，以适应虚拟与现实交织的新社会交互模式。而数字文娱行业则可以通过加强感知有用性和易用性的研究，推动元宇宙内的娱乐内容及交互方式的创新，进一步优化用户体验，为传媒产业的未来发展注入新的活力和可能。

元宇宙的出现和发展，以及AI和大模型的技术进步，共同构成了传媒产业演进的重要契机。在这个过程中，理论的创新和实践的探索将共同推动传媒产业向更高层次、更广领域、更深纬度的发展，为构建多元、开放、互动的新型传媒生态系统提供了宝贵的思考和实践基础。

8.2.1 边界模糊的时空拓展性

元宇宙展现了一个具有时空拓展性的全新领域，其在时间和空间两个维度上的延展与拓展，为新闻传播领域揭示了未来的可能性。在时间维度上，元宇宙的高度沉浸感有力地改变了人们对时间的传统感知。在元宇宙中，时间不再被机械化度量分秒的“科学时间”所束缚，而是转变为一种纯粹而不可逆的“绵延”时光，它持续流动并且不断变化，要求人们通过直觉来感知和把握这种真实的时间流。在新闻传播中，这种时间感的改变可以引发新闻报道和叙述方式的革新，为新闻传播提供更为丰富和多元的时间表述方式。

空间维度上，元宇宙打破了虚拟空间与现实空间的固定边界，赋予了空间一种“无边界性”的新定义。传统的空间方向和方位概念在元宇宙中被颠覆，它展现的是一种以个体为核心，向外延伸的多维空间体验。这种体验要求人们拥有对虚拟世界和现实世界的全维感知力，并通过一系列的交互行为来体验和探索空间的延展。对新闻传播而言，这种空间维度的拓展为新闻报道提供了更为广阔的空间表述和交互可能，使得新闻传播能够超越传统的空间限制，实现更为广泛和深入的空间交互和表述。

在动态空间的构想中，元宇宙世界与现实的运动场景相结合，可以模拟出走、跑、跳等动作。例如，在交通工具如汽车、高铁、飞机等的空间中，用户可以通过元宇宙实现瞬间移动，从而进行地理迁移，这种交互解放了现实中的空间规定，为新闻传播提供了新的空间交互可能。

进一步地，元宇宙还为人与时空关系的重新定义提供了一个独特的视角。随着数字分身和虚拟数字人的出现，人类得以在同一时间处理多重任务，存在于元宇宙世界中的不同时空。这种新的存在方式不仅挑战了传统的时间和空间概念，而且为新闻传播提供了新的思考维度。

8.2.2　高度沉浸的感官延伸性

从德国哲学家恩斯特·卡普的“器官投影论”到加拿大媒介理论学家马歇尔·麦克卢汉的“媒介延伸论”，技术与人类感官的结合被深刻地探讨和阐述，它们共同揭示了技术本质上是人的肢体、器官和大脑的投影与延伸。在这个基础上，元宇宙作为由虚拟世界和现实世界共同构建的综合环境，为人类的感官体验提供了多维度的延伸空间。

根据法国哲学家梅洛－庞蒂的看法，身体是经验世界和客观世界的中介，人类通过身体连接客观世界的感知经验。在元宇宙的沉浸式环境中，技术模拟得以实现对人体感官经验的替代与拓展。一方面，众多 VR 设备制造商正在加速更新和迭代其 VR 软硬件，如 VR 手套、VR 眼动仪等新型 VR 设备的研发，使得未来用户将能够在元宇宙中体验前所未有的虚实融合场景，同时在听觉、触觉、嗅觉等感官维度上实现拓展。另一方面，现实世界与虚拟世界的融合还需依赖于 AR 技术和 MR 技术的进步，AI 运算能力的提升、虚实交互设备的升级及虚拟数字人和仿真机器人的应用，将使用户能够进入一个真假难辨的“高沉浸式环境”，并在其中实现视觉、听觉、触觉、嗅觉、味觉等多感官一体化的混合式体验，形成对人类中枢神经系统的延伸。

8.2.3　人机共生的思想迭代性

元宇宙的愿景在于打破虚拟和现实之间的界限，实现两者的无缝融合。在这个综合的空间里，虚拟与现实交织，人类的感知范围得以超越传统的时空限制。随着人类尝试将思维和意识投射到机器人和虚拟数字人身上，我们的认知方式和与世界的互动模式正处于一个历史性的转折点。长期的人机交互不仅可能消解人机对立的传统思维，而且可能加深人类对机器人和虚拟数字人的身份认同感。在这个过程中，虚拟与现实、人类与自然、人类与机器人，以及人类与世界的关系都将被重新思考和定义。

美国学者尼古拉·尼葛洛庞蒂在《数字化生存》一书中指出，每一代人都会比前一代更加数字化，而元宇宙不仅仅是技术和产业的演进，它更是人类生存方式的一种革新。这种革新将引发人类对自身命运的深刻反思：人类是否可能沉溺于元宇宙的世界？元宇宙中的数字分身是否会永久留存？虚拟数字人能否实现对现实人的生命延续？

元宇宙的发展为实现更高级别的人机共生提供了显著的机会，从而超越传统的界面和交互。人机共生是指人类和机器形成一个合作单位，每个单位都增强了对方的能力，并实现了比单独操作更为复杂的结果。

人类与机器之间的物理交互历来限于基本界面，如键盘、鼠标或触摸屏。但是元宇宙通过其沉浸式的 VR 和 AR 技术，促进了更为密切的生理共生，允许自然、直观的交互，如手势、语音甚至思想控制的界面。

机器作为工具的发展和应用为人类提供了许多方式来扩展认知和能力的边界。这些工具不仅提高了效率，还创造了更多的机会，使人们能够探索和创新。机器作为工具，最早体现在诸如计算器、计算机等设备中，它们可以迅速进行复杂的数学计算，从而扩展了人类的算术和数学能力。这不仅提高了计算效率，还降低了错误率。随着技术的发展，计算机和软件工具现在可以处理和分析大规模的数据集。这使得人们能够进行更深入的数据驱动决策和研究，从而扩展了人类的分析和决策能力。自动化系统和机器人不仅扩展了人类的体力能力，还在工业、医疗、制造等领域提供了高效率和高精度的操作。这有助于提高生产力和减少风险。现代智能助手和虚拟助手，如智能手机的语音助手、智能家居系统等，扩展了人类的日常生活能力。它们可以协助人们管理日常任务、获取信息、规划日程等，提高了生活的便利性。

人与智能装备、机器人的融合共生是一个充满潜力的未来趋势，将为社会和技术领域带来广泛的创新和机会。元宇宙为机器提供了一个理想的平台，以更好地理解和响应人类情感。通过情感分析和深度学习技术，AI 可以识别和解释情感，使机器能够更有同理心地与人类互动。这种技术在虚拟治疗、心理健康支持和情感陪伴方面有潜在应用，有助于改善人类的生活质量。元宇宙为多样化的社交互动提供了可能性。不再局限于传统的社交媒体，人类和 AI 驱动的实体可以在虚拟环境中进行更复杂和有趣的互动。这有助于促进跨文化、跨语言和跨界的合作，同时也提供了更丰富的社交体验。元宇宙为经济共生提供了机会。AI 和人类可以共同创造价值，推动虚拟经济和数字资产市场的发展。去中心化自治组织和智能合约也可以在元宇宙中发挥重要作用，创造新的经济模式，使人们能够共同参与决策和资源分配。

这种人机共生与元宇宙的和谐化也在工作领域得到了《哈佛商业评论》的共鸣，预计元宇宙将通过引入沉浸式团队合作、数字 AI 启用的同事和加速的流程等，来革命性地改变工作方式。

元宇宙与人机共生的深度融合为新闻传播领域带来了创新的可能性和挑战。在这个高度交互和沉浸式的环境中，新闻传播的传统模式和实践可能会得到重新定义和扩展。

元宇宙的沉浸式环境提供了一个极为生动和交互式的新闻体验平台。用户不再是被动的信息接收者，而是可以通过 VR 和 AR 技术，直接参与和互动，从而获得更丰富和多维度的新闻体验。

通过 AI 技术和 AI 大模型，新闻传播领域的内容生产可以实现更高的效率和个性化。记者和编辑可以与 AI 系统协同工作，实时分析大量数据，生成深度报道和分析。

元宇宙打破了传统的二维传播界限，为多维度、多感官的新闻传播提供了平台。用户可以在元宇宙中从多个角度和多个感官维度体验新闻事件，提供更全面和立体的信息传递。

元宇宙提供了一个新的社交媒体融合平台，用户可以在其中交流、讨论和分享新闻，形成丰富的社交网络和公共讨论空间，增强新闻传播的社交性和互动性。短视频和元宇宙将以某种形式在空间视频领域会合。

元宇宙可能会催生新的新闻传播经济模式，如基于区块链的新闻版权交易、虚拟广告和虚拟商品销售等，为新闻传播领域带来新的盈利模式和商业价值。

8.3　元宇宙传播度与媒体效果

元宇宙的逐步构建将经历虚实孪生、虚实相生和虚实融生三个阶段，预示着人类社会文化的迁移和“两栖生活”新世界的产生。在这个多维空间中，虚实交替、人机关系交叠的特点使得传播度和媒体效果在不同阶段展现不同的特征。目前，我们正处于虚实孪生的初级阶段，元宇宙的虚拟空间主要是现实空间的数字映射。在这一阶段，媒体传播主要分为横向传播和纵向传播。横向传播主要是虚实世界间的数字内容传播，而纵向传播则聚焦于虚实空间内信息的独立传播。横向传播的效果主要受 VR 交互设备的影响，而纵向传播的效果更依赖于交互内容的相关性。

在元宇宙中，通过 XR 设备，人类的感知边界得到拓展，成为感知虚拟世界的新器官。这种拓展使得人类能以新的方式接触信息和进行社交交互。例如，传统的新闻阅读、电视观看等行为，在元宇宙中可能呈现为还原场景化的体验。主流媒体可以借此机会进行数字化转型，例如，部分新闻机构已经尝试使用虚拟数字人主播来呈现新闻。

在社区交流层面，元宇宙为虚拟社区提供了新的交互平台。现实世界中的社交行为如唱歌、看电影、玩游戏、逛街和旅游，在元宇宙中将呈现出新的虚拟形态，使人们能在虚拟世界中实现“在场”社交。例如，腾讯的 QQ 秀和百度的“希壤”等产品正在研发这方面的内容。

元宇宙中的用户将拥有个人身份、社交圈子、深度沉浸、即时反馈、多样性体验、随地可连、经济交互和文明创造八个关键特征，这些特征将推动传统媒体和新闻传播领域的深度变革。AI 大模型的引入将进一步推动新闻传播的个性化和智能化，使得内容的生产、传播和消费更为高效和精准。

元宇宙在新闻传播领域的应用开拓了多元化的传播要素和方法，主要集中在沉浸式叙述和交互式体验上，与传统的新闻传播要素形成了有趣的对比。

在过去的 20 年里，新闻业与 VR 和 AR 技术结合，催生了一种新的沉浸式、尖锐且技术娴熟的叙述方法，包括使用 VR 和 AR 技术制作的纪录片、AI 支持的数据新闻学及视觉上令人愉悦的数字内容。

元宇宙为用户提供了不同类型的交互体验，这取决于预期的使用目的。例如，在所谓的“文化元宇宙”中，研究试图填补实际研究和元宇宙叙述研究之间的空白。在元宇宙的环境中，叙述的方式会显著增强消费者的存在感、互动和沉浸感，从而改善目的地的吸引力。

8.4 元宇宙下的媒体新生态

元宇宙的诞生将消弭生产者、服务者和消费者的边界，与现实生活的经济、社交和身份体系实现深度融合，预示着一个“虚实相融”的媒体新生态的崛起。在这个新的生态中，元宇宙不仅是一个虚拟的空间，它更是现实世界的延伸和补充。借助 AI 大模型的力量，新闻传播的过程将变得更加智能化和个性化，为公众提供了前所未有的信息获取和交流体验。

8.4.1　元宇宙重构传媒行业新型时空观

元宇宙解除了现实时间和空间的限制，为用户提供了一个可以自由利用的非现实环境。在这样的环境中，新闻传播不再受到地理位置和时间的限制，能够实现即时、全球化的信息传递。

通过 VR 和 AR 技术，元宇宙为用户提供了一种更为沉浸式的互联网体验，使得新闻传播变得更为立体和交互式。这种新型的传播方式能够提高用户的参与度和信息的传播效率。

传统的新闻传播通常受限于地理位置和时间，但元宇宙的出现打破了这些限制，使得新闻传播能够在虚拟世界中实现无时空限制的传递。例如，《时代》杂志通过元宇宙发布周刊新闻通讯，为全球影响力最大的 100 人提供教育内容，显示了元宇宙如何拓展了新闻传播的时空边界。

在元宇宙中，不同的传播要素如信息源、信息渠道和接收者都会以新的形式存在。例如，新闻机构可能会通过虚拟数字人主播来发布新闻，而接收者则可以在任何时间、任何地点通过 VR 或 AR 设备来获取新闻信息。这种新型的传播模式将有助于提高信息的传播效率和接收者的满意度。

人类努力孕育一种新型智能机器，该领域的探索广泛涉及了机器人技术、语音识别、图像识别、自然语言处理及专家系统等多个方面，旨在实现与人类智能相媲美的响应方式。在元宇宙的舞台上，AI 揭示了人机融生的新维度，展现了自然人、虚拟数字人和机器人三者的合一可能。随着 AI 与元宇宙的共同推进，人类需要不断适应和优化自然人、虚拟数字人和机器人之间的协作关系。虚拟数字人的多重身份能够辅助人类在虚拟世界中的行动，而机器人则在现实世界中为人类提供协助，自然人则有更多的空间去探索自我、享受休闲和追求学习。

传统主流媒体在数字化转型的征途中，遭遇了许多前所未有的挑战和机遇。

虚拟数字人和机器人的介入，为媒体行业带来了新的解决方案和可能。例如，通过数字化的自然人虚拟形象，在元宇宙的世界中呈现新闻播报，这不仅赋予了新闻传播更多的创意空间，也为观众带来了全新的信息接收体验。同时，在一些极具新闻价值但危险重重的现场，机器人记者的出现能够代替自然人完成新闻的采访和报道，确保了新闻工作者的安全，同时也保障了公众的知情权。

元宇宙不仅重塑了现实与虚拟的时空维度，也为新闻传播带来了新的时空体验。在元宇宙的环境中，新闻传播不再受限于传统的时空边界，而是能够在虚拟与现实之间自由流动，为公众提供了更为丰富和多维的信息获取和交流平台。AI大模型的应用，进一步推动了新闻传播的智能化和个性化，为公众带来了更为精准和贴切的信息服务，同时也为新闻传播的创新和发展提供了强有力的技术支撑。

8.4.2 传统采编发能力有望迎来新升级

在元宇宙和 AI 的支撑下，传统的新闻采编发能力正在迎来新的升级。

AI 技术能够通过自动化工具和算法快速收集大量数据，为新闻报道提供丰富的背景信息。此外，元宇宙提供了一个新的维度，记者可以在虚拟世界中探索和采集新闻，同时，公众也能参与到新闻的生成过程中，形成更为广泛的社区参与。

AI 可以通过智能编辑工具帮助编辑人员更快速、更准确地处理和编辑内容。元宇宙为记者和编辑提供了一个共享和协作的空间，他们可以在虚拟空间中协同工作，共同创造和编辑新闻内容。

元宇宙为新闻内容的分发提供了新的渠道。新闻机构可以在元宇宙中建立自己的虚拟新闻站，通过虚拟现实为观众提供沉浸式的新闻体验。同时，AI 技术可以帮助新闻机构更精准地推送内容给目标受众，提高新闻分发的效率和影响力。

虚拟新闻主播和机器人记者的出现，为新闻机构提供了新的可能性。同时，虚拟新闻主播可以在元宇宙中为观众提供 24×7 的新闻播报服务。

8.4.3 广电行业占据内容技术先发优势

元宇宙与广电行业相得益彰，这得益于广电行业在内容制作和设备技术的深厚积累。首先，广电行业在视觉传达方面拥有无可匹敌的专业优势，从丰富的影像语言到引人入胜的特效剪辑，再到主播的专业呈现，这都为元宇宙创造了绝佳的内容资源。技术上，广电行业的高端演播设备和摄影器材为元宇宙提供了坚实的技术支撑，可作为元宇宙开发的先驱基地。值得一提的是，虚拟主播如湖南卫视的“小漾”和北京广播电视台的“时间小妮”已经成为广电行业的新兴趋势，为元宇宙提供了独特的视角和启示。

观察元宇宙的发展态势，其市场仍处于初级阶段，给予先行者领先的机会和潜在的超额利润。这种技术变革背后隐含的高门槛和专业技能要求，使得广电行业中的专业人才和设备成为跨越这一门槛的关键。考虑到中国广播电视的公共服务特性，广电行业更应该在元宇宙中担任“公共承运人”的角色。这一角色在历史上起源于对关键公共服务的管理与规范，并受到特定法律的约束，以确保为公众提供均等、公正的服务。将这一概念运用在元宇宙上，广电行业可以与其他领域合作，把元宇宙看作公用事业，共同推动其协同发展，确保制定统一的行业标准和治理机制。

8.4.4　社交平台更需关注时空创意思维

在社交媒体的浪潮中，人们对创新的接纳往往受到社会影响的驱动。这种人际的互动凸显了传播效应在推动创新采纳中的作用。只有当现有的资源或工具不再满足人们的需求时，他们才会探索新的可能性。当下，高关注度的社交平台账号在注意力经济中占据了一席之地。这些所谓的头部账号，无论是基于其在现实世界中的影响力，还是基于其在数字领域的信息掌控力，都享有某种优势地位。

这些账号与普通用户之间的交互模式可以视为一种时间和注意力的交易：通过分享信息和展示影响力，他们赢得了用户的忠诚。反过来，这些账号可以利用积累的用户关注度来获取更多的线上资源，如广告代言和品牌宣传机会。

然而，在元宇宙的视角下，社交格局可能正处于一次巨大的转变中。原有的社交平台头部账号虽然仍有其影响力，但随着注意力的重新分配和新的交互规则的出现，这种影响力可能会发生变化。元宇宙提供了一个平等的平台，不再受制于性别、外观、文化或肤色。在这样的环境中，过去的优势可能逐渐被削弱，而新的竞争力则在涌现。

与此同时，与现实世界的真人账号相比，元宇宙中的虚拟角色提供了更高的管理效率和更低的风险。它们不受现实世界的物理限制和潜在问题的影响，为平台创造了更多的可能性。但要在元宇宙中崭露头角，个体不仅需要拥有创意思维，还需要具备在异空间中构建和交流的能力。

随着外部特质的优势逐渐退化，内在的创意思维和独特性成为真正的竞争力所在。在这个无边界的元宇宙里，创造力和独特的视角成为抓住注意力的关键。那些能够深刻洞察并运用时空创意思维的个体，可能就是未来元宇宙中的新一代领导者和创新者。

8.4.5 AI 网红和高智能虚拟人

随着计算机图形学（CG）技术和 AI 技术的发展，虚拟人的形象越来越接近真人，不仅外貌逼真，动作表情自然，甚至能够产生与人类类似的情感交互。3D 建模和动作捕捉技术也使得虚拟人能够在 3D 场景中与周围的软硬件相互交互，极大地拓宽了虚拟人的应用范围。虚拟数字人领域持续吸引资本流入，截至 2022 年 10 月，该领域融资数量已达近百起，融资金额约为 120 亿元，显示出国内核心虚拟数字人企业的融资实力。

网络红人可以通过创建虚拟版本的自己，来拓展粉丝互动，增加粉丝黏性，从而提高收入和品牌价值。

从技术和商业角度来看，虚拟人和 AI 网红的应用有着广阔的发展前景。不仅可以在娱乐、广告和社交领域得到应用，还可以在教育、医疗和其他多个领域发挥重要作用。虚拟人和 AI 网红在教育领域中有广泛的应用前景。它们可以作为虚拟教师或导师，提供个性化的学习经验，帮助学生更好地理解和掌握知识。虚拟人和 AI 网红可以在医疗和健康护理领域发挥作用，例如作为虚拟医生、健康助手或心理治疗师。它们可以提供健康信息、监控患者的健康状况，并提供支持和建议。在商业和客户服务方面，虚拟人和 AI 网红可以用于自助服务、客户支持和在线购物。它们可以回答常见问题、提供产品建议，改善用户体验。虚拟人和 AI 网红也可以在创意领域中发挥重要作用，例如数字艺术、VR 体验和音乐创作。它们可以成为新兴艺术和文化的创作者和表演者。

虚拟人和 AI 网红的出现，可能会导致人们更倾向于与虚拟个体建立关系，而逃避现实中的人际交往，特别是对于正处于青春期的年轻人来说，这可能会影响他们学习基本的社交技能和建立亲密关系的能力。

随着虚拟人技术的应用，外界对伦理和安全的担忧也日益增加。例如，制造虚拟伴侣的公司正在寻求聘请首席道德官来解决相关的道德伦理问题。

8.5　元宇宙媒体的新应用

8.5.1　虚拟主播

虚拟数字人，作为元宇宙的重要组成元素，是通过先进的科技创新在虚拟环境中创造出来的，它拥有人类的特质，并成为元宇宙中自然人在虚拟时空中感知和交互的主要载体。它不仅是实现人机融生交互的关键组成部分，而且也是元宇宙经济增值的重要板块。虚拟数字人、自然人和机器人共同组成了元宇宙的“三元”构架。一些较为知名的虚拟数字人包括洛天依、柳夜熙和 AYAYI 等。

在 2021 年国庆期间，湖南卫视将“快乐中国”升级为“青春中国”，并推出了全新的虚拟主持人小漾，其生动、活泼和逼真的形象受到了广泛的欢迎，迅速成为热搜话题。在此之前，中国的第一个虚拟主持人“言东方”主持的《科技周刊》已经开始展现了虚拟主持人的可能性，而新华社的“新小浩”和“新小萌”等也以新闻主持人的身份亮相，其全天候无间断、无差错的播报引发了广泛关注。

在广播媒介中，人类主播和智能主持人的合作也逐渐显现。例如，在新闻资讯类节目《今日十万加》中，虚拟主持人“小冰”与河北广播电视台综合广播的小齐等合作主持；同时，在交通信息类节目《向快乐出发》中，她还与重庆交通广播的刘艺一同担任主持人。微软小冰是一个基于情感计算框架的 AI 系统，该框架由微软在 2014 年提出。通过先进的算法、云计算和大数据技术的结合，微软小冰已经发展成为一个 EQ 驱动的完整 AI 系统。截至 2021 年，小冰已经发展到第九代，而且在节目主持、记者出镜等多个领域展现出色表现。

小冰能通过大数据处理、筛选和播报网络中的热点新闻，显示出快速的信息处理能力和精准的信息投递。这种能力不仅展现了虚拟主持人的独特价值，也显示了它在新闻播报领域的巨大潜力。《科技周刊》的“言东方”虽在命名上展现出民族化的特点和风格，试图将舶来的 AI 技术与本土风格相结合，但其整体形象还缺乏一定的仿真性和独特性，只能算是初步尝试。然而，虚拟主持人在大数据和技术支持下所展现出的稳定性，恰恰符合新闻播报的高准确性要求，为虚拟主持人在未来的发展打下了坚实的基础。

在 2019 年的央视网络春晚舞台上，撒贝宁联手虚拟主持人“小小撒”共同呈现了一场视听盛宴。通过精确的技术重现，“小小撒”展现了撒贝宁的逼真造型、灵活肢体和流畅表达，将技术发展的快速步伐展现在观众眼前。同年的央视五四晚会上，另一虚拟主持人“小灵”以其高颜值和流畅的表达能力展示了专业主持人的素质，让人们几乎忘记了它是一个虚拟的存在。这种展现不仅仅满足了观众的好奇心，同时也呼应了综艺节目追求创新和变化的特点。

然而，在赞叹 AI 技术的发展同时，观众仍然难以将“小小撒”和“小灵”视为能够独立主持节目的存在。在需要高度互动的场合，虚拟数字人主持人的表现还往往显得力不从心。这种现状反映了虚拟主持人在人机交互和自然语言处理方面还存在一定的技术瓶颈。尽管它们能以极高的准确率和零错误地完成规定的任务，但在自适应交互和即时反应方面，仍然难以与真人主持人相匹敌。

在 2022 年，中央广播电视总台推出了首个以财经评论员王冠的形象和声音为蓝本的 AI 超仿真主播“AI 王冠”，该虚拟主播可以处理大量数据，为观众提供丰富而客观的财经信息，展示了虚拟主播在新闻领域应用的可能性。虚拟主播的发展也得益于背后的技术团队，他们通过深度学习和云计算技术，使虚拟主播能够实时处理多项任务，对热点新闻事件做出快速响应。这些技术的应用，不仅提高了虚拟主播的表现力，还为未来的新闻报道提供了新的可能。

在虚拟人进入短视频和直播平台方面，2023 年的最新研究和新闻报道揭示了一系列的优势和问题。

首先，随着技术的进步，虚拟人被视为一种创新的内容创建和传播方式，尤其在短视频和直播平台上，它们能够提供新颖和吸引人的用户体验。虚拟人能够 24 小时不间断地在线，提供实时互动和内容，无需休息，这对于直播平台来说是一个巨大的优势。通过 AI 技术，虚拟人能够创造独特和个性化的内容，以满足不同用户群体的需求。虚拟人可以降低人力成本和生产成本，尤其在内容创建和传播方面。虚拟人通常具有新颖和未来主义的外观，能够吸引年轻人群，尤其是对于短视频和直播内容。

当前的虚拟人技术仍然面临交互性不足的问题，尤其是在需要高度互动的直播环境中。虽然虚拟人可以模拟真人的行为和表情，但它们仍然缺乏真人的真实感和自然流畅性。创建和维护高质量的虚拟人需要先进的技术和高投资，这可能会限制一些小型和中型平台的发展。部分观众可能对虚拟主播的接受度较低，他们可能更喜欢与真人主播互动。

虚拟主持人、虚拟主播和 AI 网红的出现，为我们展示了 AI 和 VR 的巨大潜力，同时也暗示了未来媒体传播领域的可能变革。随着技术的不断进步，虚拟主持人在表达能力和互动性上的提升将为综艺节目、新闻播报和多种公共传播场景带来新的可能。另一方面，虚拟主持人、虚拟主播和 AI 网红也让我们思考人机交互的未来，以及人类与机器在传播领域合作的新模式。虚拟主持人不仅是技术创新的产物，更是未来传播领域多元化和个性化发展的一个缩影。

8.5.2　VR 新闻

VR 新闻是一种利用 VR 技术呈现新闻报道的创新方式，以提供沉浸式体验的报道方式，增强信息传播的影响力。国际上，例如《纽约时报》便推出了 AR 新闻应用，旨在通过 AR 技术提升杂志的阅读量，让用户能够在家中以全新的方式阅读文章。该应用首度以 2018 年冬季奥林匹克运动会为主题，让用户能够从多个角度观看冬奥会的精彩瞬间，甚至可以在三维空间中观看运动员的比赛片段。

在中国，央视网在技术和设备的支持下，也开始探索 VR 新闻的可能性。2019 年全国两会期间，5G 技术首次实现了会场覆盖，为多家媒体传输高清素材和进行全景 VR 直播提供了技术支持。央视推出的“VR 浸新闻”栏目下的“任意门”版块，在报道赏樱新“花”样时，采纳了“5G+4K+VR”的报道模式。[6] 通过全景摄像头的运用，观众得以 360 度全方位地观赏玉渊潭公园里的樱花美景。这种报道方式不仅仅突破了传统新闻报道的局限，也为观众提供了一种全新的视觉和感知体验。

总结来说，利用 VR 技术对新闻报道进行精细化处理，从而在内容和形式上实现创新。比如，它能突破传统媒介（如报纸和广播电视）在版面、时间和屏幕大小等方面的限制，使报道的信息更全面、丰富和具有个性。通过创建三维动态模拟环境和实时感知用户动态，VR 技术可以为用户提供全新的视听体验，使他们感受到身临其境的新闻体验。VR 技术不仅有助于新闻节目吸引更多追求新奇的观众，同时也为新闻行业的深度融合和改革提供了可参考的思路。

但在现阶段，VR 新闻的问题也不少。一个相对高的门槛是，目前市场上的一套普通 VR 设备的价格约为 2000 元起步，这可能会阻止一些人尝试 VR 新闻。而且用户往往并不会专门因为观看新闻而购买 VR 设备，除此之外，当前 VR 设备应用场景有限且内容制作成本较高。虽然 VR 新闻可以提供身临其境的体验，但它通常是在一个相对封闭的个人空间中进行的，不能和其他观众进行即时沟通和交流。

8.6　数字藏品的发展

数字藏品，利用区块链技术，为特定的创作和作品创造独一无二的数字证明，进而在维护数字权益的基础上，达成了数字化发布、交易、保存和使用的真实可靠流程。目前，数字藏品已经成为行业的焦点，它的种类多样，包括数字图片、音乐、视频、3D 模型、电子票证和数字纪念品等多种形式（如表 8–1 所示）。

表 8–1　不同数字藏品类型

市场热度	数字藏品类别
1（最高）	文博类、航天类、非遗类、音乐类、头像类
2（较高）	动漫类、电影类、潮玩类、旅游类、体育类
3（一般）	演艺类、国画类、油画类、摄影类、电竞类

在当前的数字藏品市场中，众多互联网巨头如蚂蚁集团、腾讯和百度已经投身于相关业务的开展。腾讯于 2021 年上线数字藏品平台幻核，不过其藏品暂时还没有流通性。国内的数字藏品平台主要采用联盟链技术，只有少数采用公链技术。联盟链的核心思想是联合共建，它并非完全的去中心化解决方案，因而在安全性和保密性上存在一定的妥协。

值得注意的是，目前国内的数字藏品市场主要由头部互联网平台和媒体机构主导，而以个体艺术家为代表的散户参与度相对较低，这在一定程度上限制了藏品内容的自由度、创意性和表达力。国内市场上的数字藏品主要依赖于批量化复制发行，数字藏品的版权基本上仍然属于创作者和发行方，这使得数字藏品的稀缺性、独立性和透明性相对较低。与国外的数字藏品市场相比，国内数字藏品的金融衍生功能被明显弱化，数字藏品交易必须通过法币结算，而且平台的支付方式在链上是分离的。中国的数字藏品行业目前正处于合规化探索的阶段，尚未完全开放的二级市场交易平台，以及伴随着附条件转赠功能的部分已开通平台，这使得藏品的流通性相对较差，更多地体现在纪念价值方面。

版权在数字藏品领域占有核心地位，它为藏品赋予了独一无二的价值。海外数字藏品交易平台 Foundation 通过对藏品版权价值的精细划分，将其分类为最高档（经典级）、中高档（重要级）、中低档（档案级）和最低档（普通级），相应的均价范围也从 0.2 万至 4.8 万元不等。

交易规模和平台用户数量对数字藏品的市场价值具有直接影响。较大的交易规模和更多的平台用户数量往往意味着更高的藏品价值。市场交易额的主导权主要由头部藏品交易所掌握，其单价通常在 1 万至 10 万元之间。数据显示，中头部藏品交易额占比约 63%，超头部藏品交易额占比约 25%，这体现了市场主导力的分布。

社区环境对数字藏品的价值也具有显著影响。良好的社区氛围和充足的流量能够促使更多优质的数字藏品诞生。专业性强的平台能够吸引种子用户，提高用户黏性，进而打造高价值的数字藏品品牌。同时，良好的社区氛围也会促进二次创作和二次交易的产生，使得作品更具个性化，增强了作品的流动性和曝光度。

稀缺性是数字藏品价值的另一个重要因素。交易平台对 IP 和签约艺术家的控制，为数字藏品赋予了稀缺性。例如，SuperRare 和 Marketplace 的数字藏品在一级市场的定价通常远高于二级市场。

数字藏品产业链包括底层的区块链技术和数字版权内容输出、中游的项目平台层，以及下游的数字藏品项目的交易和衍生应用。大型互联网企业如阿里、腾讯、百度和网易等在数字藏品上游区块链技术方面有所布局。中游和下游则涵盖了数字内容平台、游戏 / 元宇宙平台及数字藏品交易和衍生应用等多个领域。

在国内，数字藏品取得了一些进展。数字藏品平台数量快速增长，大厂相继推出数字藏品平台，国内各行业开始集中布局该领域。爱奇艺则接入国家级版权交易保护联盟链，将数字文创纳入国家级数字文创规范治理生态矩阵和数字文化产权登记流转体系中。[7]但其发展也存在以下风险和挑战。

监管法规不完善：数字藏品的管理和共享涉及各种法规和政策问题，包括版权、隐私、数字化存储和访问等。监管法规可能因地区和国家而异，不完善的法规可能导致法律纠纷和合规性问题，影响数字藏品的长期可持续性和可访问性。截至目前，国家相关部门并没有针对数字藏品和相关产业的政策和指导方针，投资者需要理性选择。同时，数字藏品的国家层面规范性政策和法律法规仍不够完善，未来数字藏品市场仍将继续在规范发展和数字藏品赋能实体经济创新发展方向探索。

价值评估体系不规范：数字藏品的价值评估可能缺乏一致性和规范性。数字藏品行业需要重视其核心价值的回归，如艺术价值、技术价值和所有权价值等，同时构建科学规范化的数字藏品价值评估体系，以有效应对市场价格乱象和潜在风险。缺乏标准化的评估方法和指标可能导致文物的价值被低估或高估，影响机构和投资者的决策。

市场投资风险较高：数字藏品市场可能受到炒作和泡沫风险的影响。某些数字藏品可能会因炒作而价格过高，随后市场可能崩溃，导致投资者损失。这种情况尤其在数字艺术、虚拟收藏品和加密艺术品市场中可能更加突出。数字藏品作为一种新兴的投资渠道，尤其对于不熟悉这个市场的投资者可能存在一定的投资风险，必须时刻警惕，防范借助数字藏品交易而进行的金融诈骗。

针对数字藏品公众号和小程序存在的“炒作”和“二次售卖”等问题，微信公众平台在 2022 年 3 月进行了规范化整治，对涉事账号进行封禁，并向相关平台发出资质审核提醒，要求平台提供相应的资质证明。这些举措表明，数字藏品行业正在逐步受到重视。

数字藏品市场过去几年中在全球范围取得了显著增长，2023 年的研究显示，这一趋势仍在继续。主要的数字藏品平台和创新者，例如 Larva Labs、Dapper Labs、Sky Mavis 和 OpenSea 等，正在推动这个行业的发展。数字藏品市场已经细分为文化遗产藏品、3D 模型藏品、动画藏品等多个子领域。一些区域和国家在数字藏品市场上占据了显著的市场份额，而一些新兴的区域正在以显著的年复合增长率增长。

数字藏品可以被验证和认证,保护了创作者和所有者免受欺诈和伪造的威胁。数字藏品可以在全球范围内轻松交易，为收藏家和投资者提供了便利。例如电子竞技和 iGaming 等新兴市场也开始涉足数字藏品领域，预计到 2023 年，电子竞技市场的价值将达到 15 亿美元。但随着数字货币市场的起伏，数字藏品的风险也不可小视，值得我们高度谨慎。

第9章

元宇宙风险与治理

元宇宙治理的两大逻辑，一是将元宇宙作为治理对象，对其发展中的问题和风险进行深入治理，构建完善的元宇宙治理生态体系；二是将元宇宙作为治理手段，为国家治理提供辅助，推动国家治理体系与治理能力的现代化进程。

元宇宙治理生态体系的构建可以分为三个层次：底层的治理逻辑，中层的治理内容、治理手段与治理阶段，以及顶层的治理目标。按照元宇宙治理逻辑，首先应从现实世界中的政治话语与秩序意识开始，将其移植并代入元宇宙世界，保持三维世界的运行秩序与分权自治；接着在分权而治的基础上，根据元宇宙的运行规则建立治理秩序，构建贴合元宇宙特点的治理体系；最终探索外部治理与内部治理的融合，实现外内治理的有机平衡。

9.1 虚拟与现实的隐私边界

元宇宙时代的来临，使得虚拟世界和现实世界逐渐相融，亟须明确元宇宙治理的主体。元宇宙治理不再是单一治理主体的责任，而需广纳政府、行业、平台和公众等多方力量，引入“非人行动者”，构建“政府引导下的多方共治体系”。基于区块链的元宇宙是一个大规模数据生态系统，根据用户在元宇宙中产生的数据内容差异，数据可以分为身份数据、平台前台产生的内容数据、平台记录的后台数据，以及通过算法产生的衍生数据。这些数据的隐私问题较之移动互联网更为复杂。

由于算法技术的进步，元宇宙中的实时连接和数据交叉使数据抓取和信息采集的颗粒度不断细化，即便用户未主动公开数据，这些信息也可能让任何陌生人成为“最了解你的陌生人”，从而增加了数据隐私风险。元宇宙的数据获取者、控制者与所有者之间的分离导致用户难以监控自身数据。平台对收集的海量用户数据进行控制，但这些数据的所有权本应属于用户。平台利用所得数据进行精准广告投放或将其销售给第三方，从而获取收益，这些行为无疑增加了用户信息泄露的风险。

在数字空间探索中，生物信息作为个体唯一标识，存在保密性与公开性的矛盾。元宇宙对个人生物信息的采集，既展现其唯一性，也体现个体间差异性。即便是零散的生物数据，经过算法处理也可能被滥用。例如，通过 VR 设备扫描人脸收集微小的感官表情，一旦面部等生物信息被窃取，个人账户便面临被刷脸盗取的风险。

在元宇宙发展初期，某些生物信息数据，如性别和外貌等有意或无意公开，用于形成个人在元宇宙中的“人设”风格。为提升元宇宙的拟真度以满足用户需求，海量数据的抓取、挖掘和分析成为基础。这些数据不仅包括人类自身的信息，还涵盖现实环境和物理存在的多维度数据。而在此过程中，许多数据正在被无意识地从人们身上挖掘。

收集到数据后，算法技术可精准定义用户身份和特征，构建用户画像，并模拟用户身份，分析出极为细致的信息，包括推断用户意图甚至潜意识意图。算法的计算和分析深度触及人类的心理隐私和生物隐私。更进一步，VR 和 AR 设备的眼动追踪技术可绘制出个人的思想和意图地图。而感测融合（Sensor Fusion）技术通过分析我们的身体数据、大脑控制接口和神经数据等，最终有潜力解码我们的思想。[1]

在数据储存的过程中，区块链的信息透明化和“入链信息不可修改”的原则与信息保密性构成矛盾。一旦信息经验证入链，单个节点数据库修改将失效。区别于传统的溯源技术，区块链溯源可实现原始数据的便捷获取和去中心化，这种完全公开透明的形式让每个节点参与者都能查询跟踪每笔数据，在一定程度上节约更新成本，简化操作流程。然而，元宇宙中区块链技术的开放性和信息透明化也增加了用户隐私泄露的风险。这就提出了一个新的需求，在构建元宇宙的溯源机制时，需要同步构建按需披露的区块链隐私保护机制，以确保用户隐私安全。

元宇宙，这个深度数字化的空间，为人们展现了现实世界无法达到的体验，如穿越于二维、三维甚至多维空间，或是探索太空、与已逝亲友的虚拟重逢。然而，它同样暴露了一系列法律、伦理与隐私方面的灰色地带。

为应对元宇宙中的数据隐私问题，政府监管和企业服务应共同发力。在政府监管层面，亟须完善法律框架，明确行业数据收集标准，例如加速制定关于人脸识别数据管理的专项法律，规范人脸识别数据的采集、存储和使用。同时，应推动行业协会的成立，制定企业数据收集规范标准，促进行业自律，并加强监管技术更新，确保能有效检测元宇宙相关企业是否存在违规采集行为。

在企业服务层面，应增强信息安全和行业自律意识，构建信息入侵防御系统，重视用户数据隐私保护。作为元宇宙的底层技术的区块链，以其多中心、难篡改、智能合约、全程留痕和可追踪等特性，为数据安全提供了有力保障。将区块链技术应用于数据隐私保护和数据共享保护领域，能够确保数据在储存和交换过程中的安全性，在元宇宙内构建多层次、多样化的分布式网络，实现用户间以及用户与机构间更安全的数字资产交易和数据分享。同时，应重视隐私计算的发展，在数据采集、存储、处理、发布和销毁的全过程中保护数据的机密性，防止未授权获取，确保数据的完整性和不透明性。

在用户使用方面，应提高个人隐私保护意识，减少隐私泄露的可能。随着元宇宙技术的进步，众多在线行为可能涉及非法收集用户隐私数据的风险，用户应增强识别和防范能力，如尝试使用数据窃取阻断软件。应避免过度好奇或追求曝光而在元宇宙中发布个人或他人隐私信息。一旦发现隐私权受到侵犯，应保留相关证据，及时向平台方投诉并请求协助保存证据，同时向有管辖权的法院维权。

9.2　知识产权的归属

在元宇宙这个新兴领域，知识产权的归属和管理构成了法律和伦理的重要议题。元宇宙的治理逻辑需要从现实世界的规范和规则出发，逐步建立元宇宙自身的秩序，最终实现外部治理与内部治理的融合和平衡。作为连接人身属性与财产属性的桥梁，知识产权在元宇宙中的定位和保护需要更多的法律和技术方面的讨论与探索。

元宇宙中虚拟财产的性质和定位备受争议。依据《民法典》对“网络虚拟财产”的定义，其主要具备两个特征：基于互联网的存在和可支配、可交易。对于虚拟财产的定位，学术界和法律界主要存在五种观点，包括否定说、知识产权说、无形财产说、物权说和债权说。这些不同的观点反映了虚拟财产的多维性和复杂性，也凸显了元宇宙中确定知识产权归属的困难。

元宇宙为群体创作提供了丰富而开放的平台，但也带来确定团体著作权人的困难，特别是在缺乏明确规则的情况下，多人协作作品的权利分配更加复杂。同时，虚拟世界与现实世界的相互影响也使得知识产权归属变得错综复杂。例如，未得到原著作权人的许可，虚拟财产如果基于现实世界的著名画作生成，其权利主体的确定将面临极大困难。

9.3 垄断动力

在元宇宙的多元生态中，垄断行为成为一个不容忽视的问题。依据《中华人民共和国反垄断法》[2]框架，垄断行为可分为垄断协议、滥用市场支配地位、经营者集中行为、排除及限制竞争等类别。元宇宙不仅仅是单一技术或产品，而是一个融合多种产品的综合体，其健康快速的发展离不开多元化和公平竞争的市场环境。一旦出现垄断，不仅会影响市场的公平竞争，也会威胁到上下游企业的生存和元宇宙的创新活力。

2022 年 12 月 9 日，被称为“元宇宙反垄断第一案”的诉讼在加利福尼亚州北区联邦地区法院开庭审理。该案由联邦贸易委员会针对脸书收购应用开发商 Within 以谋求在元宇宙市场形成垄断的行为提起，指控该交易“很可能在 VR 健身应用市场形成垄断”，并呼吁法院暂停该交易。

除了通过收购以巩固市场控制权的垄断行为外，为抢占市场，企业可能还会采取强制搭售、拒绝交易、限制交易、自我优待等手段。比如，Oculus Quest2 在销售时与其他游戏捆绑销售；还有些企业利用自身在交易链条中的关键位置，拒绝或限制与某些企业交易，甚至与其他企业签订垄断协议来划分市场、提高市场准入门槛。

在法律保护方面，需要制定和完善相关法律，例如区块链和 VR 等新兴技术的电子取证规范，为避免元宇宙垄断提供法律保障。在政策引导上，应鼓励平台企业创新发展、增强市场竞争力，并加强监管，明确各监管部门的职责边界，以避免执法混乱和重复处罚的现象。同时，在元宇宙经济的发展过程中，放宽市场准入、促进公平竞争和知识产权保护、优化营商环境和企业治理等举措显得至关重要。通过综合法律保护、政策引导和经济发展等多方面措施，旨在找到发展与保护之间的最佳平衡点，为元宇宙的健康和可持续发展奠定坚实基础。

9.4　沉迷风险

元宇宙，以其独特的沉浸式体验，为人们打开一扇通往异样世界的门。它能满足个体在现实世界中难以获得的体验需求，尤其通过具身交互和沉浸体验展现的“补偿效应”，赋予了它一种天然的“吸引力”。当虚拟世界与现实世界明显分化时，过度参与虚拟世界的个体可能对现实世界产生不满和敌意，影响社会稳定。

个体过度沉溺于虚拟世界，无疑会对身心造成影响。在精神层面，长时间沉浸在虚拟世界可能导致个体淡化现实和虚拟边界，加剧精神问题，甚至产生无法区分虚实的怪现象。过度投入虚拟世界可能引发社交恐惧、人际疏远等心理困扰，这些问题会进一步影响个体与他人的关系。在身体健康层面，虽然元宇宙允许个体创建多个虚拟数字身份，但沉迷于虚拟世界可能导致个体忽视对自身身体的关照。强制离开虚拟世界时，个体可能会经历焦虑、情绪不稳定甚至身体不适等反应。特别是对于自控能力较弱的未成年人，更容易被虚拟世界所吸引而沉溺其中。

个体的虚拟世界沉迷也可能与现实世界的人事隔离相关，进而影响实体经济的发展。历史上，人类通过游戏建立了一套规则，这些规则逐渐演变成法律、法规和文化的基石。元宇宙可以被视为乌托邦思想的一种现代映射。正如柏拉图在《理想国》中的洞穴寓言，人们被束缚在洞穴中，只能看到物体的影子[3]，元宇宙与现实世界的交融将对我们的生活产生深远影响。

与网络兴起初期伴随着“警惕网瘾”的呼声同理，元宇宙的健康发展也需要警惕沉迷的风险，避免其带来的负面效应。虽然不能过度妖魔化元宇宙，但应在推动其发展的同时，注重个体的心理健康和社会责任，通过立法、教育和技术创新等多层面努力，促进元宇宙与现实世界的和谐发展，为个体在虚拟和现实世界中找到一个健康和谐的平衡点。

9.5 人机伦理

探讨如何设计使机器人的行为符合道德要求，以及机器人能否成为完全道德行为体（道德代理人）是人机伦理探讨的核心。这些问题突显了自然人、虚拟数字人、机器人及 AI 之间的边界正在逐渐模糊。未来对人类和生命体的定义将成为人机伦理讨论的关键。如今，自然人与自然人、自然人与机器人、自然人与智能机器人、虚拟数字人和赛博格人之间的联系已经超越了具身限制，生命体的构成元素和结构也日渐多样化。任何不平等的待遇和仅仅依据出生方式或情感来定义生命体的做法，都无法为构建和谐的人机伦理秩序奠定有效基础。

随着科技的进步，未来人类或生命体的定义可能不断扩展，以赋予其他生命体相应的权利。这将是构建人机和谐共存新型社会的基础。但是虚拟数字人和机器人是否会对自然人的生存构成威胁仍需考量。技术是一把双刃剑。元宇宙开启了新技术革命，越来越多的 AI 产品现已具备决策能力，虚拟数字人和机器人的算法能力也在不断提升，极大地便利了人类生活。但是，如果人类贪得无厌，可能压缩虚拟数字人和机器人的生存空间。只有适度让渡一部分生存空间，我们才能保证人与机器之间的良性关系。

引导 AI 技术在自我意识机器智能尚未到来之前健康发展，是一个我们必须正视并迫切需要解决的问题。发展 AI 技术需时刻保持审慎的态度和发挥宏观技术监督的作用，避免技术演化成人类自相残杀的新式武器。企业与企业、国家与国家之间应坚持平等开放合作，共同应对技术发展潜在危机，互助互援，将人机伦理风险保持在可控范围内。在这种背景下，人机伦理不仅仅是技术和道德的交汇点，更是未来社会进步和人类文明发展的重要参照。

9.6　元宇宙泡沫

元宇宙概念兴起后，众多科技巨头纷纷布局元宇宙行业，业界力量对比随之发生深刻变革。元宇宙不仅推动了科技的快速发展，同时也伴随着行业泡沫的萌生。为确保元宇宙健康发展，需在概念、技术、应用和治理等多维度中精心筛选，去伪存真。

9.6.1　技术幻想的遮蔽性

元宇宙逐渐成为科技的新代名词，尽管很多人对元宇宙一知半解，但并不影响元宇宙在资本市场被热捧。然而，盲目追逐和“蹭热点”“忽悠式”违规炒作行为也随之泛滥。人类通过技术改变生活，但过分追求某项技术可能会遮蔽其他技术的发展和价值。技术含有双重维度：一方面是技术活动，即人类在利用和改造自然过程中掌握的方法和手段，广义上也指为实现共同目标而形成的协同行动规则体系；另一方面是技术产物，即不断改进满足特定标准而形成的目的性产物。

人们应理性看待元宇宙的发展，因为它同时包含技术进步和退步的双重属性。元宇宙拓展感知空间，丰富经验广度，促使物理世界、社会世界和意识世界实现互通互融。它丰富娱乐、社交、消费、学习和商务等生活场景的内容。在元宇宙的辅助下，人们能在高速网络、科学数据和空间保护共识的引导下，按照社会活动类型、特点和需求，主动复制、创造和维护相适应的空间和场景。如此，即便在物理空间受限，导致某些社会活动停滞时，人们可以通过拓展和增加可信赖的虚拟空间，来拓宽社会活动范围。

9.6.2　元宇宙去泡沫化

元宇宙发展尚处于萌芽阶段，就如复利曲线所示，需要持续的价值积累才能实现质的飞跃。应理性面对元宇宙的泡沫现象，以期诱发质的飞跃。早期的积累期相对较长，元宇宙在 2021 年得到大众的追捧是前期努力的成果，如果没有电子管、集成电路、AI、5G 等技术支撑，2021 年也不会被誉为元宇宙元年。目前大多数元宇宙产品仍显粗糙，技术未成熟，用户体验欠佳。例如数字客服问题处理能力相当有限，仍需人工客服介入。许多关键技术仍有待突破，商业模式也在不断的探索和完善过程中，元宇宙产品中仅有部分助力企业实现经济增长，多数元宇宙产品仍需企业持续投入。

新事物的发展都会经历萌芽、成长、衰退、消亡等全过程，呈现螺旋上升趋势，这也意味着作为新生技术的元宇宙，其发展将会经历波动。例如当前的数字藏品市场，购买者大多持观望态度。元宇宙批评者认为它只是一个空壳，缺乏技术支持，类似于明星营销下的资本运作。然而，每一个新概念的提出都是基于前期技术的突破，但通常需要经历多次技术革新，才能引发一个时代的力量。以 18 世纪的第一次工业革命为例，蒸汽机的不断改良最终引领了机器替代手工业的时代。元宇宙作为新生事物，也需要不断地校正和发展才能实现质的飞跃。

为确保元宇宙的健康发展和去泡沫化，需构建符合自由、平等、法治和公平原则的正确元宇宙价值。当前，多个行业看到元宇宙的潜力投入其中并赋予不同的元宇宙价值定位，但仍缺乏宏观统一的价值规范。因此，在元宇宙发展初期就必须设立相应的制度体系，以防元宇宙野蛮生长而难以把控。比如，元宇宙中的“自由”如果没有价值位阶保障，可能会导致秩序混乱，用户信息得不到保护，用户创建的虚拟数字人无法为用户服务，与主体意思产生错乱，虚拟世界的混乱甚至可能会波及现实世界。若元宇宙中存在不平等，用户之间因各种因素而待遇不同，那么权限低的用户便无法感受元宇宙的便利性，这最终会造成元宇宙大量用户流失，难以为继。

9.7 发展阻力预测

作为现实世界的延伸，元宇宙不仅受现实影响，也会反向影响现实变化。随着元宇宙技术逐渐成熟，预期会出现经济、产业、企业、技术、认知、生理和心理等一系列风险。从宏观层面来看，制约元宇宙发展的要素主要分为两类：物理世界和虚拟世界。从运营发展角度来看，可以进一步细分为资本化运营、技术壁垒和管理私有化三种类型。

首先，要警惕资本运营的“双刃剑”效应。元宇宙在发展初期需要资本支持，但资本投入往往追求利润最大化。马克思曾指出，利润的增加会刺激资本家的贪婪，达到一定程度时，他们甚至会无视法律。市场经济具有自发性、盲目性和滞后性，这些特性在元宇宙的资本运营过程中会得到体现。而贫富两极分化的现象可能会导致社会成员间的矛盾加剧。个体的收益虽随生产力提高，但随时间推移，贫富差距反而扩大。这突显了市场经济需要宏观调控。元宇宙的资本运营模式是否能够兼容这两者是个大问号。公益性服务不应完全依赖资本运营方，元宇宙健康发展也需要公共事业的参与，防止元宇宙成为资本运营方逃避社会责任的法外空间。

其次，技术进步与技术壁垒是元宇宙发展的双刃剑。元宇宙大量采用了 AI 技术、物联网技术、交互技术、电子游戏技术、网络及运算技术、区块链技术等，其中 AI 作为核心技术，为元宇宙技术升级提供了强大动力。AI 通过深度学习、自然语言处理技术、计算机视觉技术等提升了元宇宙的真实感，但也存在技术壁垒需要突破，例如长时间佩戴 VR 设备可能会引发眼部和头部不适。特效电影和虚拟数字人的广泛应用展现了广阔的市场前景，而虚拟主播也满足了媒体传播领域对内容生成方面的需求，使得行业内的竞争压力激增。

最后，管理权限私有化可能会限制元宇宙发展。高度集权化的管理在短期内有利于提高效率，但长期来看，缺乏多元主体的参与和强有效的吸纳力，将导致元宇宙走向固化和程序化，进而走向衰落。控制权不应完全集中在运营方手中，而应综合考虑用户的权益和意愿。在元宇宙探索初期，由于对其尚未充分了解，制定符合元宇宙运营规则和保护用户权益的法律较为困难。但随着元宇宙在各行业各领域中的不断深入，将逐渐建立起针对性法律体系，以保障元宇宙的健康、有序和公平发展。

9.8　多维度风险管理

面对元宇宙的崭新未来，其中潜藏的多维度风险不可忽视。在传统安全问题尚未得到完全解决的背景下，对人类社会既是机遇也是挑战。展望未来，元宇宙必将面临包括政治、经济、法律和道德等多方面的风险。因此，明确治理目标、定义治理阶段以及构建有效风险应对机制显得尤为重要。

元宇宙治理的目标可归纳为三大层面：基础层、应用层和价值层。基础层的治理旨在构建元宇宙中基本运行规则、管理规则和治理规则，确保各个子系统健康运行与有序管理；应用层的治理通过虚拟世界对现实世界的反哺，共同构筑起元宇宙内外双循环的生态化共治体系，推动国家治理现代化和人类命运共同体的建设，以"共建共治共享"为目标，促进元宇宙的持续健康发展；价值层的治理则是通过元宇宙这个重要平台传播社会主流价值观，引导和培育用户的正确价值观，努力实现公共利益最大化，增强社会福祉。

元宇宙治理模式需要基于元宇宙的衍生规律、发展特性和行动主体来构建。在治理生态体系中，顶层的治理目标和底层的治理逻辑是方向性的，将取决于元宇宙治理与真实世界治理的共性与差异。元宇宙治理可以分为三个阶段：初级阶段主要是形成虚拟世界（如 VR、AR、MR、数字孪生等）在文旅、仿真训练、教学、会展、工业等领域的深化应用；中级阶段是元宇宙与现实社会生活的融合，实现线下场景的元宇宙化，推动产业数字化、智能化与元宇宙化，将数智经济与元宇宙相结合；而高级阶段则是实现虚实世界的密不可分，随着新设备或新引擎的出现及成本的降低，元宇宙的入场门槛降低，普及率更高，实现虚拟世界与现实世界的互融共生。

在人权的讨论中，应有人权、法定人权和实有人权构成了人权的三个维度。应有人权是指个人应享有的基本权利；法定人权则是国家法律明确赋予个人的权利；实有人权是个人在实际生活中能够行使的权利。[4] 例如，如果非洲某国的某公民被赋予攀登喜马拉雅山的权利，这是法定权利，但由于签证等实际问题，他无法行使这个权利，这就体现了法定权利与实有权利之间的区别。随着元宇宙的发展，类似的问题必然会涌现，而坚持人权平等将是多维度治理的核心要义。在构建元宇宙的多维度风险管理机制时，确保人权的平等和尊重将是重要的基石，为构建公平、公正的元宇宙社会奠定基础。

9.8.1 防范性别歧视和种族歧视

元宇宙拓展了个体选择空间，为不同种族和性别群体提供了自由表达的平台。然而，正值元宇宙发展之初，法律制定和监管措施滞后可能导致产生性别和种族歧视。因此，坚定正确的价值导向，推广性别平等和种族平等理念，是减少歧视行为的有效途径。

完善的治理机制是建立公平、平等法律秩序的基础。各国需要加速元宇宙相关法律立法进程，制定科学、明确的法律法规，重视国际条约和国际公约的签署与管理，形成完备的元宇宙法律体系。提高法律的执行力，实施因地制宜的管理措施，以柔性的方式防范性别歧视和种族歧视。

执法队伍的建设和素质提升也至关重要。元宇宙作为新技术和新理念的代表，需要执法人员具备相应专业知识，深刻了解法律，可通过吸纳元宇宙专业人才、平权组织人员和妇女保护协会人员加入执法队伍，以及组织元宇宙知识培训来提升执法人员的专业水平。

多样化的监督手段也是防范性别歧视和种族歧视的重要措施。构建多元化的社会监管框架，确保元宇宙的监督途径畅通无阻，加强对性别歧视和种族歧视的立法保障，采取监察、司法和社会多方监督机制，确保性别和种族平等的原则得到切实执行，为防微杜渐提供有力保障。

9.8.2　避免技术发展带来的治理困境

随着技术进步，元宇宙将融合更多现实世界元素，虚实结合产生更为复杂的安全威胁。在虚拟与现实的交汇中，跨境犯罪变得更为棘手，需要各国加强合作，明确管辖范围，探索更优治理模式。

元宇宙治理的全球化体现在治理主体全球化与治理客体全球化在两个方面。一是明确治理主体、治理依据和权利划分，通过国际条约和公约，根据各国的开发程度，因地制宜地划分管辖范围，共同承担治理成本。二是面对元宇宙的无限可能，新产品和新应用领域不断涌现，尤其是在社交平台、媒体娱乐和客户服务等领域，需要不断更新管理规范和条例标准，完善治理体系。

技术的双刃剑属性使得企业间的合作变得尤为重要，以避免技术壁垒和区域贫富差距扩大，激发市场创新创业活力。政府应加强对技术发展的引导和监控，严肃处理科技伦理违法违规行为。元宇宙应服务于国家发展战略，推动经济、政治、社会、文化、国防和党建等领域治理，以契合国家战略发展方向，助力构建共建共治共享的社会治理制度，以提升社会治理能力与效率。

9.8.3 宏观和微观的法律治理

元宇宙并非法外之地，法治为其有序发展提供制度基础。在宏观层面上，面对各国发展水平不均衡的国际背景，作为平台型产业生态的元宇宙，其治理工作可基于平台型企业的社会责任生态化治理范式展开，并由主权国家主动引导元宇宙企业社会责任的生态化治理。元宇宙产业生态非相关行业简单聚合，而是类似于自然生态系统的大规模产业生态系统，传统的社会治理范式存在局限性。现阶段平台型企业的社会责任生态化治理范式，主要是从分层次与跨层次治理、跨生态位互治与网络化共治、全景式治理三方面对平台商业生态圈进行生态化治理。政府部门是治理的关键力量和重要主体，不仅要与平台型企业、双边用户、关键利益相关方和公民社会组织等各生态圈成员共建联动治理机制、形成监督网络，还需发挥制度供给、社会责任引导、监督规制等功能。

政府首先需与元宇宙企业联合制定适应元宇宙产业发展的法律法规，从内容生态、货币系统、社交规则等方面对元宇宙生态进行全面约束与监管，避免平台型企业资本操纵、违法内容传播等问题。同时，政府应为元宇宙产业发展提供相关的政策支持，从人才引进、税收优惠、技术研发等多个方面引导促进元宇宙产业的发展建设，推动5G、区块链、VR、数字孪生等相关技术建设，为元宇宙生态提供成熟的底层技术支撑，并提升元宇宙企业为社会贡献的意愿。在市场治理方面，政府也需适当进行监督引导，确保科技在元宇宙领域的发展符合人民的需求和利益，并在监督的基础上，构建针对生态位成员的社会责任缺失行为的内部处罚机制，比如扣分制度、经济惩罚、降级制度等，以确保元宇宙生态圈中各企业行为的合规性，避免其野蛮生长给社会造成不利影响和消极后果。

微观层面上，元宇宙资源丰富并不意味着个体行为的绝对自由和伦理道德边界的消除。元宇宙世界蕴含着现实世界中的文化背景、价值观念、宗教信仰等，拥有完整的经济系统、社交体系、社会规则与管理制度。人的情感、社交、身份等要素也会在元宇宙中复现，因此，道德准则、资源分配、意识形态等问题仍需法律规范。

在用户内容层面，元宇宙作为新型媒介形态和集体共享空间，允许用户自由进行内容创作和世界编辑。这将产生大量多人协作作品，但这种随机性和不稳定的协作关系容易在协作作品的著作归属权上引发争议。同时，元宇宙的场景、物品来源或参考现实世界元素，这种跨越虚实的创作可能引发与作品肖像权、著作权相关的知识产权纠纷。此外，元宇宙的时空拓展性、经济增值性、全球协同性等属性，可能被不法分子利用进行违法内容传播，出现跨国的资本市场违法犯罪行为。因此元宇宙产业的形成将对各国政府的监管治理工作形成极大挑战。在元宇宙的世界里，线上的数据信息不断被赋予价值，相关监管体系的发展能否与快速发展的技术与理念相符合，将成为在元宇宙的世界里构建秩序的关键保障。

元宇宙为推动国家现代化治理提供方案，在治理资源上，虚拟数字人、人型机器人可解放传统治理中的人力资源，提高治理过程中的生产力和治理效率；在治理程序上，可实现公开透明、共同监督，基于智能合约与信任秩序优化治理流程，避免治理过程中的程序不公、暗箱操作，实现科学、文明、进步的现代化治理；在治理结果上，元宇宙的人机协同治理、分布式群体共治等方式，或能避免因人为因素、权力因素造成的非理性与非公正决断。这体现了元宇宙在现代化治理方面的潜力和价值。

第 10 章
元宇宙未来发展

10.1 如何构建“信效”等级

苏联天体物理学家尼古拉·卡尔达舍夫（Nikolai Kardashev）为回答“人类文明发展的程度”，提出了著名的卡尔达舍夫等级理论。根据这一理论，文明的发展水平可通过其能量获取和利用的能力来衡量。初步的卡尔达舍夫等级将文明分为三个层级，随着理论的进一步拓展，又增加了四个层级，形成了一个七级的完整框架。

在这个框架中，第一级文明有能力充分利用并控制其所居住行星上的所有能源，同时具备在本恒星系内迁徙定居的技术。推进到第二级的文明，能够掌控并利用整个恒星系统的能源。而当文明发展至第三级时，它们能够充分利用所在星系的所有能源，展现出对星系范围内能源的高度掌控能力。

随着卡尔达舍夫等级的拓展，更高层次的文明展现出超乎想象的能量掌控能力。第四级文明可以控制并利用整个宇宙的能源，显示出对宇宙规律深刻的理解和应用。进入第五级，文明的能力已超越单一宇宙，能从多元宇宙中获取能源，并且克服时间束缚。至第六级文明，它们能够自由控制时间和空间，展示出对宇宙基本法则的终极理解。在卡尔达舍夫等级的顶点，第七级文明不仅能控制宇宙，还能创造新的宇宙，体现出无上的智慧和力量，达到了对存在和创造的终极理解。

卡尔达舍夫等级不仅为我们提供了一个评估文明发展程度的精准框架，也激发了人们对未来可能性的无限想象。它为科学家和未来学家描绘了一个勇往直前、不断追求进步的宏伟蓝图，同时也提示着人类在探索宇宙奥秘和自我提升的道路上，仍有漫长而精彩的旅程等待着我们。

在探索人类文明的发展和信息技术应用能力中，我们提出一个理论框架，名为“信效等级”（AEUIT）。它通过衡量人类如何利用信息技术来塑造知识和现实，以及与AI的合作程度，来描绘文明的进步。以下是该理论框架的主要层级划分：

（1）语言层级：在这一阶段，人类通过语言和文字，构建了基础的知识结构和文学想象世界。语言成为思想交流和知识传承的基石，为文明的进步奠定了基础。

（2）计算机层级：随着计算机技术的诞生，人类开始利用自动化运算设备构建虚拟世界，将信息处理和交流推向新的高度。计算机为人类提供了更为广阔的信息空间和处理能力。

（3）人造元宇宙层级：在这一阶段，人类利用计算机等设备，开始构建元宇宙，拓宽了现实世界的边界，进一步丰富了信息的维度和交互的可能性。

（4）智悟层级：进入智悟层级，AI得以自行构建元宇宙中的子元宇宙，显示出AI的创造性和自主性，为人类打开了探索未知世界的新门户。

（5）返实层级：在这个阶段，AI不仅局限于虚拟世界，而是能够通过从虚拟到现实的跨越，改造现实宇宙，为人类的生活和发展提供了前所未有的可能。

（6）求真层级：自然人与AI开始共同探索现实宇宙的真谛，通过合作与交流，推动对现实世界的理解和探索，打破了人类与机器的边界。

（7）升维层级：在升维层级，自然人和AI联合探索现实宇宙以外更高维度的宇宙，追求对宇宙更深层次的理解和探索，开拓了文明发展的新境界。

目前，人类文明正处于计算机层级的初始阶段，标记为2.1级。这表明人类已经开始利用计算机技术构建虚拟世界，但仍在探寻如何更好地利用信息技术及与AI协同合作的路径。

在探索元宇宙的构建过程中，有三个核心逻辑不容忽视。它们为构建一个高效、稳定且引人入胜的虚拟宇宙提供了基本的指导原则。

首先是“算力最小原则”。在元宇宙的构建与运营中，将面临无数的技术与业务实现方案选择。这一原则强调，在所有可行的方案中，应优先考虑计算量最小的方案。通过选择计算资源消耗较低的解决方案，不仅可以降低系统运行的成本，而且有利于提高元宇宙的运行效率和响应速度，从而为用户提供流畅且高效的虚拟体验。

其次是“极限满足原则”。为了满足人类的各种需求和愿望，技术不断得到发展和创新。然而，一旦某项技术发展到能够满足人的极限需求，其研发动力将会急剧下降。因此，在构建元宇宙过程中，应关注技术发展的实际需求和边界，避免无目标的技术追求，确保技术的发展能够真正服务于元宇宙的价值和用户体验的提升。

最后是“零 BUG（故障）原则”。元宇宙作为一个虚拟的宇宙，其吸引力在很大程度上依赖于用户的沉浸体验。软件的故障会极大地削弱用户在虚拟环境中的沉浸感。因此，应尽可能确保元宇宙的软件质量，不让用户感知到故障的存在，保证其在虚拟世界中的体验流畅且无间断。

这三个基本逻辑，提供了元宇宙的构建指南，帮助开发者在技术选择、功能优化和软件质量保证等关键领域做出决策，从而有助于构建一个可持续发展、用户友好且具有高度沉浸体验的元宇宙。

10.2　文化的解域和结域

“解域”和“结域”是文化学中的概念，简单说来，它们分别指的是文化的解构和重构。在数字技术崛起的背景下，这两个过程变得尤为关键。

元宇宙，作为一个数字化、去中心化、全球共享的三维虚拟空间，为文化的解域提供了前所未有的可能性。在元宇宙中，传统的地理、民族、语言等边界被打破，文化元素在这个虚拟世界中自由流动。

例如，美国人类学家阿帕杜莱（Appadurai）的“景观”理论提到，元宇宙为文化景观提供了一个无边界的平台，让各种文化形式、象征和实践得以快速迁移和重组。

与此同时，元宇宙也为文化的结域提供了空间。在元宇宙中，个人可以根据自己的兴趣、身份和背景重新构建和创造新的文化实践和象征。这种结域的过程也是多样性和创新的过程。

法国哲学家、社会学家让·鲍德里亚（Jean Baudrillard）的“模拟”理论可以用来解释元宇宙中的文化结域。在这个三维虚拟世界中，文化现象常常是对现实世界的模拟和再现，但也可能超越现实，创造全新的文化形态。

相比之下，移动互联网虽然也为文化的解域和结域提供了工具，但其深度和广度都不及元宇宙。移动互联网更多地依赖于现有的社交网络和平台，而元宇宙则提供了一个更为开放和自由的文化空间。

元宇宙的构建和运营充分倚赖于分布式数据存储技术，该技术为元宇宙提供了可行的落地基础。通过分布式结构，元宇宙不仅重新塑造了数据的调用模式，也对信息的传播方式产生了深远的影响。中心化平台逐渐被替代，人类进入了一个流动性极强的虚拟时空，空间的边界逐渐消失，而人的虚拟化身——数字人，则能够自由穿梭于不同的元宇宙空间。

在这个新时空里，个体的跨空间活动不仅推动了文化特质的流动，同时也打破了传统地域的束缚，呈现出一种流动性趋势。文化、地理与社会领域之间的传统关系发生了重大的变革，进而促成了文化的“解域化”。解域化意味着文化从传统的时空框架中得以释放，逐渐脱离了人们心中原有的地理概念[1]。元宇宙对时空的重构在很大程度上推动了文化的流动性和交融。在去中心化的数据分布模式下，个体的社交关系和数据可以随着其虚拟身份游走于不同的元宇宙，实现无缝连接。在频繁的社群转换和文化交流中，异域文化逐渐从陌生到被接受再到熟悉，原先本地化的文化特质在元宇宙的世界里得到了广泛的传播和认可，从而彻底超越了地理意义上的局限性。

首先，元宇宙的存在使得跨文化交流的空间条件影响力大大减弱。在这个无边界的数字空间里，跨国文化的传播和接受变得更为自然和流畅。人们可以在无数文化产品中自由选择，基于个人的兴趣和需求，寻找最符合自己的文化内容。这也进一步推动了需求的细分和个性化，使得“千人千面”到“万人万面”的用户行为标签成为可能。在这个过程中，不同细分市场的需求得到了满足，人群的需求呈现出明显的“碎片化”特点。

随着个体在元宇宙中的自由流动，即便是身处同一地理空间的人群，其媒介消费行为和生活方式也呈现出显著的差异。例如，不同年龄段和收入层次的人群在文化消费能力和媒介素养上的差异会进一步加大。元宇宙不仅加速了不同地理范围内同一文化的变迁，同时也促进了同一地理区域中不同文化的分化与交融。

在全球化的背景下，传统的文化结域现象，例如华人文化集聚地“唐人街”和各国中式餐饮的本土化改良，体现了文化的“放逐”特点和对保留文化传统的情怀。而元宇宙中的文化结域则呈现出更为松散和多变的特质。在这个无实物的 Web 3.0 虚拟空间中，文化的结域不再依赖于物理空间的聚集，而是基于共同兴趣和文化根基的聚合。元宇宙中的文化结域变得更为流动和开放，可以衍生出更多的文化变式和创新。

AIGC 和 UGC 的普遍存在进一步加速了文化的集结和传播。与 Web 2.0 时代的内容生产不同，元宇宙中的内容生产更为“共创”和开源。在这个开放的环境下，不同的文化碎片可以围绕同一文化根基聚合，形成独特的文化集群。例如，在某些开放世界游戏中，用户可以根据自身所属的文化社群，打造属于该文化群体的虚拟家园，也可以创造具有独特文化特质的数字藏品，在各自社群内流通。

在元宇宙的世界中，算法成为连接用户与内容的重要纽带。它们如同无形的织网者，在这个宏大的虚拟空间中织就了一张巨大的信息网，控制着信息的流动和分配。通过不断地学习和分析用户的行为和偏好，算法能够精准地将用户可能感兴趣的内容并推送，以期最大限度地吸引和保持用户的注意力。然而，这种便利的个性化推荐服务也潜藏着一些不容忽视的问题。

过度依赖算法推荐可能会导致用户陷入所谓的“信息茧房”。在这个茧房中，用户往往只会接触到与自己观点和兴趣相符的信息，而忽视或排斥不同或对立的信息和观点。随着时间的推移，这种局限性可能会削弱用户的思考和判断能力，使他们失去批判性思维，变得越来越难以接受和理解不同于自己的观点和文化。这种现象在心理学上被称为“确认偏误”，即人们倾向于寻找和记住能够确认自己已有信仰和态度的信息，而忽视或忘记与自己观点不符的信息。

算法推荐系统的设计往往追求最大化用户的参与度和活跃度，以提高平台的流量和广告收入。但这种设计可能会不经意地诱导用户产生过度使用甚至上瘾的行为。长时间沉浸在算法推送的信息海洋中，可能会让人产生一种虚幻的自我中心主义错觉，误以为整个虚拟世界都围绕着自己转动。这种过度自我中心化思维不仅可能会让个体的视野变得狭窄，也可能会影响到社群和文化的多元性和包容性。

从更宏观的层面来看，如果一个文化社群的成员都被困在算法推荐的茧房中，那么这个社群可能会逐渐变得封闭和单一，长期而言，这不利于营造一个活跃、多元和开放的文化环境。这种封闭性可能会导致“信息孤岛”的形成，即不同文化、思想和社群之间的信息交流和沟通变得越来越困难，每个社群都固守着自己的信息茧房，不愿意接受和理解外界的不同声音和观点。

10.3 元宇宙在各学科中的价值

为了稳步推进中国特色元宇宙的发展，专业人才的培养与团队研发的力量不可或缺。这不仅是驱动元宇宙领域创新和进步的基石，同时也是构建具有国际竞争力的元宇宙产业生态的关键。应以长远的视野和战略思维，系统地规划和实施专项人才的引进、培养和发展计划。要重视高质量的教育和培训体系建设，要构建开放而包容的创新环境，要加强对人才的吸引和激励。

10.3.1 人文的新视野

1. 哲学

马克思的辩证唯物主义主张物质决定意识，生产关系决定生产力，同时还强调事物发展中的矛盾是其发展动力。当我们将这一思想与元宇宙相结合，会得到一些引人深思的结论。

元宇宙可能会导致生产关系的重大变革。传统的物质生产方式可能会逐渐被虚拟生产所替代。在元宇宙中，数字资产和服务成为主导，从而对生产和消费模式产生根本性的影响。对于马克思而言，生产工具的变革会导致生产关系的变革，进而影响上层建筑。元宇宙的发展对此提供了一个新的视角，生产关系在数字空间中可能呈现出与物质世界不同的模式。虽然元宇宙主要是虚拟的，但其背后依然是物质基础：服务器、网络、硬件设备等。这些物质基础决定了元宇宙的运行和发展。同时由物质决定的元宇宙中的虚拟互动和经济活动将影响人们的意识形态，这与马克思主张的物质决定意识是一致的。

元宇宙中的矛盾可能与物质世界有所不同，但其存在和作用是明确的。例如，虚拟资源的无限性与有限的物质资源之间的矛盾、数字资产的价值与实际价值之间的矛盾等。这些矛盾会推动元宇宙的进一步发展，促使其找到新的均衡和解决方案。

在探讨元宇宙的精神架构时，东方哲学的视角展现了独具匠心的理解。元宇宙这个虚拟世界，其实也是人类欲望和探索的新舞台。在这个舞台上，传统的“三纲五常”似乎被重新解读，而遵循欲望的秩序成为新的规则。在法定的边界内，元宇宙的秩序成为合理的存在，人的能动性在这里得到空前的放大，呈现出无限可能。

元宇宙中的发展，似乎呼应了东方哲学中的世界观，宇宙是一个永恒轮回与循环的整体，个体的顺世论思想在元宇宙的探索中得以充分体现。元宇宙的多个领域都以目的性为导向，而这种目的性往往倾向于精神享乐主义的实现。它让人们在虚拟的世界里寻找现实世界难以得到的满足和愉悦。

在探讨中国特色元宇宙的道路时，儒家思想的“人道大伦”和“爱与敬”成为重要的精神指针。儒家强调人与人之间的关系，以及社会的秩序和和谐。元宇宙提供了一个新的空间，人们可以在其中建立新的社交关系和社会秩序。孔夫子的“仁”概念，在元宇宙中可能会得到重新定义。在一个没有物理界限的世界中，人们如何实践“仁”和保持社会和谐？儒家强调以人为本，提倡在社会交往中展现出爱和敬的美德。这也为中国特色元宇宙提供了道德的方向，即在虚拟世界中，人的尊严和价值不应被忽视，人与机器的关系应该明确，人应有能力驯服和掌控机器。

道家强调与自然和宇宙的和谐相处，追求“无为而治”的状态。元宇宙中，虚拟世界的流动和变化也可以看作一种“道”，这种“道”可能比现实世界更为纯粹，因为它是基于代码和算法的。老子的观点，如“道生一,一生二,二生三,三生万物”，可以被理解为元宇宙的层级性和生态多样性。从最基本的代码到复杂的虚拟生态系统，元宇宙展现了生命和变化的无尽可能性。而“道”的理念，也为元宇宙的多元化和包容性提供了哲学基础。在元宇宙中，不同的个体和文化能够得到尊重和展现，就如“道”随顺万物，尊重万物的差异。

佛教的缘起性空思想，对元宇宙中网络连接和快速演化也有启示。网络的连接就像是佛教中的缘分，而网络的快速演化也呼应了佛教中无常的理念。一切事物都是因缘和合而生，没有固定不变的实体。元宇宙的不断变化、虚拟性和 UGC 与此概念相呼应。佛教中的“禅定”追求内心的平静和觉悟。在快节奏、信息爆炸的元宇宙中，用户可能需要东方的禅定哲学来找到内心的平衡。

法家的法治思想，也为中国特色元宇宙中的秩序和规则提供了理论支撑。在这个虚拟世界中，秩序的维护和法律的执行成为保障元宇宙健康发展的重要基石。

易经中的“阴阳五行”论述了万物生成与变化的规律。元宇宙的生态平衡、数据流通和变革可能与这种阴阳平衡、五行相生相克的观念有所联系。“八卦”中所描述的变化无常，也与元宇宙中的多变性和不确定性相似。

印度哲学的实用主义倾向和超越现实的逻辑，也为元宇宙的精神内核提供了丰富的理论资源。元宇宙不仅仅是一个虚拟的游戏空间，它也是人类探索自我、理解世界和超越现实的新领域。印度哲学的实用主义和超越现实的逻辑，为元宇宙的理念和价值观提供了宽广的思想空间，使其不仅仅局限于技术和娱乐的层面，而是延伸到了生命的哲学和精神的探索。

元宇宙，这个崭新的虚拟领域，其时空拓展性不仅仅是技术和数字的展现，更是哲学思想的体现和碰撞。从东方哲学的角度来看，元宇宙中的时间扩展，倾向于揭示自然客观时间与内在精神时间的相互关系。在这个虚拟世界中，时间的流逝不再仅仅是钟表的指针转动，更是个体内心感知和精神经历的展现。这种时间感的扩展，让我们重新审视和感受时间的流逝与停滞。

空间的方向性和虚实性在元宇宙中得到了新的诠释。元宇宙连接了精神、物理和知识这三界，形成了一个统一而多元的存在空间，这种空间的拓展和交织，正好呼应了东方哲学中的“六合”与“六道”思想。在这个虚拟的宇宙中，空间不再是固定和单一的，而是多维和流动的，它既包含了物质世界的方向性，也包含了精神世界的虚实性。东方的审美观强调空灵、和谐和留白。元宇宙的设计和创意空间可能会受到东方审美的影响，强调自然、留白和用户的想象空间。

转向西方哲学的视角，元宇宙中的创造与存在也呈现出深刻的哲学内涵。在部分西方哲学的世界观中，创造万事万物的“神”是真实存在的。在元宇宙的构建中，“神”的身份或许可以被赋予那些创造和构建虚拟空间的资本力量和 UGC 的创作者。他们通过自身的智慧和技术，创造出一个又一个独特的虚拟世界，赋予元宇宙无限的可能和生命力。

自然人类在元宇宙中，不仅仅是观察者和使用者，更是选择者和创造者。他们拥有独立的意识和选择权，通过自身的感知和意识，认识和改造这个虚拟的世界。元宇宙中的虚拟数字人，则是“神”创造的产物，它们在未拥有自我意识之前，只是作为功能性的存在，为人类的需求服务。

法国哲学家萨特的“存在”和“虚无”的关系，在元宇宙的背景下，获得了新的解读。人的真实存在被元宇宙包围和内嵌，形成了一个多层次、多维度的存在体验。这种存在的多维度和元宇宙的无限可能，让我们重新思考和感受生命的宽广和深远。加缪等存在主义哲学家认为，人类在面对生命的荒诞性时，必须为自己赋予意义。存在主义主张存在先于本质，强调人的自由、选择和责任。在元宇宙中，个体可以创造其数字化身份，这一身份可能完全不同于现实世界的身份。元宇宙提供了一个平台，使人们可以在此探索、定义和重塑自己的“存在”。

元宇宙的兴起提出了新的哲学问题：在一个主要由信息和数字数据构成的世界中，什么是“实际”的？鲍德里亚的“模拟论”可能对此有所启示。他认为，当符号与其代表的现实之间的关系断裂时，符号本身成为现实。元宇宙就是这种“模拟”的终极展现。

现象学主张回归到事物本身，探讨人们如何体验世界。在元宇宙中，这种体验可能与现实世界大不相同。莫里斯·梅洛－庞蒂等现象学家强调身体性经验在认知中的中心地位。但在元宇宙中，我们的“身体”是如何存在的？这挑战了传统的身体性认知观念。

后现代主义对于大型叙事和普遍真理持怀疑态度，强调碎片化和去中心化。元宇宙正好与这一观点相吻合，它不是一个单一、统一的实体，而是由多个碎片化、去中心化的空间组成。利奥塔等后现代哲学家可能会看到元宇宙作为“大故事”终结的证据。元宇宙提出了一系列新的伦理问题，如虚拟身份的权利、数字资产的所有权和虚拟暴力的道德性。列维纳斯和德里达等现代伦理哲学家的观点可能有助于我们思考这些问题。

2. 文学

元宇宙赋予了文学一个全新的解读和创作维度，它的出现不仅仅是技术的飞跃，更是对传统文学理论的现代诠释和拓展。在文学赏析方面，元宇宙为语言建构、环境塑造及艺术表现提供了一个独特的虚拟舞台。通过元宇宙的多维时空，文学的语言不仅仅是“言”的传递，更是“象”和“意”的多层展现。《吟窗杂录》中的《王昌龄诗格》虽有作者之争，但其“三境”理论的确能为我们理解文学的不同境界提供独到见解。

中国古典文学的精髓，在于其对元宇宙思想的早期探索和表达。例如，《金刚经》中的“一切有为法，如梦幻泡影”，以及《庄子·齐物论》中关于庄周与蝴蝶梦境的哲学思考，都是对虚实边界和存在本质的深刻剖析。同时，古代文学作品中的虚拟人物，如《西游记》中的孙悟空，以及《列子·汤问》中偃师制造的舞人偶，都成为早期虚拟数字人的原型，展现了文学对元宇宙构想的独特洞察。

元宇宙为文学领域带来的不仅仅是新的表述手段，更是新的创作和解读视角。通过 AR 技术和时空拓展，元宇宙构建了一个多维、高度抽象的文学舞台。在这个舞台上，文学不再仅仅依赖文字和固定的表述形式，而是能够通过数字技术和创造力，以更为直观和立体的方式展现出来。元宇宙中的文体构建和意境营造，不仅仅是对自然风物的描摹，更是对主体审美意识和想象创造的无限拓展。

元宇宙与意境之间的相互关联，实则是虚实共生空间的现代表述。它们都旨在为人们提供超脱现实的幻觉体验，但元宇宙通过前沿的人机交互手段，使这种体验变得更为真切和沉浸。在元宇宙的创造过程中，主体将自身的审美特征客体化，这种“体悟”的过程正是意境与元宇宙的共通之处。中国传统的宇宙观“一阴一阳”“虚实相生”及“意境论”，为构建具有中国文化特色的元宇宙提供了丰富的理论基石。

在元宇宙这个多维度的虚拟空间里，文学符号的具象化得以通过技术和想象力得到创新性的表达。基于“相由心生、境随心转”的理念，文学艺术作品得以通过先进技术的助力，实现从文本到具象化的高度转化。这个转化过程可以这样描述，即首先通过技术手段识别和抓取文学艺术作品的核心内容，提取文本精华，进而利用 AI 技术进行深度分析，由系统自动编译成“剧本”。接着，在剧本的基础上设计出符合个人审美的场景、人物和剧情等元素，逐步演绎剧情，最终通过 VR、AR 等多种创新的表现形式，实现文学符号的具身传播。

现实主义强调对日常生活的真实描绘。在元宇宙中，现实主义文学可以转变为虚拟现实主义，描绘虚拟世界中的“真实”生活和人物。学者如鲍德里亚就探讨了在后现代社会中，模拟与现实的界限越来越模糊，这为现实主义文学在元宇宙中的应用提供了理论支持。

超现实主义强调梦境、无意识和非逻辑性。元宇宙为超现实主义提供了一个无限可能的平台，创作者可以无拘无束地构建他们的梦境世界。文学作品如卡夫卡的《变形记》或博尔赫斯的许多短篇小说都探讨了超现实主义主题，这些作品在元宇宙中可能得到新的诠释。

后现代主义反对大叙事，强调文本的开放性和多重性。元宇宙的非线性和 AIGC/UGC 与后现代主义的观点相吻合。巴特的“死亡的作者”概念指出，文本的意义是由读者创造的。在元宇宙中，每个用户都可以成为创作者，为文本或故事赋予新的意义。

浪漫主义强调情感、自然和个体的力量。在元宇宙中，浪漫主义的作品可能会转变为情感的数字化表达，或是对虚拟自然的崇拜。华兹华斯和柯勒律治等浪漫主义作家对自然的描写，可能在元宇宙中得到新的诠释，如通过 VR 技术来体验浪漫的自然景色。

传统的小说和故事都是线性的，但在元宇宙中，叙述可能变得非线性、分支化，由读者或用户选择路径。翁贝托・埃科的《玫瑰的名字》等侦探小说，在元宇宙中可以转变为互动的侦探游戏或体验。

诗歌通常强调情感的表达和形式的创新。在元宇宙中，诗歌可能结合音乐、视觉艺术和技术，成为多感官的艺术体验。如庞德和艾略特的现代诗歌，可能在元宇宙中得到全新的音乐和视觉解读。

传统文学的角色刻画常常通过正面和侧面两种方式展开。在元宇宙中，正面描写可通过虚拟数字人的捏脸技术、微表情展示、语音音色模拟和行为控制等技术手段实现；而侧面描写则可通过自然人对虚拟数字人的精神赋予、自然人的主观能动性及客观的元宇宙场景设计等方式得以满足。这样的技术应用，为文学作品的角色刻画和情境营造提供了无限可能。

元宇宙中的文学创作，从“共见想象力”转向“共建想象力”，它解除了时间和空间的限制，为创作提供了全新的社会图景。通过数字化生态的构建，不同产业得以在元宇宙中实现跨时空的结合，形成了一个崭新的创造力与现实世界交互的媒介。自然人类也得以通过虚拟化身的形式，在这个平行的虚拟网络世界中实现线上生活的无限可能。在这个过程中，技术、产业和自然人共同为文学形态的元宇宙搭建了一个富有想象力和创造力的平台，为文学的未来发展打开了新的视野和可能。

3. 艺术

在元宇宙中，艺术家不再受物理世界的约束，可以创作出无法在现实中实现的作品。例如，动态色彩和无限的形态变化成为可能。传统的三维艺术可以在元宇宙中扩展到多维度，为观众提供 360 度、沉浸式的体验。

在元宇宙中，音乐不再只是被动听取，而是可以实时互动，甚至观众可以参与音乐创作。音乐与视觉艺术的结合，使得音乐在元宇宙中可以有可视化的表现形式。麦克卢汉的“媒体即信息”观念，可以解释音乐如何在元宇宙中成为一种全新的、多感官的信息传播手段。

在元宇宙中，表演者可以选择任何身份和形象进行表演，突破了物理世界的限制。全球观众可以实时参与并互动，打破了地理和时间的界限。传统的装置艺术与数字技术、AI 等结合，模糊了艺术与技术、物理与数字的界限。

在数字艺术领域，元宇宙展现了它独特的融合应用与不断发展的活力。2023 年 4 月的“咏山水·元宇宙沉浸式光影艺术美术作品展”，采用数字影像 + 数字投影的方式陈列，通过名家画作数字内容创新表达，让参观者领略科技与艺术的碰撞，感受元宇宙视界新体验。

以 VR、AR 为代表的虚拟现实技术已然崭露头角，成为艺术体验的重要媒介之一。科技的硬件支撑和资本对技术应用的支持赋能了数字艺术，使其走出实体艺术的影子，迈向自立繁荣的新阶段。从个体感知角度来看，艺术元宇宙的出现丰富了人们的感官体验，它将视觉、听觉、触觉和嗅觉进行了多元化、系统化和数字化的整合。随着艺术手法的融入虚拟空间，动画研究得以快速推进，表现形式也日渐丰富多样。借助多感官数字信息的收集和分析，研究人员能更为高效地进行记忆研究。

进入区块链构建的社区，公民的数字身份成为其活动的标签，而加密化的艺术资产为作品的储存和确权提供了保障。在 Web 3.0 的框架推动下，文化艺术的云平台呈现出更为迅猛的发展势头，预示着数字艺术的荣生时刻。同时，时尚行业也不甘落后，艺术数字营销的热潮正在此起彼伏。诸如古驰、博柏利、路易威登等时尚巨头纷纷与互联网企业携手，推出创新的数字产品。以博柏利的虚拟时装秀、古驰和 Snapchat 的 AR 香水推广为例，这些跨界合作不仅刷新了市场营销的新模式，也为数字艺术与元宇宙的合璧提供了生动范例。

10.3.2　社科的新场景

1. 心理学

元宇宙为心理疾病治疗展现了一种全新的可能。它的丰富、沉浸与安全的体验环境，为心理治疗提供了一个独特的平台，例如虚拟现实治疗、模拟治疗等。以抑郁症为例，患者可在元宇宙中利用类似于沙盘治疗法的模式，构建和探索情境，从而帮助医师更为直观和深刻地理解患者的心理困境。医师可以为患者设计治疗场景，布置相关情节，并通过模拟不同的治疗方案，预测可能的治疗效果，以筛选出最具治疗效能的方案，旨在提升治疗的成功率。

在治疗的进行中，医师能够在元宇宙中密切监测患者的情况，收集关于患者情绪变化的数据，而不会对患者造成任何干扰。这种方式不仅能为患者提供一个沉浸式的、私密的诊疗体验，还能使医师能够及时调整治疗方案，确保治疗的效果得到最大化。

元宇宙的特质也为解决抑郁症的诱因提供了独特的路径。例如，在面对性别歧视导致的抑郁情绪时，元宇宙提供了一个可以消解男女物理差异的空间。在这个虚拟世界中，人们可以自由选择异性的虚拟身份，体验不同性别的生活，从而超越现实中基于性别的分工和歧视。类似的，针对由城乡歧视引发的抑郁，元宇宙可为人们打造前往任意城市的通道，无论是繁华的大都市还是宁静的乡村，都能在这个虚拟的空间中找到存在的平等和尊严，消弭现实中城市与农村的身份差异，为抑郁症患者在心理层面上带来慰藉和解脱。通过这些方式，元宇宙不仅为心理疾病的治疗提供了新的视角，也为社会问题的解决开辟了新的道路。

元宇宙环境中虚拟数字人的快速崛起，可能会对自然人类产生反向效应，引发新的焦虑情绪。这些焦虑情绪可被分解为三个层面。首先是关于真身的焦虑，由自然人的时空限制引发。随着虚拟世界社交和交互的拓展，人们可能会发现现实中的时间不足以应对虚拟世界的信息过载和社会关系的管理。其次是关于分身的焦虑，主要源于虚拟数字人的拟人程度不足、智能不够高或是所谓的“恐怖谷效应”所造成的社交抵制和反感。最后是失衡焦虑，由于虚拟世界的繁盛吸引了大量的时间、精力和资本投入，可能导致现实世界的社会结构和功能受损。

因此，元宇宙的发展应注重虚实之间的和谐关系，确保机器人在现实世界的助人功能和虚拟世界对现实世界的正向反哺，而不是过度偏向虚拟世界而忽略现实的重要性。这意味着，在推进元宇宙的同时，需要考虑如何利用虚拟技术来强化现实世界的生活质量和社会功能，而非让现实世界陷入虚拟世界的阴影中。通过明智地平衡虚拟与现实，可以避免本末倒置，确保元宇宙的发展能为现实世界带来实质性的益处，而不是构成威胁或引发新的社会问题。在这个过程中，应细心审视和理解元宇宙对人类心理和社会结构的影响，采取必要的措施来缓解和预防可能出现的负面效应，确保元宇宙的健康、可持续发展。

2. 教育学

元宇宙与教育学的结合具有深远的潜力，因为虚拟的、沉浸式的学习环境能够提供更丰富、个性化和直观的教育体验。建构主义理论认为，学习是一个主动的、与环境互动的过程。元宇宙提供了一个可以定制和交互的环境，允许学生通过模拟、实验和探索来建立知识。情境学习理论强调知识的社会和实践背景。元宇宙中的模拟环境可以为学生提供真实的、情境化的学习体验。

元宇宙通过 VR 技术为学生提供沉浸式的学习体验，帮助其更好地理解和应用知识。元宇宙支持远程学习和协作，允许学生从不同地方聚集在一起，共同完成任务和项目，助力学生在学习过程中获得“心流”体验，促进教育资源的均衡分配，推动了教育学的创新与发展。在元宇宙中，学生可以得到即时的、有形的反馈，帮助他们了解自己的学习进度和需要改进的地方。元宇宙提供了一个适合游戏化学习的环境，通过游戏机制来增加学生的参与度和动机。元宇宙支持学生的自主和探索式学习，允许他们根据自己的兴趣和目标来选择学习内容和路径。

通过元宇宙，教育资源得以更广泛地传播，特别是对处于地理位置偏远或资源有限地区的学生。元宇宙支持个人在整个生命中进行持续学习，不受时间和地点的限制。

元宇宙为教育学的发展提供了丰富的资源、创新的环境和多元的手段。在教学资源方面，元宇宙聚集了大量的数字课程资源，并支持在线直播课程的实时观看。利用先进的 AI 技术，课程内容可以被细致地划分，并根据学生的学习需求进行定制化组合，打造出个性化的学习体验。通过配戴 VR 设备，学生可以在三维的虚拟空间中亲身体验课程内容，增强学习的在场感和深度。

在教学环境构建方面，元宇宙能为教师和学生提供多样化的模拟环境。例如，可以通过三维演示来解析几何空间关系和化学分子结构，或是通过情景再现来回顾重要的历史事件，以及通过沉浸式教学来培养实验技能。这种亲身体验和感官刺激，可以帮助学生获得具身认知，形成比传统文字学习更为生动和持久的记忆。元宇宙还能为不同性别、年龄、审美和学习水平的学生提供个性化的学习环境，满足特殊人群（如听障人群）的需求，通过头戴设备的骨传导技术传输音频，或通过虚拟数字人进行实时手语翻译。

从教学手段的角度看，元宇宙中的先进技术能为学生提供无间隔的服务。通过对学生的学习行为（包括成绩、专注度、行为表现等）进行自动数据分析，可以为学生绘制精准的学习画像和成长图谱。基于学生的学习历程和表现，元宇宙可以提供个性化的学习路径和资源，满足不同学生的需求。教育元宇宙能自动匹配适合学生的教学方法，并为真人教师提供关于学习状况的引导和调整建议。学生还可以在元宇宙中选择或创建自己喜欢的虚拟教师和学习伙伴，形成学习社区，增进情感联系，从而激发学习兴趣，提高学习效率。也许未来的虚拟人孔子可以成为最有名的元宇宙的人文国学讲师。

3. 图书馆学

元宇宙与图书馆学的交融为图书馆赋予了新的维度和可能，图书馆的文化、信息和教育功能得以升华。元宇宙的概念与图书馆学的结合是一个富有创意和前瞻性的领域。在图书馆学中，我们关心的是信息的组织、存储、检索、传递和保存。元宇宙提供了一个全新的平台和维度来重新思考和实现这些基本功能。

传统图书馆采用线性的组织和分类方式。但在元宇宙中，信息可以以三维或更高维度的形式被组织，使得用户能够通过更直观、空间化的方式浏览和查找信息。元宇宙允许信息以多媒体、沉浸式的形式被存储，提供了丰富的音频、视频、模拟和交互体验。传统的关键词检索可能会被更为先进的、基于语义的检索方式替代，使用户能够更容易地找到相关的信息。元宇宙提供了一个平台，使专家和读者能够在虚拟空间中进行实时交流，分享知识和经验。读者可以在元宇宙中形成学习小组，共同探索、讨论和解决问题。元宇宙提供了一个新的方式来保存和传承文献，不仅仅是数字化的文本，还包括与之相关的音频、视频和交互体验。元宇宙可以用来创建时间胶囊，记录和保存某一时期的文献和文化遗产，供后人参考和研究。元宇宙允许图书馆为每个用户提供个性化的服务和推荐，根据他们的兴趣、背景和学习历程。无论身处何地，用户都可以访问元宇宙中的图书馆，获取所需的信息和服务。

文化层面，元宇宙促进了图书馆文化资源的数字化收藏，加速了海量知识和数据的整合，为新型数字文化交流提供了舞台。这不仅增强了文化与大众的交流，推动了文化多样性的发展，也加深了人们对文化遗产保护的认识，优化了元宇宙的文化生态。

在信息服务层面，元宇宙助力图书馆的数字资产存储与推广，创新了智库服务与决策咨询模式，推动了体验空间构建与应用培训的实现。这些尝试不仅促进了技术的应用，保障了公众的信息获取权利，同时为企业、社群等提供了高效的信息服务。

教育功能方面，元宇宙为图书馆提供了构建虚拟教育交互场景的新手段，助力青少年教育、成人继续教育及终身教育的发展。它为构建信息素养教育新模式、完善元宇宙教育生态提供了创新的解决方案。

物理技术层面，随着 VR、AR 和大数据等数字技术的成熟，元宇宙为图书馆构建了一个既反映现实世界又独立于现实世界的虚拟空间。这种虚拟空间不仅突破了地理限制，实现了资源的互通共享，解决了因地理局限性造成的图书资源不均等问题，通过 VR、AR 设备投入，还为读者提供了以第一视角浏览图书馆场景和图书陈设的全新体验。

意识层面，元宇宙为图书馆读者提供了沉浸式的社交场景，使他们能够在虚拟世界中“面对面”分享读书心得，开展虚拟读书会等活动。这种具身的链接增加了读者的参与度，丰富了图书馆的社交功能。

大数据技术的支持将推动图书馆数字资源在未来呈爆炸式增长。无纸化改革将逐步推进，图书馆行业也将迈向节能减排的长远目标。

虚拟数字人在图书馆元宇宙中担任了读者与服务者的双重角色。从读者视角，数字孪生技术在图书馆学领域的应用日益受到关注，尤其在用户画像抓取、在线阅读和图书馆馆藏展示等方面释放出巨大潜力。从服务视角，图书馆能利用虚拟数字人构建基于知识的服务引擎，打造虚拟向导和虚拟图书管理员等服务角色。通过应用 AI 技术，图书馆能够丰富虚拟服务者的服务能力，优化元宇宙时代图书馆的数字化管理体系，推动智慧检索、数字资源整合和智慧管理系统等功能的实现[2]，为图书馆的未来发展打下坚实基础。

10.3.3　理工的新应用

1. 工学

元宇宙与工业结合起来是对工业制造、设计、交流和协作方式的一次革命。

生产制造过程中，利用元宇宙创建实际生产线的数字孪生副本，可以用于实时监测、故障预测和优化生产过程。设计师可以在元宇宙中创建和测试新产品的三维模型，这有助于缩短研发周期和降低成本。元宇宙提供了一个平台，使工人可以在一个安全、控制的环境中进行复杂任务的模拟培训。专家和工程师可以通过元宇宙进行在线研讨会和培训课程，分享最新的技术和经验。元宇宙允许制造商、供应商和分销商在一个共享的虚拟空间中协作，优化供应链的每个环节。通过数字孪生和区块链技术，元宇宙可以提供一个更加透明和可追溯的供应链管理系统。设计师、工程师和消费者可以在元宇宙中共同参与新产品的设计和创新过程，实现真正的共创和开放创新。制造商可以在元宇宙中测试新产品的概念和设计，获取消费者的实时反馈和建议。元宇宙允许制造商创建虚拟的展示厅和展览会，展示和推广其产品。通过元宇宙，制造商可以为每个客户提供定制化的产品和服务，满足他们的特定需求和期望。

在这一领域，迈克尔·波特的“价值链”理论可以为元宇宙与工业的结合提供一个框架，帮助我们理解如何在每个环节中利用元宇宙的技术和平台优势。此外，很多先进的工业公司，如 GE、西门子和博世，已经开始研究和实验如何将元宇宙与其工业运营和策略相结合。

元宇宙的技术应用已逐步渗透至工业领域，其目的是创建一个高效协同的工业元宇宙，以实现虚实空间的无缝衔接和降低生产成本。工业元宇宙不仅能够精确复制现实中的工业生产流程至虚拟世界，还能够通过虚拟空间的分析和控制，为现实中的工业生产提供优化方案，实现了虚拟与现实之间的交互和协同。

基于“数据驱动、泛在智能”的理念，工业元宇宙构建了新型的工业基础设施，全面激发“研发、制造、分销”三大核心链的活力，构建了一个崭新的产业格局。该格局围绕“智能化升级、关键流程优化、产业结构提升、链条强化与补充”四个方向进行战略布局，旨在实现“品质提升、成本降低、效率增加、安全确保、创新推动”五大目标。通过构建工业元宇宙基础设施，涵盖物理世界的供应链、产品和设备，工业元宇宙核心体系得以凝练，包括交互系统、创作系统和资产系统，从而拓展了数字元宇宙，实现了数字人、数字工厂和数字园区的虚拟世界构建。

当前，工业元宇宙的模拟主要通过创建等比例的数字孪生工厂来实现，细化工厂的运营和管理环境，实时整合研发设计、生产制造、产品检测和销售售后，旨在升级智能制造的新型生产方式。借助元宇宙相关技术的加持，未来工业界能够通过交互界面所提供的沉浸感与参与感，充分调度人的感知能力与操作能力，将人们融入海量数据与复杂系统中，提升决策的有效性，为数据分析和企业决策提供有力支持。

智能计算和低延迟网络的建立，使得工业元宇宙能够全面介入工业生产，促进了人、机器和物品的深度融合，贯穿了价值链、产业链和供应链的全过程。在价值链方面，工业元宇宙摒弃了传统的黑盒生产方式，打破了传统的二维信息交流方式的限制，提高了研发设计人员的沟通效率，并吸纳用户参与产品设计阶段的虚拟使用体验，通过数据优化产品研发迭代进程。

在产业链方面，工业元宇宙的铺设利用工业数据和物联网，在产线生产中提供实时稳定的场景检测、场景可视化和决策窗口，为管理者提供调度操作的空间和生产管理的智能方案。同时，工业元宇宙还能对高价值设备和产品进行健康管理，解决制造环节相关问题的追溯保障和不同制造主体的协同互通，实现工业生产检测和闭环维护，提高产品品质，满足客户需求，赢得客户支持，从而推动工业领域向更高效、更智能的方向发展。

工业元宇宙在供应链领域展现了令人瞩目的潜力。通过构建实体产品的数字孪生形式，它为用户提供了一个全方位体验产品的平台，同时能够实时吸纳用户的反馈意见和建议。这不仅仅是一个单向的展示，而是一个动态的、交互的平台，它能实时共享市场数据，将生产商、经销商及其他供应链上的不同主体连接起来，使他们能实现实时协同，无论是在同一现场还是跨越不同现场。这样的实时协同让市场反应速度大大提升，使得供应链更为灵活、高效。

未来的工业元宇宙将从四个核心方向推动传统产业的全方位、全链条改造，即生产智能化改造、优化关键难点、园区集群转型升级及双链协同平台运营。每个方向都旨在提高全要素生产率，为传统产业的转型升级提供强有力的技术支持。

生产智能化改造是工业元宇宙的重要使命之一。利用物联感知、AI、5G 网络等尖端技术的深度融合，进而为传统产业在协同创新、虚拟设计、弹性供应、个性化定制及快速交付等方面提供有力支持，将产业推向一个全新的、智能化的阶段。工业元宇宙的核心技术与各行业场景相结合，以数据驱动，基于机理模型和动态模型不断寻找优化方案，解决企业发展中的痛点和难点，持续优化企业的运营效率。

地理信息和标识解析技术的叠加，使工业元宇宙能够实现数据的整合共享，加速产业资源要素的集聚，助力园区内企业的数字化转型。而工业元宇宙、边缘计算和供应链协同赋能，打通了传统产业全链条的数据流通，实现技术、资金、服务等资源的优化配置。这种全链条的数据流通和资源优化配置，为传统产业揭示了一个全新的、高效的运营模式，使得企业能够更好地应对市场的快速变化，提高自身的竞争力。

2. 军事学

元宇宙的发展与军事领域的结合为军事训练、策略规划、情报分析等方面带来了革命性的变化。元宇宙为军事人员提供了一个真实感强烈的虚拟环境，用于模拟实际的战场环境，从而提高他们的反应速度和判断力。各个军种可以在元宇宙中进行联合训练，提高跨军种协同作战的能力。在元宇宙中，军事人员可以模拟各种危险的战场情景，如生化攻击、核爆炸等，从而更好地准备应对这些情况，也可以创建真实世界的数字化副本，在其中模拟和测试不同的战略和战术。元宇宙允许多方同时参与战争游戏，从而更好地考虑和分析各种复杂情况和可能性。元宇宙可以整合来自各种来源的情报数据，如卫星图像、通信截获、AI 分析等，为决策者提供一个全面的情报图像。通过三维可视化技术，决策者可以更直观地理解和分析复杂的情报数据。

军事元宇宙的核心理念是实现人与机器的无缝整合。它从机械化战争的“分离”，发展到信息化战争的“交互”，最终进化到人机“一体”的境界。在这个境界中，自然生命、虚拟生命和机器生命三元一体，为军事领域的多感官交互、时空跳转和数据互联提供了可能。这样的三元一体，在军事领域的应用，将实现战斗力效能的跃迁。如图 10–1 所示。

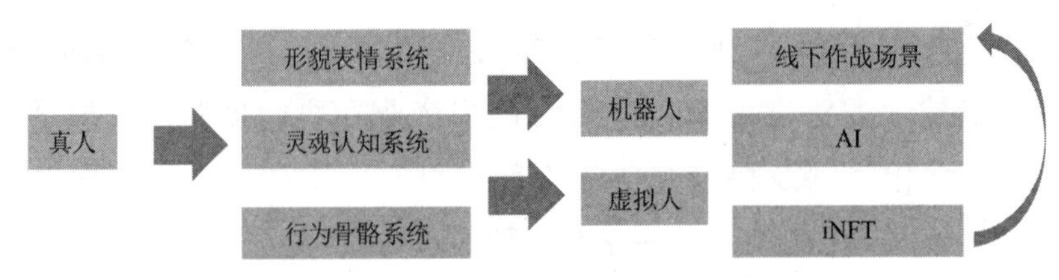

图 10–1　三元一体军事元宇宙应用

从宏观角度来看，军事元宇宙能够实现虚实时空资源的集中统筹、优化和利用，实现数字孪生战略部署，提高决策指挥的效率。在虚拟战场中，虚拟数字人能够多方位感知敌情和战情，为物理世界的作战提供有效的指导，并实时优化作战方针。此外，通过复刻对方核心人物的高仿人机器人，能在战场上混淆视听，为战略迷惑提供新的可能。

从微观角度来看，军事元宇宙能帮助士兵积累作战经验，提高个体战斗力。士兵个体能实现虚实不同的化身，同时体验多种作战训练，并将经验传输回大脑。针对训练，包括单兵作战技能分析、针对性训练等，都能提高士兵完成任务的能力和信心，为战场上的实际作战提供坚实的基础。

军事元宇宙的浮现，描绘了一幅未来战场图景，在其中人类和机器彼此交织，共同编织了一部复杂多维的战争交响曲。在这个未来战场上，擅长归纳、综合、决策和指挥的人类退居到战场的后端，成为战场的思维和灵魂，而擅长搜索、计算、存储和运用的计算机和无人化武器则转变为前端的力量，成为战场上的肢体和感官，它们能够根据战场的变化，灵活应变，实现兵法中所说的“运筹帷幄之中，决胜千里之外”。

在这个多维交互的战场上，虚拟数字人的角色不容忽视。它们既能够提升战士的作战能力，也能够在一定程度上保护战士的生命安全。利用虚拟数字人和人形高仿机器人，可在安全的虚拟环境中试验核武器、化学武器和生物武器的效果，检验新研发弹药和其他战术装备的性能，以及模拟各种可能的战场状况和战术方案。

借助虚拟数字人，可以构建高效的军事培训体系。通过模拟战斗，让战士们在虚拟战场上体验真实的战斗情境，精练战术动作，提高战斗技能。在虚拟训练场上，战士们能够借助实时战场信息和任务要求，灵活地进行兵力配置和方案模拟，从而实现高效的计划和迅速的决策。而虚拟数字人则可以充当如平民、排长、敌军等不同的角色，为战士们提供多角度、多场景的战术训练，强化在复杂战场环境下的通信、侦察和干扰能力。

虚拟数字人的应用不仅仅局限于战斗训练，它们还能成为战士们长时间与外界隔绝时的情感陪伴，帮助治疗战士们的创伤后应激障碍，通过复刻战士情感依赖者的虚拟形象，缓解战士的情绪，保持他们的心理健康。战后，还可以通过虚拟数字人进行心理创伤的精神安抚和心理治疗，使士兵保持最佳的心理状态。

为了让新兵快速适应战场，克服恐惧，虚拟数字人的战前预演能让他们沉浸式感受各种战场突发情况，并进行情感模拟。通过模拟审讯，培养士兵的保密意识，避免泄露军事机密。而且，可以通过数字技术，录入士兵的身体信息，生成符合士兵身体形态的全身虚拟数字人，帮助制定个性化的健康训练方案，监测士兵的身体健康，模拟治疗方案，预判治疗效果。

在国际合作日益紧密的背景下，维和任务和跨国行动的增加，使得军事人员的语言能力成为一个重要的要求。虚拟数字人能够利用士兵碎片化的时间，提供实时的语言陪练，帮助提高语言交流能力，满足多国合作和军民沟通的需求。通过虚拟数字人的帮助，士兵能够更好地适应复杂多变的国际战场，为维护世界和平和国家安全贡献力量。

3. 地信学

GIS 与元宇宙的结合为多学科应用提供了丰富的场景。通过元宇宙，地理数据不再仅仅是二维地图上的图层，而是可以变为三维、动态和交互式的虚拟景观，这为研究者和普通用户提供了更加真实感强烈的地理数据展示。

用户可以在元宇宙中自由地探索和互动，从而更加深入地理解地理数据和地理现象。元宇宙可以为地理信息学者提供一个平台，模拟各种地理现象的发展和变化，如城市扩张、河流变迁、生态系统变化等。结合 AI 和大数据技术，研究者可以在元宇宙中对未来的地理现象进行预测，为决策者提供参考。元宇宙提供了一个平台，使得研究者、决策者、公众等多方可以在其中共同参与地理数据的分析和应用。公众可以在元宇宙中直接参与到地理数据的收集、验证和应用中，这有助于提高地理数据的准确性和完整性。学生可以在元宇宙中进行虚拟的实地考察，体验和学习各种地理现象和地理知识。

位置媒体，作为关键的技术支撑，实现了位置感知功能，它通过 GPS 设备来捕捉物体和人的位置信息，也被称为“LBS（基于地理位置的服务）”。这使得导航、移动轨迹记录、地理标签制作、社交和购物等多种行为成为可能。这样的技术不仅加强了信息的传播和社交联系，还有助于地方文化的塑造。

对于城市的人文层面，元宇宙也将推动空间尺度的变革。从微观层面看，元宇宙打破了传统的信息获取和生活的时空束缚，旧有的地理社区可能会逐渐被重构的兴趣导向的虚拟社区所取代。中观层面，文化和信息在虚拟空间内的传播速度加快，尽管这也可能导致数字鸿沟的加剧，使得某些偏远地区落后于数字化进程。而从宏观角度看，国际化城市可能首先进入元宇宙，这使得流量更容易流向这些中心城市，从而使城市之间的联系模式发生改变，进一步加剧了城市之间的“极化”发展。

4. 建筑学

元宇宙与建筑学的交融是一个颇为引人注目的现象。这两者的结合不仅让建筑师有机会超越现实中的物理和经济限制去设计，还为建筑学理论提供了新的应用空间。

元宇宙为现代社会开辟了一片尚未被探索的土地，一个能够无限延伸现实生活的维度。这个空间里，历史不再是尘封的记忆，而是能够被再次呈现，让人们有机会再次观赏到难得一见的古迹、文物和奇特景观。这种体验，不仅仅是对眼前的景物，更是对历史和文化的深度沉浸。在元宇宙中，空间不再受到物理世界的约束。这意味着建筑师可以设计超越传统物理规律的建筑空间，如非欧几里得空间、可变尺度空间等。

建筑物的大小和比例可以随意调整，从微观到宏观，为设计提供了更多自由度。在元宇宙中，建筑结构不再受到重力、风荷载等物理因素的影响，这意味着设计出现实中难以实现的建筑形态成为可能。在元宇宙中，建筑不再消耗真实的资源，这提出了重新考虑可持续性在虚拟空间的意义。在元宇宙中，用户可以通过更加直观和沉浸式的方式与建筑空间互动。基于大数据和 AI，建筑空间可以根据每个用户的喜好和需求进行实时调整。

在这样的背景下，建筑师被赋予了前所未有的自由。建筑的界限不再被现实物理规则所限制，而是可以自由调整其尺度、空间和结构，完全根据创意和需求进行设计。这意味着，构想中的任何设计，不论多么超现实或奇异，都有可能在元宇宙中得以实现。

元宇宙也为人们提供了一个充满无限可能性的舞台。这不仅仅是一个能够模拟现实的地方，更是一个能够无限延展和发掘自我的空间。在这里，人们可以自由地与他人互动，续写他们的真实故事，甚至重新设定人生的规则和路径。这将满足人们对空间探索的无限向往，并给予他们一种前所未有的解放和重生的感觉。

同时，元宇宙中的建筑，作为三维互联网时代的标志性要素，不再是单一、静态的存在。它们是动态的、充满活力的，可以根据环境和需求不断变化和调整。而这种建筑，不仅仅是物理上的结构，更是基于技术如区块链的经济系统中的资产。与传统建筑相比，它们更像是散布在不同空间中、充满动能的生命体。最重要的是，它们能够根据个体的需求和功能进行智能调整，反映出人在元宇宙中的状态和情感。

在数字文明的浪潮下，元宇宙建筑呈现为三维互联网的核心要素，塑造了人类生产、生活和娱乐的全新场景。

元宇宙中的数字孪生和虚拟原生建筑都对传统建筑学的核心观念带来了挑战与启示。从规划和选址的层面看，数字孪生建筑不仅能够模拟真实的环境和场景，还能预测地质灾害并进行可视化的智能规划。而虚拟原生建筑能够自主适应“元住民”的需求，实时调整其结构和设计。

场地和设计角度的挑战同样显著。通过 XR 设备，数字孪生建筑允许远程观测场地并以 3D 视觉审查方案，利用 AI、BIM 等先进技术，促进跨领域合作，大幅度提高工作效率。相对地，虚拟原生建筑打破了物理界限，形式和功能都呈现出无尽的可能性，更能采用DAO（一种全新的人类组织协同方式）的模式，引入全球范围内的众包合作。

从结构和材料的维度看，数字孪生建筑可以借助AI来优化设计，智能匹配最佳材料，提高工程的成本效益和准确性。而在元宇宙中，虚拟原生建筑不再受物理限制束缚，材料和设计的选择将更加多元，质感也更加丰富。元宇宙提供了无尽的虚拟材料供设计师选择，这些材料可以具有现实中难以实现的特性。建筑师可以设计适应各种虚拟环境的建筑，如水下、太空、异次元空间等。

施工和设备的进步也为建筑带来了变革。数字孪生建筑可以利用AI、机器人技术和BIM等实现智能化建设，真正做到所想即所建。而在时空和交互方面，数字孪生建筑带来了众多先进功能，如眼球追踪、智能降噪等。与此同时，虚拟原生建筑打破了空间的束缚，不仅可以瞬间改变形态，还能根据使用者的意识进行持续调整和创新。

最后，从建筑的生命周期来看，数字孪生建筑能够实时监测其状态，智能评估价值，为建筑垃圾提供合理的处置方案。而虚拟原生建筑则为那些具有历史价值的建筑提供了“永生”的可能性，确保其在元宇宙中得到永续传承。如此，元宇宙无疑为未来的可持续发展提供了丰富的资源和想象。

10.3.4 医学的新天地

1. 西医

元宇宙与医学之间存在着许多有趣的交叉点和潜在应用。随着技术的进步，特别是AR和VR技术，这两个领域有可能更加深度地结合。

在元宇宙中，医学生和外科医生可以进行手术模拟，提供近似真实的手术体验，但没有真实手术的风险。通过VR技术，医生和研究人员可以更直观地理解各种疾病和生理过程，例如用于治疗创伤后应激障碍或恐惧症。通过VR环境中的可视化界面帮助患者调整和控制生理功能。在虚拟空间内，医生可以更直观地向患者展示其疾病状态、治疗方案和可能的预后，为患者提供虚拟的康复练习，使其在家中也可以进行有效的康复训练。虚拟空间可以为那些在现实生活中因各种原因难以进行社交的人提供一个安全的互动空间，创建宁静的虚拟环境帮助人们进行冥想、放松和压力缓解。

有关元宇宙与医学结合的研究，例如杰里米·特伦森的工作，在斯坦福大学的虚拟人类交互实验室中，他和他的团队探索了 VR 在心理治疗、医学教育和身体康复中的应用。

随着技术的日益进步，VR 和 AR 已逐步渗透到现代医疗的各个环节，从术前规划到术中管理，再到术后康复，以及整个医疗评估过程，都得到了深入的应用与探索。

在术前计划阶段，先进的高分辨率计算相机能够为医生提供身体内部精确细致的成像，甚至可以观察到最微小的毛细血管。有了这些数据，医生对手术进行虚拟模拟，确保手术方案的准确性。精密的术前计算和定位成为立体定向手术的基石，帮助医生提前预测并应对潜在的手术风险，为患者提供个性化的治疗方案，能够有效地提高手术的效率和安全性。

术中管理环节也得益于 VR 技术的引入。例如，通过模拟真实的手术环境和情境，医生可以更准确地识别患者在区域麻醉下出现的特异反应，以及可能诱发的原因。此外，模拟手术训练不仅有助于短期的技能提升，还能加强多学科之间的协同合作，优化整个手术过程。

而在术后康复方面，VR 技术的应用更是如虎添翼。通过 VR 技术，手臂外骨骼康复医疗系统已经成为现实，集合了康复训练、心理治疗和病案数据库管理于一身。这种先进的康复训练系统，能够激发患者的积极性，增强他们的康复动力。而随着电子病历系统的普及，信息管理变得更加标准化，各大医疗机构也得以实现信息的互联互通，从而提高手术水平，降低患者风险，并更全面地评估术后效果。

医疗评估环节已进一步受益于先进技术的嵌入。通过对术前和术后影像进行智能化的检测、分类和分割，结合大数据的多模态信息融合，可以更准确地评估患者的术后恢复状况和复发风险，从而为医疗效果提供更有力的数据支持。

元宇宙为医学教育带来了前所未有的资源。借助 VR 模拟器，学生可以在无风险的环境中进行手术操作训练。医护人员也可以通过此平台进行临床护理的专业培训，在此过程中磨炼团队协作和沟通能力，突破传统一对一手术教学模式中导师和病例数量的限制。

医疗领域的未来，将受到医疗元宇宙这一概念的深刻影响，它预示着我们正步入一个更加智能化和数字化的健康管理新纪元。通过全息技术，我们不仅可以捕捉个体的基本生命体征和健康状况，还可以进一步将这些信息映射到一个全息数字化的人类模型上。这种高度仿真的全息数字人为医生提供了一个连续、动态的高精度监测和实时操作平台，其拟真度堪比真实手术室，使医生能够更加深入地理解人体机理。利用 VR 技术，医生可以在手术前对可能遇到的困难进行真实和全面的模拟，熟悉和预测手术中可能出现的各种情况，并在必要时进行远程治疗，最大限度地优化医疗资源的配置。除此之外，全息数字人还能够深入探测人体微生物、营养、心理等多维度的生命体征数据，这些数据不仅为我们提供了提高整体健康状况的方法，还为找寻更多生物学干预的潜在靶点提供了坚实的基础。

2. 中医

中医的“全息论”深刻地体现了天人合一的思想，强调人与自然之间的统一关系。在这一观念中，每一个个体都是大自然的微观缩影，表达了整体与部分之间的密不可分的联系。这与元宇宙中的各个子系统和宇宙之间的关系不谋而合。因此，一些学者倡导在元宇宙中融入类似于中医的“元医学”。

元宇宙作为一个数字、虚拟的宇宙结构，与古老的中医似乎没有直接的联系。但随着技术的进步，我们可以根据用户的五行属性（木、火、土、金、水）设计个性化的虚拟环境，帮助他们调节身心，达到阴阳平衡。利用五行与情绪之间的对应关系，为用户提供相应的音乐、图像或场景，以帮助他们调和情绪。虽然现实中的脉诊不能被完全替代，但可以创建虚拟模拟来教学和练习。用户可以在元宇宙中体验中医治疗过程，如拔罐、针灸等，以增加对治疗的理解和信任。用户可以在元宇宙中参观和学习各种中草药的生长环境、采摘方法和药用价值。用户可以尝试虚拟的中药配方，了解其效果和相互作用。在元宇宙中创建虚拟的中医博物馆，让全球的用户加入并学习中医的历史和文化，并提供虚拟的教学环境，使其在安全的条件下学习和实践中医治疗技能。

从辨证论治的视角出发，中医专家通过四诊（望、闻、问、切）来全面掌握患者的病情，治疗手段涵盖了药物内服、外敷、针灸、推拿等多种方法，每一种都需要对患者身心进行综合考量。

引入“元医学”的概念，可以设想在 VR 技术的支持下，中医将能够跨越时间限制，对过去、现在和未来的各种情境进行更为立体、全面和多元的分析和治疗。这不仅有助于中医治疗的深度和广度，还为传播中医文化和教育开辟了新的路径。在这样的技术创新之下，中医的传统智慧和现代科技的结合，将为弘扬中华传统文化提供强大的动力。

10.3.5 农学的新土壤

元宇宙的兴起和农学似乎是两个相距甚远的领域。然而，当我们深入思考时，会发现元宇宙为农学的研究、教育和推广提供了新的平台和机会。

在元宇宙中创建虚拟农场，模拟真实世界的农业生产条件，如土壤、气候和病虫害。用户可以在这些虚拟农场中进行种植、管理和收获的实践，以此学习农业的基本原理和技巧。元宇宙提供了一个全新的农业教育平台，教育机构利用平台创建虚拟课堂、实验室和田地。学生可以通过虚拟实践，更好地理解农业生产的复杂性和挑战性。研究人员可以使用元宇宙模拟各种农业生产条件，测试新的种植方法、作物品种和农业技术。通过这种方式，研究人员能够在没有真实风险的情况下进行大量的实验和测试。农民则可以在元宇宙中访问虚拟的农业推广中心，获取种植建议、病虫害防治方法和市场信息。通过虚拟咨询，农民可以更方便地获得专家的建议和帮助。元宇宙中还支持创建农业文化和历史的展览馆，展示农业的发展历程、农民的生活和农业技术的进步。用户可以在元宇宙中体验农业与生态环境的互动关系，如农业对水资源的利用、农田生态的保护和农业生产对环境的影响。

现代农业与元宇宙技术的融合催生了农业元宇宙的“三能”理论：生产智能、产业链能和生态扩能。

生产智能代表了对传统农业模式的彻底改革。虽然传统农业在某些方面存在局限性，但其升级转型成为现代农业是发展中国家实现经济增长的核心策略。农业元宇宙，依托物联网和大数据技术，为这一转型提供了可能。数据在元宇宙中的多维整合为商流、物流、信息流和资金流的无缝连接创造了条件，使四流合一成为可能，进而推进智能化生产。具体而言，借助大数据技术，可以根据各种地方因素优化农耕模式，提升产量和质量；同时，数字技术如 VR 可以增强消费者对农产品来源和加工过程的信任和购买意愿；最后，智能化的展示和销售策略，为农产品打开更广阔的市场。

产业链能意味着创新的持续驱动力，将社会资源整合为一体，引领农业技术变革。元宇宙作为这种变革的载体，反映了资源配置和市场需求的动态变化。在农业 O2O（线上到线下）模式中，信息技术和数字化手段将农产品从“种植到销售”环节紧密融合，激活了农村的潜在资源，实现了线上线下的完美结合。种植时，可以依赖大数据捕获市场需求，进一步推进机械化和智能化的生产；销售时，除了传统途径，电商、直播销售和 VR 展厅等新型模式为农产品销售提供了更广的空间，增加了其附加值；配送环节，则可以确保农产品的质量和安全，及时响应消费者的反馈，并有效解决物流问题。

生态扩能在农业元宇宙中是至关重要的，因为它汇集了扩散理论和肥力维护理论的精髓，从而使农业的发展更加健康和可持续。

从肥力维护的角度来看，农户们通过集约地使用饲草、绿肥作物和畜禽肥料，可以增强土壤的肥力。而在元宇宙中，利用大数据技术，他们还可以对这些原料进行更合理的配置，从而达到更好的土壤管理效果。

当今的生态保护需要新的方法和技术。农业元宇宙的一个子集，林草元宇宙，则为这一目标提供了一个全新的角度。利用科技创新和专家优势，可以在元宇宙中构建一个真实且可持续的林草生态系统，为生态文明建设提供关键的技术支持。例如，林草虚拟现实和可视化模拟实验室、高清遥感技术、知识图谱系统和科学数据共享平台都是推进林草元宇宙建设的关键部分。此外，中国林业科学研究院已经在元宇宙应用方面做出了布局，这为“由实转虚”的林草元宇宙提供了坚实的基础。

10.4 脑机接口与后人类时代

脑机接口技术是对大脑信号的先进识别技术，它能将大脑中的活动信号进行精细的解码和编码，进而转换为计算机可辨识的指令，实现人类神经体验与外部物理世界的连通。透过此技术，仅凭思考，用户可以实现诸如打字、玩游戏等行为。整个过程涵盖了脑电信号的捕获、处理、设备控制，以及信息的反馈。而基于传感器和计算设备的实施，脑机接口分为侵入式和非侵入式。鉴于侵入式接口可能带来的潜在伤害和不适，现阶段元宇宙的交互研究更多地倾向于非侵入式接口[2]。

脑机接口有望超越人类物理身体的束缚，让人们的意识和行为以数据的形态紧密结合，从而成为元宇宙不可或缺的接口。媒介不仅是连接信息与接收者的工具，而是成为人类功能与神经系统的扩展。想象一下，人类未来能够具备《赛博格宣言》所描述的那种技术增强的身体，使得身体本身成为数字时代的传播工具。加之触觉反馈和全息技术，将更进一步地加强人们的沉浸感和真实性，使得人类能够身临其境地体验传播，增强他们作为传播主体的主动性。

使用脑机接口，用户可以通过思考或意愿来控制其在元宇宙中的虚拟角色，提供了一种前所未有的沉浸式体验。例如，Neuralink 等公司正在探索如何使人们通过脑机接口与机器交互。在元宇宙中，除了控制外，脑机接口技术也可以用于感知虚拟环境中的信息。例如，通过脑机接口技术，用户可能能“感觉”到虚拟物体的触感或“听到”虚拟环境中的声音。这种双向交互为元宇宙体验增添了新的维度。通过脑机接口技术，元宇宙可以成为认知增强和学习的平台。例如，用户可以在元宇宙中进行特定的脑训练，提高其注意力、记忆或其他认知功能。一些研究者认为，与脑机接口结合的虚拟环境有助于加速学习和技能获取。

脑机接口技术与元宇宙的结合也带来了安全和伦理问题。例如，如果未经用户同意就读取其脑电信号，或者滥用这些信息，可能会对用户的隐私和自由造成威胁。此外，如果脑机接口被黑客攻击，可能会对用户的大脑健康产生危害。当前的脑机接口技术还存在许多限制，如信号采集的准确性、信息传输的延迟等，这些限制可能会影响其在元宇宙中的应用。

进一步探索，部分学者已开始展望“类身体媒介”[3]的未来，在这样的时代里，技术强化的身体和机器人可能成为元宇宙中的主导传播者，外界的信息代理者和监控者的干预将大大减少。这种类身体媒介将极大地提高人类的认知和理解能力，提供更多的机会来探索和感知外部的世界，从而助力追求更高层次的自由。在技术和人类共同努力下，脑机接口等前沿技术将进一步提高人类的创意和想象力，共同迈入一个更为先进和丰富的“后人类时代”。这个联结了人与机器的纪元，预示着智人与机器人之间的界限即将消失。人类不仅可以更新自己的软硬件，即知识和身体，而且有机会让身体残障的人恢复运动、视觉和听觉。这确实象征着，如泰格马克所预见，人类正在迈向“生命的 3.0 阶段”。

未来科技的融合，构成了一个前沿、高度互动、智能化的技术综合体。这种集成技术综合体预示着我们未来的生活将发生根本性的变革。它们将共同构建一个高度互动、智能化和数字化的新世界，为人类生活带来翻天覆地的变革。

脑机接口技术旨在直接连接大脑与机器或计算机系统，为人们提供直接而无需中介的沟通途径。我们的思维、情感和记忆不再局限于生物界限，而可以直接转化为数字化信息，进而驱动元宇宙中的互动或控制机器人和物联网设备。将展现出“思想即行动”，也就是“所思即所为”。

元宇宙为人们提供了一个沉浸式、持续的数字化环境，其与真实世界的交织将深度改变我们的社交、工作和娱乐方式。它也为人们提供了一个新的身份、文化和经济体系。这意味着虚拟与现实的界限被打破，我们生活在连续的数字维度中。人形机器人与人类相似的外观和行为将深入到日常生活的每一个角落。它们不仅是助手，更可能成为朋友、伴侣或家庭成员，与人建立深厚的情感纽带。我们的伴侣不再局限于人类，机器成为我们生活中的同伴。物联网的普及意味着所有设备、家具、交通工具甚至衣物都能相互通信、互联。这构建了一个智能、自适应和高度个性化的环境，其中每个元素都可以根据个人的需求和习惯进行自我调整。一切皆可连接，每一物都有生命。

整体看来，这些技术综合将开创一个“后人类时代”的时代，即人类的思维、情感、行为和物理环境将与数字世界更加紧密地融合。这意味着，我们的认知、沟通和行为方式都将发生根本性变革，同时也带来新的伦理、社会和心理挑战。

“后人类时代”核心概念是人类通过科技手段超越自身的生物学局限，进入一个新的存在状态。凯文 · 凯利在其著作《必然》中，描述了技术的不可避免性和技术的进化趋势。随着基因编辑、脑机接口、AI 和纳米技术的进步，人类有可能实现对自身生物学特征的更改，从而达到更长寿、更高智慧或甚至不同的生存方式。弗朗西斯·福山（Francis Fukuyama）在其著作《我们的后人类未来》中，对技术进步带来的伦理挑战进行了探讨。在后人类时代，我们将如何定义“人”的身份和价值？技术的使用和访问权是否会造成新的社会分层？技术干预的界限在哪里？丹尼尔 · 丹内特（Daniel Dennett）在多部著作中探讨了意识的本质。如果我们能够将意识上传到机器或与机器合并，那么“我”是什么？这种存在是否仍保持连续性？学者马丁・福特（Martin Ford）在《机器人的崛起》中探讨了自动化对就业的影响。在后人类时代，当许多传统职业消失而新的可能还未出现时，经济结构和工作的意义将如何变化？朱利安・赫夫斯（Julian Huxley）提出了人类通过自主进化的可能性。后人类的文化和艺术可能会集中在探索新的身体性、感知和存在方式，以及与机器和其他后人类实体的交互。

在这个变革的浪潮中，如哈伯马斯所言，“沟通行为是社会的基石”。为了确保这些技术健康、有益和公正的应用，我们需要建立一个开放、多样且参与性的沟通环境，以确保每个人都能从这些变革中受益。

10.5　一种科学乌托邦主义

在 20 世纪，一批富有远见的传播学者和批判学家向我们绘制了一个乌托邦式的图景，其中，科学技术被看作造就这个理想世界的关键工具。其中，麦克卢汉是这一思潮的杰出代表。他的“地球村”理论提供了对媒介变迁的深入解读。他提出，从人类历史的早期到现代，我们已经经历了一个“部落化—非部落化—再部落化”的转变过程：在远古部落时代，人们通过直观和全感官的方式体验世界；然而，随着印刷术和工业化的出现，人们的感知方式更加偏向于视觉；但在电子媒体的推动下，我们将再次找回那种全感官的交流方式。麦克卢汉坚信媒介技术的巨大潜力，认为新的媒介形态将重塑人们的时空观念，并从而颠覆社会的文化格局[4]。

这种对技术充满乌托邦情怀的观点，在某种意义上，预见了元宇宙在媒介领域的革命性影响，这不仅引发了现代传播学者的思考，更在批判性的层面上进行了挖掘。元宇宙和 Web 3.0 展现了人们对未来互联网的宏大设想，它们很可能彻底重构个体、物理世界与社会的信息交流关系。在这样的背景下，智能技术将成为支撑社会进步的核心，而 AI 和 XR 等技术将助力构建超级数字生态。同时，大数据将进一步扩展人类的计算思维，使其成为处理社会问题的核心方法。

各种技术不仅是工具，它们将塑造人类的生活方式、社交模式、思维方式及文化。借助于弗朗茨・布瑞多诺的认知理论，我们知道脑机接口将使人的思维直接投射到元宇宙，无需任何中介。这将打破传统的认知与现实界限，实现思维与数字世界的无缝连接。而萨珀尔－沃夫认为语言塑造我们的思维方式，人形机器人不仅能理解并执行语言指令，还能进行情感互动。这意味着人类将不仅与自然人交流，也会与人形机器人建立深度的社会和情感联系。哈贝马斯的公共领域概念告诉我们，公共空间是交流和互动的场所。物联网将这一概念扩展到物品，使得周遭的物品都能够成为信息交流和互动的节点。生活的每一个细节都将被数字化。物理距离的障碍将被彻底打破，个体可以随时随地与全球的任何一个角落建立联系。布劳德里亚的超现实理论在此获得新的解读。元宇宙的存在模糊了现实与虚拟的界限，人类将活在一个由数字与物理世界共同构成的“超现实”中。从费孝通的“乡土中国”视角出发，这种技术融合可能会对传统文化和乡土情感造成冲击。但同样，这种集成技术也为传统文化的传播和保存提供了新的方式。

在如此强大的技术助推下，人类的思考和认知将得到更高层次的挑战和释放。个体将能够更高效地分配社会时间，促进自我成长和能力的全面提升。但同时，我们也不能忽视批判学者的声音，他们提出警告，不是所有的技术进步都一定会导向良善，可能隐藏着意想不到的风险。因此，确保元宇宙技术沿着有益于人类的轨迹发展，无疑是技术治理的首要任务。为了实现这个目标，人们必须为元宇宙设立明确的伦理框架，倡导“负责任的创新”[5]，确保技术创新既满足社会期待，又能推动元宇宙技术的健康发展，以构建一个人类为核心的数字未来。

注释

第 1 章　元宇宙概述

1 Stephenson N. Snow crash: A novel[M]. Spectra, 2003.
2 Papagiannidis S, Bourlakis M, Li F. Making real money in virtual worlds: MMORPGs and emerging business opportunities, challenges and ethical implications in metaverses[J]. Technological Forecasting and Social Change, 2008, 75(5): 610–622.
3 Citi GPS. Metaverse and money: Decrypting the future. Citi Global Perspectives & Solutions, 2022.
4 Ball M. The Metaverse: And How It Will Revolutionize Everything[M]. Liveright Publishing Corporation, 2022.
5 Citi GPS. Metaverse and money: Decrypting the future. Citi Global Perspectives & Solutions, 2022.
6 德勤中国 . 元宇宙系列白皮书—未来已来 , 全球 XR 产业洞察 ,2021.
7 付天姿，刘凯，王凯，王赟 . 通往真实的虚拟：道阻且长，为什么行则将至？——元宇宙行业深度报告 . 光大证券 ,2021.
8 Nevelsteen K J L. Virtual world, defined from a technological perspective and applied to video games, mixed reality, and the Metaverse[J]. Computer Animation and Virtual Worlds, 2018, 29(1): e1752.
9 吴桐，王龙 . 元宇宙：一个广义通证经济的实践 [J]. 东北财经大学学报 ,2022(02):42–51. DOI:10.19653/j.cnki.dbcjdxxb.2022.02.004.
10 Park S M, Kim Y G. A Metaverse: Taxonomy, components, applications, and open challenges[J]. Ieee Access, 2022, 10: 4209–4251.
11 郑磊，郑扬洋 . 元宇宙经济的非共识 [J]. 产业经济评论，2022(01):28–37.DOI:10.19313/j.cnki.cn10–1223/f.20211207.001.
12 王文喜，周芳，万月亮，宁焕生 . 元宇宙技术综述 [J]. 工程科学学报，2022,44(04):744–756. DOI:10.13374/j.issn2095–9389.2022.01.15.003.
13 Zuckerberg, in HoloBase. Zuckerberg: Metaverse is the next generation of the Internet, SEP 15, 2021, Accessed on 08.13.2022.
14 肖超伟，张旻薇，刘合林，秦波，黄波 . “元宇宙”的空间重构分析 [J]. 地理与地理信息科学，2022,38(02):1–9.
15 Nevelsteen K J L. Virtual world, defined from a technological perspective and applied to video games, mixed reality, and the Metaverse[J]. Computer Animation and Virtual Worlds, 2018, 29(1): e1752.

16 Ball M. The Metaverse: And How It Will Revolutionize Everything[M]. Liveright Publishing Corporation, 2022

17 龚才春主编 . 中国元宇宙白皮书 [M],2022.

18 Dionisio J D N, III W G B, Gilbert R. 3D virtual worlds and the metaverse: Current status and future possibilities[J]. ACM Computing Surveys (CSUR), 2013, 45(3): 1–38.

19 姜宇辉 . 正名、正本和正念：对元宇宙研究热潮的纠偏 [J]. 探索与争鸣 ,2022(04):92–94.

20 方凌智 , 沈煌南 . 技术和文明的变迁——元宇宙的概念研究 [J]. 产业经济评论 ,2022(01):5–19. DOI:10.19313/j.cnki.cn10–1223/f.20211206.001.

21 Dionisio J D N, III W G B, Gilbert R. 3D virtual worlds and the metaverse: Current status and future possibilities[J]. ACM Computing Surveys (CSUR), 2013, 45(3): 1–38.

22 Ryskeldiev B, Ochiai Y, Cohen M, et al. Distributed metaverse: creating decentralized blockchain-based model for peer-to-peer sharing of virtual spaces for mixed reality applications[C]//Proceedings of the 9th augmented human international conference. 2018: 1–3.

23 肖超伟 , 张旻薇 , 刘合林 , 秦波 , 黄波 . “元宇宙” 的空间重构分析 [J]. 地理与地理信息科学 , 2022,38(02):1–9.

24 Smart J, Cascio J, Paffendorf J, et al. A cross-industry public foresight project[C]//Proc. Metaverse Roadmap Pathways 3DWeb. 2007: 1–28.

25 Ryskeldiev B, Ochiai Y, Cohen M, et al. Distributed metaverse: creating decentralized blockchain-based model for peer-to-peer sharing of virtual spaces for mixed reality applications[C]//Proceedings of the 9th augmented human international conference. 2018: 1–3.

26 李仁杰 . 元宇宙：本质、探索与发展建议 . 网易伏羲 ,2022.

27 Radoff J. The Metaverse Value-Chain[OL], Apr 7, 2021. Accessed on 08.13.2022. https://medium.com/building-the-metaverse/the-metaverse-value-chain-afcf9e09e3a7.

28 Ball M. Framework for the Metaverse[OL], Jun 29, 2021. Accessed on 08.13.2022. https://www.matthewball.vc/all/forwardtothemetaverseprimer.

29 赵星，陆绮雯 . 元宇宙之治 : 未来数智世界的敏捷治理前瞻 [J]. 中国图书馆学报 , 2022,48(01):52–61.DOI:10.13530/j.cnki.jlis.2022005.

30 Dionisio J D N, III W G B, Gilbert R. 3D virtual worlds and the metaverse: Current status and future possibilities[J]. ACM Computing Surveys (CSUR), 2013, 45(3): 1–38.

31 Gartner.Gartner 通过信任、增长和变革三大新兴技术趋势主题发布推动创新的关键新兴技术 [EB/OL].（2021-8-24）[2022-8-20].https://www.gartner.com/cn/newsroom/press-releases/gartner_2#:~:text=%E6%A0%B9%E6%8D%AE%E5%85%A8%E7%90%83%E9%A2%86%E5%85%88%E7%9A%84%E4%BF%A1%E6%81%AF%E6%8A%80%E6%9C%AF%E7%A0%94%E7%A9%B6%E5%92%8C%E9%A1%BE%E9%97%AE%E5%85%AC%E5%8F%B8Gartner%E6%9C%80%E6%96%B0%E5%8F%91%E5%B8%83%E7%9A%84%20%E2%80%9C2021%E5%B9%B4%E6%96%B0%E5%85%B4%E6%8A%80%E6%9C%AF%E6%88%90%E7%86%9F%E5%BA%A6%E6%9B%B2%E7%BA%BF%E2%80%9D%EF%BC%88Hype%20Cycle%20for,Emerging%20Technologies%2C%202021%EF%BC%89%20%EF%BC%8C%E5%BB%BA%E7%AB%8B%E4%BF%A1%E4%BB%BB%EF%BC%8C%E5%8A%A0%E9%80%9F%E5%A2%9E%E9%95%BF%E4%BB%A5%E5%8F%8A%E5%A1%91%E9%80%A0%E5%8F%98%E9%9D%A9%E5%B0%86%E6%98%AF%E4%B8%89%E5%A4%A7%E4%B8%BB%E8%A6%81%E8%B6%8B%E5%8A%BF%EF%BC%8C%E5%B9%B6%E5%8F%AF%E6%8E%A8%E5%8A%A8%E4%BC%81%E4%B8%9A%E6%9C%BA%E6%9E%84%E5%8E%BB%E6%8E%A2%E7%B4%A2%E8%AF%B8%E5%A6%82%E9%9D%9E%E5%90%8C%E8%B4%A8%E5%8C%96%E9%80%9A%E8%AF%81%E

F%BC%88NFT%EF%BC%89%E3%80%81%E4%B8%BB%E6%9D%83%E4%BA%91%E3%80%81%E6%95%B0%E6%8D%AE%E7%BC%96%E7%BB%87%E3%80%81%E7%94%9F%E6%88%90%E5%BC%8F%E4%BA%BA%E5%B7%A5%E6%99%BA%E8%83%BD%E5%92%8C%E7%BB%84%E8%A3%85%E5%BC%8F%E7%BD%91%E7%BB%9C%E7%AD%89%E6%96%B0%E5%85%B4%E6%8A%80%E6%9C%AF%E4%BB%8E%E8%80%8C%E7%A1%AE%E4%BF%9D%E7%AB%9E%E4%BA%89%E4%BC%98%E5%8A%BF%E3%80%82.

32 杜骏飞 . 数字交往论（3）: 从媒介化到共同演化 [J]. 新闻界,2022(03):14–23+69.DOI:10.15897/j.cnki.cn51–1046/g2.20220211.001.

33 喻国明，耿晓梦 . 元宇宙：媒介化社会的未来生态图景 [J]. 新疆师范大学学报（哲学社会科学版），2022,43(03):110–118+2.DOI:10.14100/j.cnki.65–1039/g4.2022.03.002.

34 郭文革 , 唐秀忠 , 王亚菲 . 元宇宙的兴起与哲学二元认识论的反思 : 对互联网哲学本质的思考 [J]. 云南师范大学学报（哲学社会科学版）,2022,54(04):84–92.

35 [262]Ollinaho O I. Virtualization of the life–world[J]. Human Studies, 2018, 41(2): 193–209.

36 华子荀，付道明 . 学习元宇宙之内涵、机理、架构与应用研究——兼及虚拟化身的学习促进效果 [J]. 远程教育杂志 ,2022,40(01):26–36.DOI:10.15881/j.cnki.cn33–1304/g4.2022.01.004.

37 Choi H, Kim S. A content service deployment plan for metaverse museum exhibitions—Centering on the combination of beacons and HMDs[J]. International Journal of Information Management, 2017, 37(1): 1519–1527.

38 Liu Z, Ren L, Xiao C, et al. Virtual reality aided therapy towards health 4.0: a two–decade bibliometric analysis[J]. International Journal of Environmental Research and Public Health, 2022, 19(3): 1525.

39 CCDH. Facebook Metaverse is unsafe[OL], 2022. Accessed on 08.15.2022. https://www.counterhate.com/metaverse.

40 李海峰，王炜 . 元宇宙 + 教育：未来虚实融生的教育发展新样态 [J]. 现代远距离教育，2022(01):47–56.DOI:10.13927/j.cnki.yuan.20220110.002.

41 姚占雷，许鑫 . 元宇宙中情境知识的构建与应用初探 [J]. 图书馆论坛，2022,42(01):45–52.

42 向安玲，高爽，彭影彤，沈阳 . 知识重组与场景再构：面向数字资源管理的元宇宙 [J]. 图书情报知识 ,2022,39(01):30–38.DOI:10.13366/j.dik.2022.01.030.

43 Zhao Y, Jiang J, Chen Y, et al. Metaverse: Perspectives from graphics, interactions and visualization[J]. Visual Informatics, 2022.

44 Hamamreh J M, Furqan H M, Arslan H. Classifications and applications of physical layer security techniques for confidentiality: A comprehensive survey[J]. IEEE Communications Surveys & Tutorials, 2018, 21(2): 1773–1828.

45 Zhai S, Yang Y, Li J, et al. Research on the Application of Cryptography on the Blockchain[C]//Journal of Physics: Conference Series. IOP Publishing, 2019, 1168(3): 032077.

46 Sedlmeir J, Völter F, Str ü ker J. The next stage of green electricity labeling: using zero–knowledge proofs for blockchain–based certificates of origin and use[J]. ACM SIGENERGY Energy Informatics Review, 2021, 1(1): 20–31.

47 Falchuk B, Loeb S, Neff R. The social metaverse: Battle for privacy[J]. IEEE Technology and Society Magazine, 2018, 37(2): 52–61.

48 Balharith T, Alhaidari F. Round robin scheduling algorithm in CPU and cloud computing: a review[C]//2019 2nd International Conference on Computer Applications & Information Security (ICCAIS). IEEE, 2019: 1–7.

49 Kryvyzyuk L, Khrypko S, Zabolotnyuk V. Multiculturalism of virtual communities in the field of information security in the postmodern world[J]. Wisdom, 2021, 19(3): 127–138.

50 Egliston B, Carter M. Critical questions for Facebook's virtual reality: data, power and the metaverse[J]. Internet Policy Review, 2021, 10(4).

51 李康跃，王雪梅，闫晓阳 . 数字文明：元宇宙中人的虚拟身份认同与媒介化生存 [J]. 中国传媒科技，2022(02):7–9.DOI:10.19483/j.cnki.11–4653/n.2022.02.001.

52 简圣宇 . "元宇宙": 处于基础技术阶段的未来概念 [J]. 上海大学学报（社会科学版），2022,39(02):1–16.

53 Balharith T, Alhaidari F. Round robin scheduling algorithm in CPU and cloud computing: a review[C]//2019 2nd International Conference on Computer Applications & Information Security (ICCAIS). IEEE, 2019: 1–7.

54 程金华 . 元宇宙治理的法治原则 [J]. 东方法学，2022(02):20–30.DOI:10.19404/j.cnki.dffx.20220225.008.

55 张钦昱 . 元宇宙的规则之治 [J]. 东方法学，2022(02):4–19.DOI:10.19404/j.cnki.dffx.20220225.009.

56 彭兰 . 网络社会的层级化 : 现实阶层与虚拟层级的交织 [J]. 现代传播（中国传媒大学学报），2020, 42(3): 9–15.

57 李婧，陈龙 . 算法传播中的文化区隔与分层 [J/OL]. 苏州大学学报（哲学社会科学版），2021, 42(2): 176–184.

58 张爱军，刘仕金 . 政治权力视域下的元宇宙功能与优化 [J/OL]. 阅江学刊 , 2022, 14(1): 64–75+173.

59 敖成兵 . Z 世代消费理念的多元特质、现实成因及亚文化意义 [J/OL]. 中国青年研究，2021(6): 100–106.

60 关乐宁 . 元宇宙新型消费的价值意蕴、创新路径与治理框架 [J/OL]. 电子政务，2022(7): 30–41.

61 黄欣荣，曹贤平 . 元宇宙的技术本质与哲学意义 [J/OL]. 新疆师范大学学报（哲学社会科学版），2022(3): 1–8.

62 周逵 . 虚拟空间生产和数字地域可供性：从电子游戏到元宇宙 [J]. 福建师范大学学报（哲学社会科学版），2022(2): 84–95+171.

第 2 章　元宇宙技术系统

1 希拉里·普特南 . 理性、真理与历史［M］. 李小兵，杨莘，译 . 沈阳：辽宁教育出版社，1988：7.

2 魏娜，郭晓强，王强，饶丰 .AR、MR 系统架构及其关键技术研究 [J]. 广播与电视技术，2022,49(06):56–60.DOI:10.16171/j.cnki.rtbe.20220006009.

第 3 章　元宇宙的时空拓展性

1 安东尼·吉登斯 , 田禾 . 现代性的后果 [M]. 译林出版社，2011, p. 12.

2 伊尼斯，何道宽 . 帝国与传播 [M]. 中国人民大学出版社，2003，p. 28.

3 海德格尔．演讲与论文集［M］. 孙周兴，译．北京 : 商务印书馆，2018, p.20.

4 McLuhan M, MCLUHAN M A. Understanding media: The extensions of man[M]. MIT Press, 1994, p.22.

5 McLuhan M, MCLUHAN M A. Understanding media: The extensions of man[M]. MIT Press, 1994, p.41.
6 保罗·莱文森．软边缘：信息革命的历史与未来［M］. 熊澄宇，译．北京：清华大学出版社，2002, p. 60–61.
7 喻国明，& 耿晓梦 . 何以“元宇宙”: 媒介化社会的未来生态图景 .
8 Draper, J. V., Kaber, D. B., & Usher, J. M. (1998). Telepresence. Human Factors, 40(3), 354–375. https://doi.org/10.1518/001872098779591386
9 Kristoffersson A, Coradeschi S, Loutfi A (2013) A review of mobile robotic telepresence. Adv Hum-Comput Interact 2013:1–https://doi.org/10.1155/2013/902316
10 Steuer, J. (1992). Defining virtual reality: Dimensions determining telepresence. Journal of Communications, 42, 73–93.
11 Adams, P. C. (2005). The Boundless Self: Communication in Physical and Virtual Spaces. Syracuse, NY: Syracuse University Press. p. xii, 22.
12 吉登斯．现代性的后果［M］．田禾，译．南京：译林出版社，2000: 17–18.
13 Lombardi J, Lombardi M. Opening the metaverse [M]//Online worlds: Convergence of the real and the virtual. Springer, 2010: 111–122.
14［英］齐格蒙特・鲍曼：《流动的现代性》，欧阳景根译，中国人民大学出版社 2000 年版，p.176.

第 5 章　元宇宙的经济增值性

1 郭全中 . 元宇宙的缘起、现状与未来 [J]. 新闻爱好者，2022(01):26–31.DOI:10.16017/j.cnki.xwahz.2022.01.019.
2 Lauri Huotari,Pauliina Ulkuniemi,Saila Saraniemi,Minna Mäläskä. Analysis of content creation in social media by B2B companies[J]. The Journal of Business & Industrial Marketing,2015,30(6).
3 Vidal-Tomás David. The illusion of the metaverse and meta-economy[J]. International Review of Financial Analysis,2023,86.

第 6 章　元宇宙产业生态

1 元宇宙的机遇与挑战 [J]. 互联网天地，2021(12):8–11.
2 5G 时代，中国通讯企业有望领跑世界 [J]. 信息系统工程，2017(11):10–11.
3 袁勇 , 王飞跃 . 区块链技术发展现状与展望 [J]. 自动化学报 , 2016, 42(4): 481–494.
4 孟金毅，秦健 . 区块链技术在教育领域的研究热点和趋势——基于 CNKI 的可视化分析 [J]. 中国医学教育技术 ,2021,35(01):34–39.DOI:10.13566/j.cnki.cmet.cn61-1317/g4.202101006.
5 重磅：元宇宙产业链生态白皮书 https://www.enicn.com/Enicn/2022/article_0526/61018.html.
6 闫佳琦，陈瑞清，陈辉，沈阳 . 元宇宙产业发展及其对传媒行业影响分析 [J]. 新闻与写作，2022(01):68–78.
7 闫佳琦，陈瑞清，陈辉，沈阳 . 元宇宙产业发展及其对传媒行业影响分析 [J]. 新闻与写作，2022(01):68–78.
8 闫佳琦，陈瑞清，陈辉，沈阳 . 元宇宙产业发展及其对传媒行业影响分析 [J]. 新闻与写作，2022(01):68–78.
9 孟林智，黄江川，叶培建，张廷新，饶炜，乔栋，李春来，麻永平，姜晓军，季江徽 . 嫦娥二号卫星多目标多任务设计与经验 [J]. 中国科学：技术科学，2013,43(06):585-595.
10 元宇宙，为游戏产业开启“宇航时代”https://m.gmw.cn/baijia/2021-07/14/1302404607.html.
11 区块链产业周刊丨全国超过 33 个省市出台区块链专项政策；中国区块链专利申请量全球第一；Facebook 宣布更名为 Meta.https://www.8btc.com/media/6704339
12 刘书亮，朱巧倩 . 论二次元文化的概念流变及其文化消费特征 [J]. 现代传播（中国传媒大学学报），2020,42(08):22-26.
13 唐文虎 , 陈星宇 , 钱瞳 , 等 . 面向智慧能源系统的数字孪生技术及其应用 [J]. 中国工程科学 , 2020, 22(4): 74-85.
14 查亚兵，张涛，黄卓，张彦，刘宝龙，黄生俊 . 能源互联网关键技术分析 [J]. 中国科学：信息科学，2014,44(6):702-713.

第 7 章　技术的可供性

1 《诗格》是否确定为王昌龄所著尚有争议，清朝官修的《四库总目提要》，其书卷一九五集部诗文评类司空图《诗品》提要谓：”唐人诗格传于世者，王昌龄、杜甫、贾岛诸书，率皆依托，即皎然《杼山诗式》，亦在疑似之间，惟此一编，真出图手”。暂采用确定说。
2 谢卫红 , 曾思敏 , 彭铁鹏 , 等 . 技术可供性 : 概念内涵 , 理论框架及展望 [J]. 科技管理研究 , 2022, 5: 210-218.
3 谢卫红 , 曾思敏 , 彭铁鹏 , 等 . 技术可供性 : 概念内涵 , 理论框架及展望 [J]. 科技管理研究 , 2022, 5: 210-218.
4 张佰明 . 嵌套性 : 网络微博发展的根本逻辑 [J]. 国际新闻界 , 2010 (6): 81-85.
5 沈阳 . 虚拟社区与虚拟时空隧道 [J]. 情报杂志 , 2007, 26(4): 69-71.
6 徐伟 , 黄颖颖 . 融媒体时代 VR 技术在新闻传播中的应用——以央视官网“VR 浸新闻”栏目为例 [J]. 西部广播电视 , 2019 (19): 23-24.
7 爱奇艺数字文创纳入国家级数字文创规范治理生态矩阵数字文化产权登记流转体系 http://www.xinhuanet.com/info/20220315/c321d4b6f1ce45c6819a791f4bbe3e24/c.html.

第 9 章　元宇宙风险与治理

1 陈昌凤 . 元宇宙 : 深度媒介化的实践 [J]. 现代出版 , 2022, 2: 19-30.
2 《中华人民共和国反垄断法》第三条：“本法规定的垄断行为包括：（一）经营者达成垄断协议；（二）经营者滥用市场支配地位；（三）具有或者可能具有排除、限制竞争效果的经营者集中。”
3 [古希腊] 柏拉图：《柏拉图文集》（第 2 卷），王晓朝译，北京：人民出版社，2003 年版，第 510-515 页。
4 广州大学人权理论研究课题组 , 李步云 . 中国特色社会主义人权理论体系论纲 [J]. 法学研究 ,2015,37(02):56-79.

第 10 章　元宇宙未来发展

1 张宇 . 全球性传播与现代文化的解域化与结域化 [J/OL]. 中国报业，2017(20): 21-22.
2 王文喜，周芳，万月亮，等 , 2022. 元宇宙技术综述 [J/OL]. 工程科学学报，44(4): 744-756. DOI:10.13374/j.issn2095-9389.2022.01.15.003.

3 刘明洋，王鸿坤，2019. 从“身体媒介”到“类身体媒介”的媒介伦理变迁 [J/OL]. 新闻记者 (5): 75–85. DOI:10.16057/j.cnki.31–1171/g2.2019.05.008.
4 纪莉，2003. 论麦克卢汉传播观念的“技术乌托邦主义”——理解麦克卢汉的新视角 [J]. 新闻与传播研究 (1): 38–44+93–94.
5 董扣艳，2022. 元宇宙：技术乌托邦与数字化未来——基于技术哲学的分析 [J/OL]. 浙江社会科学 (8): 113–120+160. DOI:10.14167/j.zjss.2022.08.002.